成人教育发展研究

李旭初 著

WUHAN UNIVERSITY PRESS
武汉大学出版社

图书在版编目(CIP)数据

成人教育发展研究/李旭初著.—武汉：武汉大学出版社,2018.12
ISBN 978-7-307-20522-2

Ⅰ.成…　Ⅱ.李…　Ⅲ.成人教育—研究—中国　Ⅳ.G729.2

中国版本图书馆 CIP 数据核字(2018)第 211310 号

责任编辑:胡国民　　责任校对:汪欣怡　　版式设计:汪冰滢

出版发行：**武汉大学出版社**　(430072　武昌　珞珈山)
(电子邮件：cbs22@ whu.edu.cn　网址：www.wdp. com.cn)
印刷:武汉鑫佳捷印务有限公司
开本:720×1000　1/16　印张:17.75　字数:262 千字　插页:1
版次:2018 年 12 月第 1 版　2018 年 12 月第 1 次印刷
ISBN 978-7-307-20522-2　定价:48.00 元

前　言

这本文集题为“成人教育发展研究”，并非我在教育哲学方面有什么创意，而是表达了我对国家的教育法规定的“教育必须为社会主义现代化建设服务，必须与生产劳动相结合，培养德、智、体等方面全面发展的社会主义事业的建设者和接班人”的理解与高度认同。这本文集中的文稿主要是在 1996 年我退休之后的头十年写的，本没有想到这些“过时”的文稿还有汇编出版的价值。所谓“过时”，主要是指传统的远距离的函授教育模式，发展成为基于网络平台的新的远距离教育模式。这种教育模式的革新，有利于更好地贯彻国家的教育方针，并非是对传统函授教育的否定。沉睡这些年来，耳闻目睹的教育现状，我在那些“过时”的文稿中提出的教育领域存在的问题，不是逐步得到解决，而是在某些方面越来越突出。教育领域面临改革的艰难任务。许多学者在回答“钱学森之问”时，提出了不少建设性的意见。其间也有对历史和教育极不负责的所谓学者，利用历史虚无主义，通过全盘否定改革开放以来我国教育事业取得历史性发展的事实，来否定党对教育事业的领导，攻击我们的教育是“愚蠢的管理体制产生愚蠢的管理方针”，并认定“这就是问题的实质，这就是问题的根本”。攻击党通过“反对资产阶级自由化”，“彻底撕断了中国知识分子追求自由的念想，从此便画地为牢，陷在官方设定的思想牢笼里，一切唯党的意志为瞻，不能越雷池一步”。笔者认为，上述这些言论，既违背“钱学森之问”的原意，更对我们的教育改革产生严重的破坏性作用。鉴于以上两个方面的情况，我决定编辑这本文集，一方面表示对党的教育方针及党领导教育工作的坚定支持的态度，另一方面是以该书期盼我们的教育体制和制度以及教育生态的变革与发展，能够给

“钱学森之问”一个较为正确而又有广泛共识的回答。

首先，我认为，我们的教育方针是以中国化的马克思主义哲学思想为指引、充分体现了社会主义国家建设与发展特有要求的正确的方针。有人认为“我们的教育方针太完美，做不到”。我认为这不是方针“太完美”做不到，而是家长、学校、社会对学生门门课程要求100分做不到。试问：“德、智、体”全面发展，能缺一项吗？又有谁和为什么要孩子的学习目标是分数第一或所谓“状元”的？还有人认为“教育必须为社会主义现代化建设服务，必须与生产劳动相结合”中这两个“必须”只能培养“工具型”人才。这也是十分错误的。只要人的社会性本质没有退化，教育对象必然会走向社会，为社会服务，为人民服务。如果说一提到“服务”就成了“工具”，就会失去创造力，试问：说这话的人在干什么呢？恐怕不是懒汉就是“啃老族”吧！还有人谈到破解“钱学森之问”的难题时，认为“意识形态控制太强”“一切唯党的意志为瞻”。这是信口雌黄。有学者将我国目前的社会思潮概括为8种，并非只有“中国特色社会主义思潮”，怎么可以说“意识形态控制太强”呢？习近平总书记提出的实现中华民族的伟大复兴的“中国梦”，当然是全民的梦想，很难想象，一个正常的中国人会无视“中国梦”的实现，而实现“中国梦”的途径是走中国特色社会主义道路，因此，发挥中国特色社会主义的核心价值作用也是必然的。而现实是，我们对严重危害或不利于中国的改革和发展的以新自由主义为代表的某些社会思潮的批判很不够，很不到位，容忍度太高，我们至少可以说，我们的教育方针难以贯彻，教育改革难以到位，其来有自。可惜的是，“钱学森之问”提出十多年了，虽然多数人的回答还是在理的，但没有抓住问题的要害，少数则根本否认党和国家的教育方针，否认党对教育工作的领导，这是绝对不可接受的，是对“钱学森之问”意图的歪曲。

钱学森在其《论系统工程》（湖南科技出版社，1988）中指出：“把马克思主义哲学放在科学技术整个体系的最高层次，也说明了马克思主义哲学的实质：它绝不是独立于现代科学技术之外的，它是和现代科学技术紧密相连的。也可以说，马克思主义哲学就是全部科学技术的科学，马克思主义哲学的对象就是全部科学技术。”还有钱学森所倡导的“大成智慧学”①其核心内涵是要求教育、引导人们如何陶冶高尚的品德和情操，尽快获得聪明才智与创新能力的学问。其目的在于使人们面对21世纪各种变幻莫测、错综复杂的事物时，能够做出科学而明智的判断与决策，并能不断有所发现、有所创新。钱学森还在其主编的《关于思维科学》(第9页)中曾指出，现在不少高等院校学生“总以为学不学马列主义无所谓，理由是资本主义国家大学生不学马列主义不是干得很出色吗？对此，我们要抓紧思想政治工作加强共产主义思想教育，使他们深刻认识到社会主义制度的无比优越性。而另一方面要同学们懂得现代科学技术的体系结构，看到不学马列主义，不会用马列主义哲学是把我们所特有的最锐利的武器丢了，是傻事啊！”由此可见，“钱学森之问”绝对不是针对以中国化的马克思主义为指导的国家的教育方针和党对教育工作领导的问题，恰恰是在执行教育方针过程中，受到体制机制和教育市场化的负面影响造成的拜金主义与自由主义为特点的不良的教育生态环境的制约所致。

我国的高等教育进入大众化阶段已十余年，可是人们追求的仍然是精英教育，分数第一、名次第一、升学率第一。这样严重的“重智商、轻情商”的教育生态环境，不但难以培养出杰出人才，也很难建设成文明的社会。人类对生存环境的追求，不单是青山绿水的自然环境，还有或许更为重要的是人类自身高情商、高智商的社会环境。如果人类都有了较高的情商和智商，就有了建设文明与和谐社会的决定性要素。但这谈何容易！这使我联想到“钱学森之问”提出不久的2010年9月，我在《人们的期盼》一文中有过一段话：“据说美国的高考状元六成被哈佛拒收，而我们的大学则用高额奖学金来争夺高考状元，高考状元被热捧，也被‘棒杀’，今天的考试选拔功能，异化颠覆了‘有教无类’的平等原则。”难怪1000名高考状元未出顶尖人才。上述种种也许就是著名的“钱学森之

① 钱学敏. 试论钱学森的“大成智慧学”[J]. 首都师范大学学报，2001，(3)：11-23.

问”提出的背景。“背景”即“教育生态”环境，近十年来教育生态在某些方面有所改善，而以高分、高名次、高升学率为目标，不是以高素质人才为目标的方向性问题并未得到有效解决，常常是啧有烦言而又漠不为意，有的甚至越次超伦，逼得孩子出逃或自杀的悲剧，媒体时有报导。由此，我们可以看出，教育观念的矫正与利益关系的调整是一种深刻的变革。中国人民要实现“中国梦”，本来就需要解答不断面临的难题，而且只能以问题为导向才能得以发展。这是科学的辩证唯物主义与历史唯物主义的发展观，而历史虚无主义则是阻碍发展的消极有害的社会思潮。

很遗憾的是，我们当前所处的教育生态环境存在的问题，我在十年前写的《成人教育必须坚持正确的办学方向》中就揭露过、批评过。“市场经济强调自由竞争”，自由竞争这个通行的法则支配着市场经济活动秩序。表现在道德价值观上，实际上是“善”和“恶”的较量。“在这场较量中的某些现象给了我们一个十分遗憾的结果，传统的道德价值观和我们今天强调的以集体主义和奉献精神为核心的社会主义道德价值观一起受到严重冲击。极端的利己主义、享乐主义和玩世不恭的观念在恶性膨胀；金钱的作用被夸大，社会的公正和秩序遭受严重威胁；贪污、受贿、以权谋私等腐败现象像瘟疫一样蔓延。要消除这些腐败现象，一方面需要强化法治；另一个重要方面是要通过教育进行引导、感化。”因此，我们的教育“必须全面贯彻党的教育方针，克服重专业知识传授而忽视思想品德、行为准则教育的倾向，引导学生树立和坚持践行社会主义的价值观。为建设富强、民主、文明、和谐的社会主义国家作贡献”。上述这段话侧重说明在市场经济背景下坚持执行党和国家的教育方针有其特殊的必要性和重要性。不是有人说我们的教育方针“太完美，做不到”吗？在这种人看来，强调贯彻党的教育方针，可能就是一种“空洞的政治说教”了。这使我想起了美国华盛顿自由灯塔网站 2018 年 4 月 10 日的一篇报道：麻省理工学院出版社出版了德国作家比尼·亚当恰克《共产主义儿童读物》。该出版社在其内容介绍中说：“从前，人们渴望着摆脱资本主义带来的悲惨境遇。他们的梦想怎样才能成真呢？这本小书推介了一种不同类型的共产主义。这种共产主义忠实于理想，摆脱了独裁。”该书受到了使用革命题材进行创作的小说家雷切尔·库什纳热情洋溢的称赞：“《共产主义儿童读物》实际上适合所有人，这是一本激情之作，现在尤有必要，因为人们感觉正处于世界毁灭的边缘，却看不到一个可以期盼或是信仰的新世界。两百年的资本主义给我们带来了自由吗？还是仅仅带来了地球人有史以来最大的不平等？”该书后记的标题是“共产主义渴望”。这则报道可引起我们众多而又深刻的联想，归结起来当是强化我们坚持走中国特色社会主义的道路自信，理论自信、制度自信、文化自信。正是这种自信，推动着我编辑这本文集。

这本文集中的文稿所体现的主题是：“落实素质教育是教育强国的根本。”其论及的范围包括基础教育、高等教育、终身教育与成人教育的现状与问题，重点是对成人教育的理论与实践的探索。包括对终身教育与成人教育概念的理解与评析，对成人教育坚持正确的办学方向、成人教育对人力资源开放与和谐社会构建中的作用，以及普通高校举办成人高等教育的规划与计划、课程设计与教材建设、教学管理及教育评价等的理论与实践作了一些探讨。所关注的是成人教育的办学方向、特点与质量。但是，在市场经济的发展过程中，以利益驱动发展的模式是一把灵敏的“双刃剑”，对教育领域的深刻影响成了全面贯彻国家教育方针的一道难题。解开这道难题，既涉及宏观领域，又涉及微观领域的问题，不但要有专家、学者们从理论到实践的探讨，还要有全体教育工作者、学生及家长的理解与配合。

2018 年 9 月 20 日

目　　录

终身教育——21世纪的生存概念

在欧洲终身学习促进会和联合国教科文组织的支持下，1994年在罗马召开的首届全球终身学习大会上，欧洲终身学习促进会为会议准备的报告提出了一个重要的观点：终身学习是21世纪的生存概念，这是对“终身学习”也是对“终身教育”概念的最准确和最深刻的阐释。本文在讨论这一命题时，采用“终身教育”这一概念，是为了强调国家和社会在发展“终身教育”事业中的激励、推动作用。

一、古老的话题

广义的教育是指传递社会生活经验和培养人的各种活动，本来就是人类生存和发展的概念。如果连起码的教育都没有，人类就不可能延续发展。而人类的延续发展是一个无止境的过程，正因如此，终身教育思想古已有之。我国古代教育家孔子主张“有教无类”(《论语·卫灵公》)，说的是教育对象不分类别，自然也包括不同年龄的人。从《史记》中的《仲尼弟子列传》可以看出，他的学生有不少是成年人。“吾十有五而志于学，三十而立，四十而不惑，五十而知天命，六十而耳顺，七十而从心所欲，不逾矩。”(《论语·为政》)这反映了他的“终身教育”思想。北齐的颜之推在其《颜氏家训·勉学篇》中说：“幼而学者，如日出之光；老而学者，如秉烛夜行，犹贤乎瞑目而无见者也。”勉励人们“终身学习”。宋代的欧阳修主张人要不懈地学习和实践，因为“学之终身，有不能达者矣。于其所达，行之终身，有不能至者矣”(《答李翊书》)。

古代希腊著名的哲学家苏格拉底、柏拉图和亚里士多德都十分关注教育，他们认为人的一生接受的教育不是一次性的，而是连续不断的。例如亚里士多德就主张“儿童和需要教育的各种年龄的人都应受到训练”，最好使全城邦的公民都“受到同一的教育”。① 古代波斯的伊斯兰教强调人应该通过教育来完善自身，其教父要求教徒“从生至死”不断地坚持自我教育、自我完善。以上是关于古典终身教育思想的种种表述，这些思想反映了古代思想家对教育的重视，是教育领域思想遗产的重要组成部分。其特点是强调个人受教育的权利，实际上又主要是奴隶主阶级和封建统治阶级受教育的权利，强调人的“自我完善”，又大多是就教育论教育。因此，古典终身教育思想具有朴素性和自发性。

欧洲近代资本主义生产方式的形成和发展，促进了终身教育思想的传播与发展，法国资产阶级大革命给予法国教育的发展以巨大影响。列宁是这样评价的：“整个 19 世纪，即给予全人类以文明和文化的世纪，都是在法国革命的标志下度过的。”②法国资产阶级革命时期，先后执政的资产阶级各党派都十分重视国民教育。1789 年法国大革命胜利后不久，国民议会提出的一系列教育法案中，第一次明确提出通过发展“公教育”来满足人们终身学习的需要。在有关发展公教育的提案中还指出：“若认为教育仅仅是限定于儿童和年轻人的活动，那绝对是社会的偏见。”在康特路赛提出的公教育的计划书中，强调终身教育的必要性：“就教育而言，人类必须通过年龄的各个阶段来获取知识的全体系，并且任何人都可以通过终身的学习来确保知识的获得。”1919 年英国成人教育委员会在“最终报告书”中主张发展继续教育，来扩充“成人教育机会”。在第二次世界大战期间，法国的戛斯通 · 芭契拉等人提出了“终身学校”的思想，这一思想后来在法国宪法中得到了确认。近代终身教育思想的一个显著特点是倡导发展“公教育”来发展终身教育，把发展终身教育视为“国家义务”，大大发展和推进了终身教育的思想和实践。

---

① 张焕庭. 西方资产阶级教育论文选[C]. 北京：人民教育出版社，1964：561.

② 列宁选集(第 3 卷)[M]. 北京：人民出版社，1995：829.

二、全新的思想

第二次世界大战后，各资本主义国家普遍致力于经济恢复和政治改革，并相应地进行教育改革。自 20 世纪 60 年代开始，世界进入了“知识爆炸”的时代，现代科技在社会生产中发挥着越来越大的作用，给教育的发展提出了许多新的课题和新的要求，反映现代生产与生活新特征、以终身教育思想为核心内容的现代教育思想在各国广为传播。1960 年，在加拿大蒙特利尔市举行的国际成人教育大会，阐明了将成人教育纳入整个人生教育范畴的必要性，倡导“成人教育”向“终身教育”发展的问题。1965 年，当时联合国教科文组织成人教育计划处处长、后任终身教育局局长的法国成人教育专家保罗·郎格朗，向国际成人教育促进委员会提供了一份关于终身教育构想的提案，该委员会讨论并肯定了他的提案。提案指出：“数百年来，社会把人的一生机械地分为学习期和工作期，前半生的时间用来积累知识，后半生一劳永逸地使用知识，这是毫无科学根据的。他提出教育应当贯穿于人的一生，成为一生不可缺少的活动。因此，他要求建立一个新的一体化教育体系：应当使教育从纵的方面贯穿于人的一生，从横的方面连结个人和社会生活的各个侧面，使今后的教育在每一个人需要的时刻，随时都能以最好的方式提供必要的知识技能。”①保罗·郎格朗对“终身教育”这一概念的阐释以及对“终身教育”理论与实践的倡导，在世界许多国家引起了强烈的反响。

1970 年举行的联合国教科文组织第 16 届会议通过一项决议，授权当时的总干事勒内·马厄成立国际教育发展委员会，其任务是研究世界教育形势和改革，并要求提供一份研究报告，供联合国教科文组织及各会员国在制定教育策略时参考。以埃德加·富尔为首的国际教育发展委员会经过一年多的努力，于 1972 年 5 月完成了题为《学会生存——教育世界的今天和明天》的研究报告。该报告指出，“终身教育这个概念，从个人和社会的观点来看，已经包括

① 张维. 世界成人教育概论[M]. 北京：北京出版社，1990：94.

整个教育过程”，“终身教育变成了由一切形式、一切表达方式和一切阶段的教学行动构成一个循环往复的关系时所使用的工具和表现方法”。教育的功能不再“局限于按照某些预定的组织规划、需要和见解去训练未来社会的领袖，或想一劳永逸地培养一定规格的青年”，而是要面向整个社会成员；受教育的时间也不再局限于“某一特定年龄”，而是向着“个人终身的方向发展”。

《学会生存——教育世界的今天和明天》把保罗·郎格朗倡导的终身教育思想向前推进了，主要表现在将终身教育思想的实施同创建“学习化社会”结合起来。“学习化社会”是指学习成为整个社会成员一项经常的重要活动的一种时代标志。创建学习化社会有赖于终身教育思想的普及，又有利于终身教育的实施与提高。1970年，保罗·郎格朗的《终身教育入门》和1974年国际教育发展委员会的研究报告《学会生存——教育世界的今天和明天》已被译成33种文字出版。它们是关于终身教育思想的两部最有代表性的著作，标志着现代终身教育思想的形成，并引发了传统教育观念的革命性变革，被认为“可以与哥白尼日心说带来的革命相媲美，是教育史上最惊人的事件之一”①。对推动整个现代教育事业的发展在理论与实践上都有着十分重要的意义。

改革开放以来，终身教育思想在我国的传播，极大地推动了我国教育的改革与发展。1995年3月18日颁布的《中华人民共和国教育法》第11条规定，国家要“推进教育改革，促进各级各类教育协调发展，建立和完善终身教育体系”，确立了终身教育在我国的法律地位。

现代终身教育思想同古典终身教育思想虽然有继承关系，但是，在当代社会历史背景下产生、发展和形成的现代终身教育思想，有着全新的、丰富的内涵。

(1)现代终身教育已经不再是自发的教育思想和教育活动，而是被世界各国政府当成政策目标而加以肯定和实施的教育方针，是

① 陈金赞，等. 打开21世纪之门的金钥匙——简论终身教育整体主体观[J]. 北京成人教育，1994，(4)：15.

强制性(即政府的主动性)和高度自觉性(即教育对象的主动性)相统一的教育制度。因为“就整个社会而言，强迫人们去接受继续教育是保证他们能够获得本专业领域最新知识成果的途径之一；就专业工作者个人而言，支持赞同这种强制性继续教育也就向社会表明了他们对自己竞争力的关注”①。

(2)现代终身教育与古典终身教育相比，其内涵要丰富得多，涉及面广泛得多。现代终身教育强调教育贯穿于整个人生，而不是只限于人生的青少年时期；强调家庭、学校、社会各类教育的一体化，不仅仅是传统学校承担教育任务。现代终身教育将教育活动从时间和空间上推向了极限。这是教育思想的大解放、大发展，是人类塑造自身、世界和未来的永无止境的大教育观。

(3)现代终身教育所追求的是一个人的全面和谐的发展，强调教育是连续不断的自我完善和自我发展的过程；所期望的是一个人在一生成长的各个阶段，都能安全地、充分地发挥和表现自己的潜能。古典终身教育也有关于人的完美、和谐发展的追求。但是，古典终身教育思想并未形成关于“人的全面发展”的独立概念，也不可能用现代社会化大生产的视野来审视“人的全面发展”问题，而这恰恰是以自己与发展着的社会保持平衡为内在动机的现代终身教育思想的显著特点。

(4)现代终身教育尤其是对从业人员的教育，直接与劳动力市场及其变化相联系。随着社会的进步和产业结构的调整，就业结构也正在发生变化。现代终身教育最重要的一项任务是开发人力资源，不断使人力资源增值，加强对各级各类劳动者的智力能力的培养和培训，以更好地适应劳动力市场对劳动者素质的要求。毫无疑问，不管是工业方面还是农业方面，现代技术的压力使那些懂得和掌握这些技术的人占了优势。因此，无论是雇主还是雇员都期望通过教育不断更新和充实自身的智能结构和技能素质，以便在竞争激烈的劳动力市场上保持优势，而在原始的、封闭的小农经济背景下

---

① [英]C. J. 泰特缪斯. 培格曼国际终身教育百科全书·强制性继续教育[M]. 教育与科普研究所，编译. 北京：职工教育出版社，1990：75.

的古典终身教育思想与实践，不可能有明确的劳动力市场意识。

总之，与古典终身教育相比，现代终身教育“显然是一个丰富得多和涉及面广泛得多的概念。它是教育方法的一个全新的观点和解释，甚至从更高的层次上来说，它是人类命运的全新观点和解释，它用为征服自我而进行不懈斗争的教育概念替代了那种使自己产生虚假安全感的教育概念”。“正是教育的这一概念，将会使人们能够在现代思想的实质精神方面有效地实现自己的人生价值。”①

三、生存的概念

教育是传递社会生活经验并培养人的社会活动，而“传递社会生活经验”最基本的内容是生产的技能和生活方式。因此，教育本来就是生存的概念。“人类的生产活动是最基本的实践活动，是决定其他一切活动的东西。”②教育产生于人类社会生产活动，又随着社会生产的发展而发展，是为社会生产和生活服务的。教育活动一出现便成为人类社会生存斗争的基本手段之一，尤其是原始社会的教育与人类的生产活动和生活紧密结合在一起。但是，到了奴隶社会，随着生产和经济的发展，为奴隶主阶级脱离生产专门办教育或接受教育提供了条件，于是出现了“学校”这种专门的教育机构。在阶级社会里，尤其是在封建社会里，统治阶级垄断教育，学校教育越来越脱离生产和社会生活，绝大多数劳动者被剥夺了接受学校教育的权利，一次性的学校教育只是为统治阶级培养接班人。对大多数人来说，生存权似乎与教育无缘；对剥削阶级来说，则根本不存在通常意义上的生存权问题，他们垄断教育是为了巩固自身的统治地位，或将教育作为通向精神贵族的桥梁。教育权利不平等是普遍的社会问题。教育本来是生存的概念模糊起来了，或被淡化了，并因此无从确立教育的战略地位。为此，《学会生存——教育世界

---

① ［英］C. J. 泰特缪斯. 培格曼国际终身教育百科全书［M］. 教育与科普研究所，编译. 北京：职工教育出版社，1990：19.

② 毛泽东选集(第1卷)［M］. 北京：人民出版社，1991：282.

的今天和明天》明确指出："唯有全面的终身教育才能够培养完善的人，而这种需要正随着使个人分裂的日益严重的紧张状态而逐渐增加。我们再也不能刻苦地一劳永逸地获取知识了，而需要终身学习如何去建立一个不断演进的知识体系——'学会生存'。"①"学会生存"本是太普通的常识性命题，它的提出，是为了对以往的关于人的一次性教育的考虑方式作根本性改革，恢复教育的本来面目。由雅克·德洛尔任主席的国际 21 世纪教育委员会向联合国教科文组织提交的报告《教育——财富蕴藏其中》明确提出，教育的四个支柱是：学会认知、学会做事、学会共同生活(即学会与他人一起生活)、学会生存。这四个支柱，核心是"学会生存"。

"学会生存"包括两个层面的意思：争取生存的权利，提高生活质量。具体包括以下几点：

(一)学会维持生活的知识与技能

学界一般认为，成人教育应该视为一种职业，而不是一种专业。职业是最基本的谋生手段。就业前的教育是为受教育者就业作准备的；就业后的教育是为了使从业人员的素质适应不断发展和变化的职业要求，他们能够在某一特殊的职业领域里，能挣得维持或满足其生活需要的工资。在美国，一些"特殊的课程设计是为雇员提供一部分技能和能维持生活的技术知识，或者实际上是扩充个人已经了解或有能力去验证的知识技能"②。美国的教育重视"生存训练"和"生涯指导"，各大学都有生涯职业指导办公室，帮助学生选择适合自己身心特点的生涯发展道路，典型地体现了"学会生存"的终身教育思想。

① 联合国教科文组织国际教育发展委员会. 学会生存——教育世界的今天和明天[M]. 华东师范大学比较教育研究所，译. 北京：教育科学出版社，1996：2.

② 联合国教科文组织国际教育发展委员会. 学会生存——教育世界的今天和明天[M]. 华东师范大学比较教育研究所，译. 北京：教育科学出版社，1996：6.

(二)争取有保障的生存权利

在信息社会中，经济、科技与社会的发展变化不但是永恒的，而且变化的速度比以往任何时代都要快，我们不能指望一种教育和一定阶段的教育为社会成员服务终生。在工业化时代，如果一个人的工作被技术的发展所淘汰，这对他来讲，其后果是灾难性的。但是，在未来的岁月里，生产、工作的技能过时将会成为很普遍的事情，人们的生存权利常常面临挑战。因此，发展成人教育，实施终身教育，是保障社会成员基本生存权利的战略性举措。

我国的产业结构也正在发生变化。据预测，我国以 1990 年不变价计算的一、二、三产业在 GDP 中的比重，将由 1990 年的 28.4∶43.6∶28 转变为 2010 年的 12.7∶51.3∶46，社会劳动者在一、二、三产业中的就业结构将由 1990 年的 60∶21.4∶18.6 转变为 2010 年的 40∶25∶35。这种变动的过程将使农村 1 亿左右的劳动者从农业岗位转到二、三产业，城市有一部分劳动者从工业部门转到第三产业。上述城乡劳动者的岗位转移，既是对生存权利的挑战，又是一种新的发展机遇。应付挑战，把握机遇，必然要靠教育、靠培训。

(三)改善生存条件，提高生活质量

物质、精神、环境、人口控制与健康，是人类生存的基本要素，也是终身教育的基本内容与目标。

物质生产是社会存在和发展的基础，而创造必要的和丰富的物质财富，是保障和改善人类生存条件，提高生活质量的物质基础。然而，“教育——财富蕴藏其中”的道理并非人人都理解。根据某工厂对年龄在 37~41 岁，原文化程度为初中毕业的 214 名男性职工的调查，结果受过各种成人教育的 101 人，同没有受过成人教育的 113 人相比，平均成品合格率高 5%~7%，设备完好率高 13%~17%，提出合理化建议和参加技术革新的人多 75%，而且完成生产定额普遍高：在技术程度复杂部门高 12%~15%，在技术程度中等的部门高 8%~10%，在技术程度比较简单的部门差别不大，但也

大约高3%~5%，三者平均为8.9%，估计实际价值大约年均350元，一年中101人可以多创造价值3.5万元。假如全国一亿职工有20%接受各种成人教育，扣除教育费用外，一年可多创造价值230亿元。① 上述事实说明，成人教育是劳动力的再生产，是潜在的生产力。发展成人教育，实施终身教育，既有文化、道德层面的社会价值，又有经济价值。而且，正如美国经济学家舒尔茨从美国的长期农业增长问题研究中得出的结论：人的知识、能力、健康等人力资本的提高对经济增长的贡献远比物质、资本、劳动力数量的增加重要得多。人类除了物质生活之外，还要有精神生活。物质生活丰盈而精神生活贫乏的人是不幸的。成人教育作为传统学校教育向终身教育发展的一种新型教育制度，它一方面要向受教育者传授知识、技术和生存手段；另一方面要传播文明健康的生活方式，传播社会生活领域内诸方面的道德标准、价值取向和行为规范。从人的自我发展、自我完善的角度来说，人的理性发展、人格的完善和个体自身在群体中角色的选定，有赖于不断的经验、知识和技能的获得，有赖于通过不断引进外在的客观精神以调整主观的意识和行为，并在这一过程中获得自身的自由发展和树立鲜明的个体特色，这是人不断成为社会意义上的人的过程。终身教育的人文功能对提高社会成员的内在素质、精神品貌和充实其精神生活发挥着重要的作用。

环境问题是同人类生存密切相关的问题。随着工业化和工艺技术发展带来的环境问题，受到了世界各国的普遍关注。联合国环境计划署区分了“教育”和“培训”的概念：教育是用来证实对环境问题的敏感性，提高对环境问题的认识水平和对环境问题承担义务的能力；培训是技术的发展和掌握，实际问题的解决和特殊的作用。1972年在斯德哥尔摩召开的“联合国人类环境大会”通过的《人类环境宣言》宣称：“为今后世代保护和改善环境已经成为人类的一项

① 试论成人教育在经济建设中的作用[C]//. 湖南普通高等学校成人教育研究会. 湖南普通高等学校成人高等教育研究文选. 长沙：中南工业大学出版社，1991.

紧迫目标。”1992年在巴西里约热内卢召开的联合国环境与发展大会后不久，中国政府即提出了促进中国环境与发展的“10大对策”，其中对策8为“加强环境教育，不断提高全民族的环境意识”，并在1994年公布了《中国21世纪议程》，其中第6章为“教育与可持续发展能力建设”，要求加强对受教育者的可持续发展思想的灌输，将可持续发展思想贯穿于从初等到高等的整个教育过程中。重视环境问题，加强对保护和改善环境的技能培训，是终身教育的一项重要任务。

此外，人口教育、基本保健教育与和平教育等都是与人类生存密切相关的终身教育内容。

老年人教育的基本任务包括三个方面：(1)唤起全社会成员重视老年人问题；(2)加强老年人保健教育；(3)开展老年人培训，进行第二次人力资源开发。例如，在一些发达国家的成人教育中开设有“预备退休课程”，而且正在成为企业全体人员实践的组成部分。

终身教育是生存的概念，这不是耸人听闻的宣传，而是对教育的本质在认识上的回归，是科学的论断。终身教育思想的传播，深化了人们对教育的认识，尤其是空前地深化了对成人教育地位和作用的认识。在当代，“终身教育已不再仅仅是一个新的教育范畴，一个被普遍接受的教育观念，也是教育制度中一个很重要的组成部分，而且，还将成为每一个社会成员自觉使用和维护的权益”①。毫无疑问，以终身教育思想作为理论基础的成人教育与老年教育是万古长青的事业。

[本文原载《华中师范大学学报(人文社科版)》1998年第六期。先后被收入广西师范大学1999年8月出版的《教育基本理论与实践》和董明传主编、广东教育出版社2000年6月出版的《面向21世纪我的教育观成人教育卷》等]

① 程方平．培格曼终身教育百科全书·编译者序[M]//．[英]C. J. 泰特缪斯．培格曼国际终身教育百科全书．教育与科普研究所，编译．北京：职工教育出版社，1990.

人们的期盼

期盼者迫切希望也。人类有很多的期盼，从宏观、中观到微观都有某种期盼。期盼世界是美好的，期盼自己的国家是富强的，期盼自己生活的家庭和社会是和谐的，期盼我们的教育能切实让我们的孩子成人成才。在所有的期盼中，最重要的是对理想教育——人民满意的教育的期盼。道理很简单，所有上述期盼的实现，不是上帝赐予的，而是靠我们的教育、靠人才培养、靠人的创造性潜能的发挥造就的。正因如此，当代世界各国，包括我们的国家、我们的社会和我们每一个家庭，对教育的重视都是空前的。

一般说来，一项民生工程只要被有关各方重视，事情就好办了，唯有“教育”的有关各方都在重视，改革起来仍然是一道难题。这里存在的问题，仍然是“教育究竟是什么、教育究竟为什么和如何为”的老问题。毫无疑问，大家都知道教育是培养人的活动，这是教育作为一种社会活动区别于其他社会活动的根本特征。这在理论上可以说有着百分之百的共识。既然教育是培养人的活动，说明教育本来就是一项“以人为本”的事业，在科学发展观的视野里，以培养人为宗旨的教育的改革和发展处于核心地位。可是，我们在教育领域，仍然只看重考分、名次、升学率等所谓的“智商”而轻“情商”，无视我们国家和社会发展所要求的德、智、体、美全面发展的高素质人才的培养。这是一种奇怪的现象。

教育是培养人的，这句话只要是正常的人都是不可否认，也无法否认的，问题是在实践中其着力点是否是在培养人和培养什么样的人以及如何培养人。中央强调素质教育已逾十年，人们早已呼唤“救救孩子”。可是由于将学前教育视为一种产业，幼儿教育过于依赖市场，就出现了这样的情景：“天当房顶地当床，面包饼干当干粮。”这是某年6月初，北京昌平区工业幼儿园门口，200多名家长，有搭帐篷的，有用行军床的，有坐竹椅的，在此安营扎寨坚守了九天八夜，只是为了给孩子争取一个宝贵的入园名额。长期以来，我国农村学前教育发展缓慢，目前仍有近2/3的农村幼儿没有机会接受学前教育。有幸进了校门的也多有不幸，从幼儿园开始因利益驱使搞什么重点班、普通班、班外特长班、义务教育阶段设重点学校、重点班等，人为地设置不同的起跑线，使孩子们从小就接受不平等的教育，残酷地扭曲孩子们的心灵，造成心灵创伤。我国的中小学生课内负担已经够重，课外的各种补习班又挤了进来。为了让孩子们选择一所好的学校，家长将孩子送进一些超前的补习班，幼儿教育“小学化”、小学教育“初中化”倾向日趋严重。

各地的“奥数班”人满为患，叫停令成了摆设。“高考指挥棒”成了有偿补课捞钱者的“聚财棒”，使得孩子们的暑假不再“阳光”。如此等等，造成逾七成的中小学生成了近视眼和睡眠不足。家长对孩子无微不至的爱让孩子的生命了无生趣。以至于一个拥有近万名成员的网络讨论小组命名为“父母皆祸害”，让生长于两个特色鲜明而又截然不同时代的、血脉相连的人，竟然以如此激烈的方式对峙。

笔者基本认同以下说法：“当下的中国大学是被围困的大学。围困大学的力量可分解为：政治因素、经济因素、文化因素以及社会认同因素。”①政治因素是指以官本位为主体的行政化管理模式；经济因素主要指将大学分成三六九等来按照市场规则划拨或筹集经费等；文化因素主要是大学教育的理念或价值取向存在问题；社会认同因素是指社会舆论严重影响大学的自我定位。在这种背景下，我国的大学尚未建立起应有的章程。为此，大学既缺乏办学的自主权，又有诸多的随意性。现在的大学招生基本上还是沿袭计划经济时候的统考统招的制度，并认为这是唯一公平的做法。“高考指挥棒”的作用仍然是决定性的，如果大学要录取像当年钱伟长那样的考生，肯定会招来口诛笔伐。我国高中毕业生人数虽然开始在逐年

① 李侠. 被围困的大学从哪里突围[N]. 文汇报，2010-08-19.

减少，但目前高等教育的毛入学率仅为 24.2%，可见大学的生源很充足。令人匪夷所思的是：山东省 2010 年本科二批第二志愿投档结束，45 所院校的文科专业、47 所院校的理科专业出现了“零投档”，舆论认为这是考生在用填报志愿的笔对高校办学质量进行测评。目前，我国高校教师队伍建设滞后与高校扩招规模普遍存在落差，高等教育质量问题成了社会关注的问题。有的学校不择手段搞假学历且畅行无阻，是因为既有生存的土壤，又有庇护的树荫。大学里的学术造假包括剽窃、抄袭、占有他人研究成果，或者伪造、修改研究数据的行为，时有媒体曝光；还有教育的市场化严重扭曲了师生关系。上述种种也许就是著名的“钱学森之问”产生的背景。钱老思考着，“为什么我们的学校总是培养不出杰出人才?”有人认为这一问是关于中国教育事业发展的一道艰深命题，需要整个教育界乃至社会各界共同破解。

“艰深”一词，的确准确地反映了教育改革面临的难度。改革开放以来，教育的改革与发展取得的巨大成就主要是普及了九年义务教育和高等教育由“精英”教育阶段跨入了“大众化”教育阶段，使我国成为了教育大国。但是，这只是就发展规模而言。而 2010—2020 年的《国家中长期教育改革和发展规划纲要》(简称《纲要》)要求的是“为每个学生提供适合的教育，培养造就数以亿计的高素质劳动者，数以千万计的专门人才和一大批拔尖创新人才”，将我国建设成为“教育强国和人力资源强国”。这里既有发展规模的要求，更有高水平教育质量的要求。实践证明，难点不是在前者，而是在后者。该纲要有这么两句话：“素质教育推进困难”；“接受良好教育成为人民群众强烈期盼”。“推进困难”与“强烈期盼”，表明我们的教育改革与发展面临的是令人痛心疾首的难题。

素质教育推进困难有诸多因素，其核心因素是教育观念十分落后，教育的价值取向出现了偏差，以致在教育实践中持续地背离“培养人”这一教育的本源，而将培养对象作为某种理想的工具去塑造，忽视人文精神的培养。这里起决定作用的不是经济因素或制度因素等其他因素，而是文化因素。美国著名的人类学家玛格丽特·米德从研究人类社会文化传递的差异出发，创造性地将整个人类数千年的文化变迁划分为后喻文化、同喻文化和前喻文化三个部分。后喻文化，指晚辈主要向前辈学习，在这种文化中是过去影响着未来，甚至认为过去是未来的原因；同喻文化，指晚辈与前辈的学习都发生在同辈人之间，其基本特点是以当代流行的行为模式作为自己的行为准则；前喻文化，指长辈反过来向晚辈学习，在这种文化中青年成了未来的象征。在文化视角里，我国当前的教育实际上是后喻文化起着支配作用，加上官本文化、状元文化等传统文化中过时的或消极的文化因素与市场经济背景下的拜金文化、新自由主义文化结合在一起，形成了一股严重阻碍素质教育落实的力量。文化作为一种无形的精神支柱，以其对社会历史的巨大作用力，贯穿、渗透在社会实践的每一个具体而细致的环节，资本主义腐朽思想和封建残余沉渣泛起，带给教育事业乃至人们精神生活的负面作用不可低估。某些错误观念正消解着社会主义主流文化的思潮，严重地干扰着中国文化和教育事业的健康发展。笔者总在思考的一个问题是：素质教育的倡导已逾十年，可是有人至今仍在问“什么是素质教育”的问题。党和政府以及媒体大声疾呼，要全面贯彻党的教育方针，这一次公布的《纲要》又明确强调：“全面贯彻党的教育方针，坚持教育为社会主义现代化建设服务，为人民服务，与生产劳动和社会实践相结合，培养德智体美全面发展的社会主义建设者和接班人。”著名教育家、中科院院士杨福家不久前在上海一次高校负责人会议上呼吁：科学研究对研究型大学固然重要，但所有高等院校的根本在于育人，第一职责是为国家培养高素质的公民，引导每个学生树立好价值观、人生观，有理想、有信念，“点亮他们头脑中的火花”。对此大学应该“不惜工本”。笔者认为这是在呼吁教育回归本源，这就是素质教育，这才是素质教育，可偏偏有人认定“应试教育”也是“素质教育”，或者“不知道什么是素质教育”，就是不理解或不认同党的教育方针，因此，人们普遍关注的素质教育问题，主要不是学术问题，而是理念问题，是一个带有根本性、方向性的问题。许多人认为教育存在的问题主要是体制问题，但是，任何一种体制都是在一定的观念指导或影响下形成的。没有理念的变革与创新，体制的改革与创新是不可能的。

素质教育推进难的另一个重要因素是利益的驱使。我国经济改革的目标确定为建立社会主义市场经济体制之后的一段时间里，教育领域很快出现了以规模和经济效益为首的浸蚀作用，拜金主义渗透到了本为圣洁的教育领域。官员的腐败是对育人环境的严重污染。大学里出现的一批贪官，他们的心思放在权钱交易上，而不是教学、科研和育人上；有的大学教授因追逐名利而搞学术造假；江苏邳州三名教师因在网上表达对该市官员的不满和因批评市教育局拖欠教师工资而遭警方拘押，则是官本位的一种极端表现。师生关系紧张的背景是因为一些教师对学生的态度取决于学生(家长)对教师所作的"贡献"。在中小学教育领域重点班、各种各样的实习班屡禁不止；考场流行病孕育出五花八门的电子作弊器材，考试作弊已电子化、产业化等，背后都是唯利是图所致。

总之，当前的中国教育，人们看到的是应试教育与素质教育的巨大差别，是全面教育与片面教育之间的巨大差别。而上述"巨大差别"反映的是"以人为本"的社会主义教育的价值取向与工具性功利主义的教育价值取向之间的矛盾。这是造成我国国民教育缺失的最深刻、最根本的原因。

《纲要》提出的发展目标令人鼓舞，保障措施也是切实可行的，集中反映了我国人民对教育事业的期盼；但是，不要以为有了《纲要》就可以高枕无忧了。这是因为一方面正如中共中央党校张志明教授于2007年尖锐指出的："国民教育的缺失是最大的国家安全问题"，这句话给了我国的国民教育"当头棒喝"，说明了教育存在问题的严重性和解决这些问题的紧迫性。另一方面实现《纲要》确定的改革和发展目标，实际上是教育领域的革命性的深刻变革，必然会遇到许多的困难和阻力。正因为如此，胡锦涛同志在2010年7月13日召开的全国教育工作会议的讲话，特别强调"推动教育事业科学发展，必须坚持以人为本"，而"坚持以人为本，全面实施素质教育是教育改革和发展的战略主题，是贯彻党的教育方针的时代要求，核心是解决好培养人的重大问题"。"坚持以人为本，在教育工作中的最集中体现就是育人为本，德育为先。""要把德育融入学校课堂教学、学生管理、学生生活全过程。"我们相信只要我们按照正确的办学方向，坚持改革开放不动摇，我们定会成功，人们的期盼定会实现。

早在1828年，耶鲁大学在一篇阐明其办学宗旨的报告中有这么一段话："我们的国家活力充盈、国土辽阔、充满智慧、资源丰富，并且人口、国力、财富都在快速增长。因此，浅薄而平庸的教育不适合指导我国的发展。我国的壮丽山河注定了我们要成为一个强大的国家，我们怎能容许我们的文化衰颓、贫乏和肤浅呢？"他山之石，可以攻错。我国的国民教育、包括大学在内的各级各类学校，都会从耶鲁大学的办学理念中得到启示，并充满信心地投入到我国教育的历史性变革中来，为全面实现《纲要》确定的目标、创造我国教育健康发展的辉煌成就而努力奋斗。

2010年9月25日

落实素质教育是教育强国的根本

1995年中央提出实施科教兴国战略以来，始终把教育放在优先发展的战略地位。经过十多年的发展，我国已建成中外教育史上最大规模教育体系，已发展成为教育大国，但还称不上教育强国。要弄清楚差距在何处的问题，即如何将教育大国发展成为教育强国的问题，首先要弄清楚什么是教育强国。目前，学界对“教育强国”这一概念尚无确切的定义，笔者冒昧地认为：一个国家的教育发展已进入高等教育普及化（毛入学率达50%以上）阶段、且教育结构优化、拥有一批具有国际领先水平的教学科研队伍、有若干所世界一流大学，并已将高水平的教学与科研成果转化为人力资源强国的国家，可称为教育强国或高等教育强国。这一概念的内涵包括教育规模、质量、结构、投入、管理以及国际公认度等要素与相应的指标。现在，虽然尚无深入研究和建立认定“教育强国”的评价指标体系，但我们仍可从众多的关于我国高等教育现状的评析中，粗略地看出我国的教育同教育强国确有较大的差距。主要表现在：（1）我国高等教育的毛入学率2008年为23%，属大众化初级阶段，进入普及化阶段需要10到15年。（2）高等教育的层次、类型、专业与投入结构不合理，其管理体制与运行机制与社会对人才的需求不相适应。（3）教学科研队伍建设及专业与学科建设还不能适应一流拔尖人才的培养。（4）教育教学观念、教学内容和教学方法保守、滞后，制约着学生创新意识与能力的培养，教育质量需大力提高。上述差距归结到一点就是我们的教育素质不能满足素质教育的要求。

教育素质是指教育诸方面的固有基础和原本特点，是对教育现状的整体评价。它包括教育的价值取向、教育结构状态、教育的内容和教育方法以及教育管理诸要素。教育价值观是其灵魂。教育年年有、月月有、天天有，有关教育的言论随处可见；但是，很可悲，正如民进中央副主席朱永新先生撰文批评的：我们不知道教育是什么。说明教育思想很混乱。对此，我有完全的同感。本来“全面发展”的教育方针是指‘德智体全面发展”，有人就偏要解释为要求学生门门课程优秀的“平均发展”，在强调发展学生个性、培养学生创造力的时候，还将其与“全面发展”对立起来，提出要“重新审视并更新全面发展”的教育方针，将教育方针改为“重视学生的个性发展和协调发展”。我认为这种“更新”是十分有害的。因为德智体全面发展是对人的最普遍的基本素质要求，这样的要求绝不会制约个性发展；恰恰相反，鲜明健康的个性发展必然是建立在德智体全面发展基础之上的，脱离这一基础来谈个性发展，或者像空中楼阁，或者像沙滩上建大厦。“德智体全面发展”反映了人类自身发展的客观规律，以此作为教育方针，正好顺应了人的发展的客观规律。如果我们在教育是什么、教育为什么这一根本问题上糊涂起来了，以科学发展观指导教育的发展只能是一句空话，落实素质教育也只能是一句空话。难怪自1999年，素质教育进入国家重大政策范畴以来，总是挡不住应试教育的冲击。教育为什么，大家都会说培养人才，实际上是为了追求经济利益、追求分数、追求升学率、追求所谓“政绩”、名誉和地位。许多家庭教育不是真正为孩子的未来发展负责，而大多是以光宗耀祖的虚荣心为导向。总之，这样的教育不是“以人为本”，背离了“德智体全面发展”的教育方针。说来也奇怪，教育领域存在的上述种种问题，竟然有人说也都是“素质教育”。当你指出这些都与素质教育相背离时，就质疑究竟什么是素质教育的问题。实际上就是不认同“德智体全面发展”的教育就是素质教育的教育价值取向，或者将“全面发展”错误地理解为“各科全面平均发展”，完全用“知识价值标准”取代“德智体全面发展”的教育价值取向。笔者认为这是我们建设教育强国的最大障碍。

诚然，在现实中，人们的价值观是多元化的，这是思想解放的必然结果。但是，任何一个正常发展的社会，其多元价值中，必须有一个起引领作用的核心价值体系。我国是社会主义国家，社会主义的核心价值体系必须包括“四个认同”，即认同马克思主义，也就是对人类社会发展规律的认同；认同我们的国家美好发展前景；认同以爱国主义为核心的民族精神和以改革创新精神为核心的时代精神，是实现共同理想的根本动力；认同以社会主义荣辱观等为标准的公民思想行为选择的标准。在改革开放的背景下，我国教育事业的发展，必须坚持马克思主义的指导地位，必须坚持以社会主义的核心价值体系来引领并确立我们的教育价值观。在社会主义核心价值体系的视野里，既要正视教育价值多元的现实，更要认同并坚持受教育者“德智体全面发展”和“个性充分发展”相统一的教育价值取向，并在教育改革与实践中充分体现这样的价值取向，我们的教育才有可能健康发展，教育强国的梦才有可能实现。

我们必须更新我们的教育观念。长期以来，总认为教师的天职是传授知识或技能，“智育(知识)第一”的思想根深蒂固，德育与体育被忽视。教师的天职是培养人，也就是促进受教育者“德智体全面发展”与“个性充分发展”。受教育者的发展归根到底是人格的发展与能力的发展及其健康体质保障水平的提高。学科与课程都是上述发展与保障的平台，而不是目的。本着以上理念，当前我国教育领域的许多问题需要反思和克服。要使学生获得持久不衰的学习动力，就要培养和激发他们的兴趣。而兴趣是最能体现和发展个性的，对于造就创新型人才有着至关重要的作用。然而，我们的学校教育却普遍存在着一种错误的倾向，即把课本知识的学习当成了学生最重要的甚至唯一的活动领域，而且各门课程都要求优秀才能评奖学金，这对于在课程以外或专业以外的其他领域有着特殊兴趣，且又有较高天赋的学生来说，是一种抑制甚至是一种扼杀。我们设想：大学如果设立人文基础学院、理工基础学院、文理基础学院，学制二年，开设共同性基础课程或通识课程，三、四年级则不分专业，在教师指导下，让学生完全按照自己的兴趣来选择专业和课程，学生如果把某专业的核心课程全修合格，总学分也达到该专业的要求，就可颁发该专业的毕业证书。这样做就充分尊重了学生学习的自主权，就能激发学生学习的积极性，并充分张扬其个性，无疑是有利于创新人才培养的。

还有，关于“教育为什么”的问题，曾经有过“教育为政治服务”，改革开放以来又强调“教育为经济服务”，现在又强调“教育发展要以市场为导向”。上述三种说法是教育价值多元化的反映，都有一定的现实依据，但都有片面性。主要是无视教育的主体性和自身发展规律。就教育与经济的关系而言，教育要尽可能满足人力资源市场与人才资源市场的需求，这是没有问题的。问题是如何满足这种要求，如果我们把满足“市场要求”不加区别地理解为一律要直接而现实地满足“市场需求”便走入了误区。笔者认为中等或高等职业教育以及各种职业培训，原则上应与“人力资源市场”对接。而普通高等教育，尤其是承担精英教育的重点大学，绝对不能急功近利，一定要有战略眼光，按照优秀人才与杰出人才的素质要求与成长规律来培养学生。如果我们的校长、教师和学生一天到晚盯着不断变化的人才市场，我们将无所适从，这样“静”不下心来，怎么培养创新型杰出人才呢？

改革开放以来，我国的高等学校尤其是重点高校，普遍存在重科研轻教学的问题，这同“两个中心”论有关。现在有人提出“一个观念两个中心”的问题，一个观念是指“育人”，两个中心是指教学与科研。这种提法已经意识到了“两个中心”提法的缺陷。笔者则认为学校教育只有一个中心，就是“育人”，教学与科研是“育人”的两个平台或两大支柱。如果重点大学重科研轻教学，重科研成果轻“育人”成果，就是一种急功近利的表现。在我国的举国体制中，既有科研院所，又有高等教育体系，对高校的科研投入有限，这与美国等西方国家的教育科研体制是不相同的。如果忽视我国的国情，照搬西方的做法，我们就很难建成教育强国。

以上赘述，归结到一点，说明建设教育强国，首要的是排除各种杂念，切实落实素质教育，让教育回归“育人”的本位。

2009 年 12 月 4 日

成人教育必须坚持正确的办学方向

成人教育的宏观管理，是指国家和地方政府从总体上对成人教育事业发展所进行的规划、计划和协调，以求达到最佳效果。

国家教委《关于进一步改革和发展成人高等教育的意见》(1992年10月7日)指出，要大力推进成人高等教育管理体制的改革。国家教委要健全法规，加强总体规划、宏观指导、协调、监督与检查，重点掌管好学历教育的规格、质量；扩大省、自治区、直辖市和国务院各部门管理成人高等教育的权限，逐步把调整学校布局、制定培养规划和确定专业设置、办学形式、招生计划、招生对象及管理非学历教育的权力与责任全部交给地方和部门；地方和部门要保证学校有充分的办学自主权。这段话对国家教委和各省市(区)及国务院各部门的宏观管理任务与范围作了原则规定。

该意见强调，各类成人高等学校和办学机构要坚持社会主义办学方向，加强党的领导，贯彻执行党的基本路线和党的教育方针。我国成人高等教育同样要贯彻《关于教育体制改革的决定》中提出的“教育必须为社会主义建设服务，社会主义建设必须依靠教育”的原则。为此要求成人高等教育要以经济建设为中心，充分发挥成人高等教育在巩固和发展社会主义制度、不断提高社会生产力，建设两个文明方面的作用和功能，使之成为在职、从业人员乃至全体公民进行马克思主义基本理论和现代科学文化知识教育的阵地。概括起来就是：以马克思主义理论为指导，为两个文明建设服务。教育的方向性问题，就是教育为谁服务的问题，是培养什么人的问题，这是教育的根本命题，也是检验教育质量的社会历史标准。成人高教也不例外。

确保成人高等教育坚持正确的办学方向，在具体操作上要贯彻

"德、智、体全面发展"的方针，坚持把德育放在首位。这是从对培养的人才的价值判断这一角度对教育提出的要求，并非是时空的比例概念。也就是说，我们培养的人首先应当是有坚定正确的政治方向、良好的职业道德、很强的法制观念与社会责任感。函授、夜大学教育评估体系中要求"重视和有计划地对学生进行思想政治理论教育、职业道德教育、法制教育、爱国主义教育和优良传统教育"，为此，要求有一套能体现成人特点的思想政治工作制度，并有计划地实施。重视德育，主要是在办学指导思想上要明确德育的地位，并根据成人特点，贯穿于教育、教学活动全过程，而不是要求用很多时间专门进行思想政治教育。成人高等教育实施德育要特别注意针对性，讲求实效。

我国社会主义市场经济理论的提出及实践，不仅是我国经济体制领域内的一场深刻的历史变革，而且还因其具有划时代的意义而引起社会各个领域相应的变革和对自身价值认识的重构。作为直接服务于社会主义市场经济的我国成人高等教育，在社会主义市场经济的建设中如何确立自己的价值取向，这是一个急需回答和解决的问题。如果说成人高等教育中的德育要讲针对性，这就是最大的针对性。

市场经济强调自由竞争，自由竞争这个通行的法则支配着市场经济的活动秩序。人们呼唤民主，呼唤法制，并不是因为它能满足人们善良的愿望，而首先是因为作为社会主体的人是"经济人"，人们只能借此在市场竞争中追求自身利益的极限化。表现在道德价值观上，实际上是"善"和"恶"的较量。在这场较量中的某些现象给了我们一个十分遗憾的结果，传统的道德价值观和我们今天强调的以集体主义和奉献精神为核心的社会主义道德价值观一起受到严重的冲击。极端的利己主义、享乐主义和玩世不恭的观念在恶性膨胀；金钱的作用被夸大，社会的公正和秩序受到严重威胁；贪污、受贿、以权谋私等腐败现象像瘟疫一样蔓延。要消除这些腐败现象，一方面需要加强法制；另一方面则要通过教育进行引导、感化。因此，我国成人高等教育，必须全面贯彻党的教育方针，克服重专业知识传授而忽视思想品德、行为准则教育的倾向，引导学员树立和坚持践行社会主义的价值观。为建设富强、民主、文明、和谐的社会主义国家作贡献。

1996年8月

努力提高大学教学管理水平

我国的大学连续几年扩招之后，大多将工作重点转向提高办学质量，而提高教学管理水平则是提高办学水平的核心因素之一。

从体制上看，教学管理分宏观管理与微观管理。宏观管理以学校教务部门为主，其他有关部门配合，主要职责是：负责人才培养规格的设计、管理制度的设计、教学资源的整合与配置、教学督导与评估、教学工作的调查研究与总结等。微观管理是各院、系教学实体的教学管理，其主要职责是具体落实学校对人才培养规格的要求，负责制订和实施教学计划，保证教学质量。提高教学管理水平包括上述宏观与微观两个方面管理水平的提高，使宏观管理的导向作用和微观管理的质量保证作用得到充分发挥。具体要求是：教学管理者必须有一个明确的和正确的人才质量观，必须对课程设计与课程实施进行全过程管理，必须有科学的教学评价制度。大学教学管理的现状告诉我们，这些近乎老生常谈的问题仍然存在着很大的议论空间。

一、要有正确的人才观

教育是培养人的，培养什么样的人是教育的根本问题。因此，人才观对教育的价值取向起着决定性的作用。树立正确的人才观则是提高教学管理水平的先决条件。

“人才”这一概念古已有之。“年事推兄忝，人才觉弟优。”杜甫笔下的“人才”是指才学。有的称人才为“天才”“贤才”，人力资源管理部门则以学历文凭和职称为标准来定义人才。说某校培养了多少人才，一般是指培养了多少毕业生，是以学历论人才；说某某学校出人才，一般指有特殊贡献的人才。我国的传统教育重在传授知识，学生的任务就是吸收知识和储备知识，培养的人才是“仓库型”的，同当代社会经济与科技的发展极不适应。上述关于“人才”概念的种种说法或抽象、或片面、或模糊不清，并对传统的教育与教学理念有着特别深远的影响。这种陈旧的人才观及与之相应的教育观，成了教育改革和落实素质教育的最大障碍。因此，革新“人才观”，成了教学和教学管理改革的先导。

当代的大学教育究竟培养什么样的人？对这个教育的根本问题的理解实在不能再迷糊和动摇了。毫无疑问，当代的大学教育必须是培养“现代人”，而不是传统的“文化人”。何谓“现代人”？1972年时任国际教育发展委员会主席的埃德加·富尔在其呈送给联合国教科文组织总干事勒内·马厄的报告时，提出了这样的设想：“人类发展的目的在于使人日臻完善；使他的人格丰富多彩，表达方式复杂多样；使他作为一个人，作为一个家庭和社会的成员，作为一个公民和生产者、技术发明者和有创造性的理想家，来承担各种不同的责任。”①强调发展人的“创造性”和对个人、家庭与社会的“责任感”。1996年世界21世纪教育委员会提出了21世纪人才素质的七条标准：第一，积极进取开拓的精神；第二，崇高的道德品质和对人类的责任感；第三，在急剧变化的竞争中，有较强的适应能力和创造能力；第四，有宽厚扎实的基础知识，有广泛联系实际解决实际问题的能力；第五，有终身学习的本领，适应科学技术综合化的发展趋势；第六，有丰富多彩的健康个性；第七，具有与他人协调和进行国际交流的能力。这七条标准在国际上得到了共识，在国内，理论上大概也不会有异议。因为这七条反映了当代经济社会发展对“现代人”素质的具体要求，反映了对“人的全面发展”的要求。问题是在落实，是在我们的教育、教学与管理实践方面，“三中心”(教师、课堂、书本)的教育思想与教学模式有很强的惯性。因此，要实现“现代人”的培养目标，迫切需要德育创新、教学及管

① 联合国教科文组织国际教育发展委员会. 学生生存——教育世界的今天和明天[M]. 华东师范大学比较教育研究所，译. 北京：教育科学出版社，1996：193.

理创新。由此可见，提高教学管理水平必须从“人才观”的革新做起。只有树立正确的人才观，教学改革和教学管理才能朝着正确的方向深化与提高。

二、要高度重视课程编制工作

课程编制是教学管理的最重要的基础性工作。课程编制就是要确定课程目标，选择课程内容，安排课程实施(教学)进程。这些都反映在教学计划、教学大纲和教材中。课程编制不仅是专任教师的责任，教学管理人员也必须参与其中。例如，大学生的综合素质要求即人才培养规格，需要教学管理人员从宏观上加以研究和确定，各专业课程结构的设计，即各类课程的比例及学分的分配，包括通识课程的管理，主要是教学管理人员的责任。而教学大纲和教材的编选则主要是教师的责任。目前，我国各大学的课程管理水平差别很大，只有少数设有高教研究机构或教学研究机构的大学，比较重视课程编制，用科学发展观指导课程编制，课程管理达到了民主化、规范化和专业化的水平。更多大学的课程管理属于“经验型”管理，不重视课程设计，课程编制缺乏必要的程序，课程结构模式单一、僵化，课程内容陈旧，重理论轻实践的现象比较普遍。许多十分重视教学工作的教师，制定的教学大纲既规范又有特色，所编写的教材或采用他人编写的教材都是质量较高的。但也有不少教师重科研轻教学，编制的教学大纲过于简单，很不规范；教材的选择也很随意，甚至只采用自己熟悉的教材，不注意教学内容的更新。这类现象既有教师本人的问题，也有对课程编制的管理不到位的问题。

因此，提高大学教学管理水平，必须加强对课程的管理，重视研究和编制好课程。

三、对课程实施全过程的管理

课程实施是指通过教学活动将编制的课程付诸实行；对课程实施的管理就是对教学活动全过程实行的管理。课程实施的目的就是通过教和学的双边活动，将课程内容转化为受教育者的素质。对课程实施的管理，就是要建立相应的教学管理制度来促进这种“转化”，服务这种“转化”，形成最优“转化”的机制。

我国的大学面临国际国内的激烈竞争，因而普遍关注办学水平的提高，重视教学和管理工作。但是教学管理改革的发展很不平衡，大体上可分为三类：第一类是“创新型”的管理。其特点是管理人员树立了清晰的正确的人才观、教育观；高度重视教学管理工作，不但重视教学过程管理，更重视学科建设和课程编制；不但重视常规管理，而且不断从课程编制和课程实施过程中提出问题，立项进行专题研究；现代信息技术充分介入管理，构建了新的管理模式；管理制度很完善，制度创新成果显著；管理人员专业化水平较高。第二类是“跟进型”的管理。其特点是既不安于现状，又缺乏开拓精神；愿意借鉴别人的经验，有时甚至照搬别人的做法；信息技术部分介入管理，但尚未形成新的管理模式。第三类是“经验型”的管理。其特点是满足于建立和维持正常的教学秩序；只求稳定，不求改革；照搬现成的教学计划，谈不上课程编制和教学研究；教学过程管理囿于传统，管理水平较低。

从以上分析可以看出，我国大学教学管理水平亟待提高。这种提高必须正确处理以下几个方面的关系：

(一)正确处理“成人”与“成才”的关系

现在人们的印象是，“成人”的教育即人格的培养越是低层次教育(从幼儿教育始)越被重视，越到高年级越被忽视，这是应试教育的应然逻辑。至于大学，人们都说是培养“人才”的地方，自然“成才”是压倒一切的任务了。这种观点是很片面的。我们的教育方针强调“德、智、体全面发展”，德育放在首位，反映了教育的本质和规律，全世界各国的教育莫不如此。例如，美国有的幼儿园开设“讨饭”课，让孩子吃“忆苦饭”，目的是让孩子们珍惜粮食、同情穷人，可见美国人对孩子的人格培养高度重视。而且大学阶段的教育同样重视“成人”的教育。著名的哈佛大学提出了“情商”教育观念，对传统教育观念和教育模式带来了巨大冲击。哈佛大学研究结果表明，一个人一生的成就至多只有20%归于智商，80%则受其他非智力因素影响。例如意志力、自信心、情绪控制、人际关系、团队精神、自我激励、思考方法等。美国品德教育联合会主席麦克唐纳说，光有品行没有知识是脆弱的，但没有品行光有知识是危险的，是对社会的潜在威胁。办学以人为本，做人以德为本。意大利诗人但丁其代表作《神曲》中，用哲理性的诗句呼唤人类重视德育，“人类生来不应当像野兽一般地活着，而是为了追求美德和知识”。老子《道德经》中有句名言，“有道无术术尚可求也，有术无道、止于求术”，即一个知识不全的人可以用道德去弥补，而一个道德不全的人却难以用知识去弥补。能力不足，责任可补；责任不够，能力不能补，更是强调了德育对人生的决定性作用。

我们常说“管理育人”，就是要求我们的教育教学管理真正做到以人为本，着眼于人的成长和人格的培养。

（二）正确处理科学教育与人文教育的关系

“以人为本”的教育，必须坚持落实“素质教育”，这是教育自身素质的根本标志。而落实“素质教育”，有赖于科学教育与人文教育的协调发展。科学教育教我们求真，人文教育教我们求善。我们的教育培养全面发展的人，二者绝对不可缺一，也不可厚此薄彼。因此，教学管理人员研究如何促使科学教育与人文教育协调发展，提高协调能力，是十分重要的。现在世界各国，尤其是一些发达国家如同重视自然科学那样重视人文科学。例如美国高等学校本科生课程一般由三部分构成：普通教育课程、主修课程和选修课程。其中普通教育课程又被称为文理教育课程，其目的是保证本科生的知识广度和获得科学精神与人文精神的全面教育。麻省理工学院作为理工科大学，一贯重视人文教育，规定本科生必须完成人文、艺术和社会科学课程计划中的八门课程，每门 9 个学分，共计 72 学分，占获得学士学位所要求的学分总额的 20%。哈佛大学 1978 年公布的《公共基础课方案》，规定全体学生都要学习文学艺术、历史、社会哲学分析、外国语言文化等领域的基础理论知识。第二次世界大战前，日本大学的专业结构重文轻理。战后对专业结构进行了调整，发展了理工科专业，也认同了科学教育与人文教育并重的人才培养模式。

（三）正确处理通才教育与专才教育的关系

在计划经济体制下，我国的大学强调培养专门人才，实行的基本上是专才教育。这种过窄而又单一的人才培养规格与社会主义市场经济对不断变化着的、多样化的人才需求不相适应，于是就转向培养通才与专才教育相结合的人才培养模式。其特点是注重科学与文化基础学科及其基本理论的教育，重视课程的综合化和相互渗透。随着现代科学技术的综合化以及社会职业的不断更新，人们越来越认识到培养创造性人才的重要性。在高等教育领域，尤其是本科阶段的教育，只有实行“通才与专才教育相结合”，才能使培养的人才有较强的应变能力和适应能力。反映在教学管理层面，关键是要搞好相应的课程设计。一般说来，本科阶段的培养目标与规模是宽口径的，通识课程（包括通常说的以人文课程为主的公共基础课和专业基础课）成为课程结构的主体，专业课程主要开设核心课程。选修课程比例较大。重视通识课程，并非否定专才教育，而是将专才教育寓于通才教育之中。这种课程模式，有利于开拓学生的视野，发展个性与创新思维能力。

（四）正确处理理论与实践的关系

现在的大学毕业生进入人才市场，用人单位首先看你有没有实践经验。缺乏“实践经验”成了毕业生求职过程中的一大难题。我们不能一味地责怪用人单位对毕业生的苛求，应当反思一下大学人才培养模式中的缺陷。其中“重理论、轻实践”的问题，是一个长期被议论却又未被解决的问题，究其原因，一是以“书本、教师、课堂”为中心的传统教育思想仍然存在，制约着课程和教学的改革；二是没有体制和制度创新作保证；三是教学经费投入不足；四是教学评价历来重课堂教学，比较忽视实践性教学环节。为了从根本上克服“重理论、轻实践”的倾向，必须以更新教育思想为先导，从课程编制入手，不但要合理确定理论课程与实验、实践课程的比例，而且要对理论课程的教学贯彻“理论联系实际”的原则要有明确的要求，对实验实践课程的考核也要过硬。人文社会科学各专业应重视社会调查与社会实践活动。理工类各专业，则由于现代科学转化为技术，技术物化为产品的周期大大缩短，从而增强了生产对于科技开发与教育的依赖，这就要求大学必须建立"产、学、研"相结合的人才培养模式。这种模式是在20世纪50年代就提出来了，大多数学校至今未能实现，主要是体制上的障碍所致。为此，特别需要通过建立董事会领导下的校长负责制这样一种管理体制，来加强大学与企业的联系，建立稳定的教学实习基地。要增加教学经费投入，并将教学投入的比例制度化。切实加强实验室建设和教学基地建设，保证实践课程的教学得以落实。

提高大学教学管理水平，除了重点处理好上述四个方面的关系外，还有一项十分重要的工作就是要搞好教学评估。综合性、阶段性的教学评估不能搞得太频繁，但也要把它制度化。而单项的和诊断性的评价则可作为经常性的工作纳入教学管理工作范围。教学评估既要评教师的"教"，又要评学生的"学"，还要评管理人员的"管"，包括上述四个方面关系的处理。只有将教、学、管都纳入评估指标体系中，才有可能比较准确地反映学校的教学质量。高水平的教学评估，能准确地反映教学和管理状态，既能找出存在的问题和薄弱环节，更能发现和总结出先进的教学和管理模式，做到择善而从，全面提高教学质量和管理水平。

2006年7月10日

终身教育与社会力量办学

一

国家教委于1992年10月7日发布的《关于进一步改革和发展成人高等教育的意见》确认："我国高等教育已经出现了职前与职后教育并举，全日制教育与业余教育相互配合，继续教育、终身教育正在逐步发展的新局面。"第一次在我国的教育文件中，使用了"终身教育"这一概念，并肯定"终身教育"在我国"正在逐步发展"。1993年2月13日，中共中央、国务院正式印发的《中国教育改革和发展纲要》指出："成人教育是传统学校教育向终身教育发展的一种新型教育制度。"明确了教育发展的目标是"终身教育"。1995年3月18日，由全国人大八届三次会议通过的《中华人民共和国教育法》第11条还规定："国家适应社会主义市场经济发展和社会进步的需要，推进教育改革，促进各级各类教育协调发展，建立和完善终身教育体系。"进一步明确了教育发展的战略目标是"建立和完善终身教育体系"。从而确立了终身教育在我国的法律地位。

终身教育思想古已有之。孔子的"有教无类"，其教育对象就包括不同年龄的人。亚里士多德主张"儿童和需要教育的各种年龄的人都应受到训练"。古代波斯的伊斯兰教强调人应该通过教育来不断完善自身，其教父要求教徒"从生至死"不断地坚持自我教育、自我完善。而"终身教育"一词始见于英国1919年出版的教育部重建成人教育委员会的报告。该报告认为成人教育为国家永久所必须，与公民教育不可分离。因此，成人教育应该是普遍的，而且是终身的。

第二次世界大战后，各资本主义国家普遍致力于经济恢复和政治改革，并相应地进行教育改革。1960 年，在加拿大蒙特利尔市举行的国际成人教育大会，阐明了将成人教育纳入整个人生教育范畴的必要性，倡导“成人教育”向“终身教育”发展。1965 年，当时联合国教科文组织成人教育计划处处长、后任终身教育局局长的法国成人教育专家保罗·郎格朗，向国际成人教育促进委员会提供了一份关于终身教育构想的提案，该委员会讨论并肯定了他的提案。提案指出：“数百年来，社会把人的一生机械地分为学习期和工作期，前半生的时间用来积累知识，后半生一劳永逸地使用知识，这是毫无科学根据的。”他提出教育应当贯穿于人的一生，成为一生不可缺少的活动。因此，他要求建立一个新的一体化教育体系：“应当使教育从纵向方面贯穿于人的一生，从横的方面连结个人和社会生活的各个侧面，使今后的教育在每一个人需要的时刻，随时都能以最好的方式提供必要的知识技能。”①保罗·郎格朗对“终身教育”这一概念的阐释以及对“终身教育”理论与实践的倡导，在世界许多国家引起了强烈反响。1972 年，以埃德加·富尔为首的国际教育发展委员会完成了题为《学会生存—教育世界的今天和明天》的研究报告。该“报告”将保罗·郎格朗倡导的终身教育思想向前推进了，主要表现在将终身教育思想的实施同创建“学习化社会”结合起来。“学习化社会”是指学习成为整个社会成员一项经常的重要活动的一种时代标志。创建学习化社会有赖于终身教育思想的普及，又有利于终身教育的实施与提高。1970 年，保罗·郎格朗写了一部著作叫《终身教育入门》，1974 年《学会生存——教育世

---

① 联合国教科文组织国际教育发展委员会. 学会生存——教育世界的今天和明天[M]. 华东师范大学比较教育研究所，译. 北京：教育科学出版社，1996：121.

界的今天和明天》也正式出版。这两部著作标志着现代终身教育思想的形成，并引发了传统教育观念的变革，被认为是教育领域的“哥白尼革命”①。1994 年在罗马召开的首届全球终身学习大会上，欧洲终身学习促进会为会议准备的报告提出了一个重要的观点：“终身学习是 21 世纪的生存概念”，这是对“终身学习”也是对“终身教育”概念的最准确和最深刻的阐释。

“终身教育”理念的实践即建立和完善终身教育体系，既是时代的现实的呼唤，又需要有一个持续发展的过程。

二

建设和完善终身教育体系，首先要普及“终身教育”思想，促进教育思想的变革。“终身教育”的思想自 20 世纪 60 年代经联合国教科文组织倡导之后，广为流传，成为一种国际教育思潮，使传统教育观念发生了革命性变革。但是，习惯势力是很可怕的。在我国，“终身教育”的理念还没有被民众普遍接受，甚至一些教育工作者也对此不以为然。传统教育思想中的保守性、封闭性，只认同传统的学校教育，对其他的非政府组织的教育、非正规教育总是看不顺眼。“终身教育”思想的普及和终身教育体系的形成，有赖于破除传统教育思想的束缚。树立以整合学校教育与社会教育、正规教育与非正规教育、阶段性教育与连续性教育为特点的现代大教育观，这是实施终身教育的前提性条件。

其次，要大力推进教育体制改革，变“封闭的”教育体制为“开放的”教育体制，这是我国教育朝着“建立和完善终身教育体系”这一目标发展的关键。教育体制改革要有利于坚持教育的社会主义方向，培养德智体全面发展的建设者和接班人；有利于调动各级政

---

① 陈金赞，任艳丽. 打开 21 世纪之门的金钥匙——简论终身教育整体主体观[J]. 北京成人教育，1994，(4)：15.

府、全社会和广大师生的积极性，提高教育质量、科研水平和办学效益；有利于促进教育更好地为社会主义现代化建设服务。教育体制改革要实现这三个“有利于”的目标，需要解决两个方面的问题。其一是要明确教育行政部门的管理权限，主要是政府要转变职能，由对学校的直接行政管理，转变为运用立法、拨款、规划、信息服务、政策指导和必要的行政手段，进行宏观管理。其二是促进办学主体多元化，改变政府包揽办学的格局，逐步建立以政府办学为主体、社会各界共同办学的格局。政府办学包括政府直接投资办学并进行宏观管理的教育机构，以及国有企事业组织、工会、妇联、共青团等群众团体利用国家财政性教育经费举办的教育机构。社会各界办学即我们通常说的社会力量办学，这一提法出自《中华人民共和国宪法》第 19 条。彭真同志在《宪法修改草案的报告》中，对社会力量的解释是“包括集体经济组织、国家企事业组织，其他社会组织及经国家批准的私人办学者”。1986 年，国家教委颁布的《关于社会力量办学的若干暂行规定》所称社会力量，“是指具有法人资格的国家企事业组织、民主党派、人民团体、集体经济组织、社会团体，以及经国家批准的私人办学者”。根据 1997 年国家教委印发的《国家教育委员会关于实施〈社会力量办学条例〉若干问题的意见》规定，上列办学主体凡“利用国家财政性教育经费”的办学，未纳入社会力量办学的管理范围。因此，我们说的“社会力量办学”即通常所说的民办教育。

三

中华人民共和国成立以来，由于我国实行的是计划经济，与之相适应的教育也是由国家包办。20 世纪 50 年代初，私立学校一个个转为国有，纳入“计划教育”管理。改革开放以来，随着经济体制由计划经济向市场经济转变，教育体制也必须相应变革，实行以政府办学为主与社会力量办学并举的方针。因此，大力发展社会力量办学，是建立和完善终身教育体系的必要条件。真正重视教育，落实教育优先发展的战略地位，就必须既重视政府办学，增加国家财政对教育的投入，积极鼓励和大力支持社会力量办学。一个时期以来，国家财政对教育的投入严重不足，却又严格控制社会力量办学，尤其是“严格控制社会力量举办高等教育机构”，人为地造成了我国教育事业，尤其是高等教育事业发展的“瓶颈”。在教育领域，发展也是硬道理，而教育事业的发展必须促进办学主体多元化，这是教育发展的重要规律之一。旧中国的教育实行的是公办民办并举，请看表1：

表1　民国时期中等学校与学生数及所占百分比

年份	私立学校数	公私立总校数	私立学校所占比例	私立学生数	公私立学生总数	私立学校学生所占比例	备注
1912	54	373	14.4%	6672	52100	12.8%	未向政府备案者不在内
1925	283	687	41.2%	51285	129978	39.5%	
1930	856	1874	45.6%	173234	396948	43.6%	
1936	1200	3264	36.7%	274801	627246	43.8%	
1945	2152	5073	42.4%	612116	1566393	39.1%	

表1说明，民国时期公立与私立中等学校教育是同时发展的。1930年为私立中等学校数占全国中等学校总数比例最高的一年，达45.6%。1936年为私立中等学校学生数占全国中等学校学生数比例最高的一年，达43.8%。1945年，私立学校数仍占42.4%，其中普通中学占90%，师范学校和其他职业学校占10%。同年的私立学校学生数占39.1%。再看私立高等学校的情况（见表2）：

表 2 民国时期全国私立高等学校与学生数及所占百分比

年份	私立学校数	公私立总校数	私立学校所占比例	私立学生数	公私立学生总数	私立学校学生所占比例	备注
1925	29	105	27.6%				
1932	46	103	49.1%				
1936	53	108	49.1%	20664	41922	49.4%	
1937	47	91	51.6%	12880	3118	41.3%	
1945	54	141	38.3%	27816	83498	33.3%	

表 2 说明，私立高等学校数，在 1937 年为最高，占 51.6%。私立高等学校学生数，以 1936 年为最高，占全国高等学校学生总数的 49.4%。直到抗日战争胜利的 1945 年，私立高校学生仍占全国高校总数的三分之一。①

旧中国的教育本来就落后，如果没有办学主体多元化，没有民办学校教育的发展，情况肯定会更糟。

四

公办民办并举，世界各国教育莫不如此。日本的高等教育有国立、公立、私立三种。其中私立大学的比重最大。据 1984 年统计，四年制大学中私立的占 72%；短期大学中，私立学校多达 83.6%；高等专门学校有 6.5%是私立的；专修学校有 90%以上是私立的。1975 年，日本政府公布了《私立学校振兴助成法》，扩大了国家对私立学校进行财政援助的数额，鼓励私立大学培养高级专门人才。

在美国高等教育发展史上，1819 年美国联邦最高法院审理的达特茅斯学院诉讼案（Dartmouth College Case）影响深远。1816 年，

① 符娟明. 比较高等教育[M]. 北京：北京师范大学出版社，1987：12~15.

新罕布什尔州政府要把私立的达特茅斯学院改为州立大学。其理由是：(1)一切教育事业都是公共事业，应当由政府管理；(2)私人办学容易使学校成为教会宣传某派教义的工具。诉讼的焦点就是该学院是公立还是私立。学校董事会聘请律师向最高法院起诉州政府违反契约。他们认为，这所学院在殖民地时期已经批准备案。因此，州政府不应该将该校改为公立学院。1819 年最高法院根据宪法第十条第一款，即州政府不得通过任何法律形式破坏契约，确定州政府的行动不符合宪法。此案审理的结果，使私立大学的法律保障得以落实。于是私人团体纷纷创办大学，在 1820—1860 年间，私立学院增加了 500 余所，大多数是由教会设立的。这类学院或大学的管理一般由私人组织的董事会负责。州政府既然不能把私立学院或大学改为公立，于是各州便积极创办州立大学。形成了公办与民办共同发展的格局。而且私立大学在美国的高等教育中有着特殊的地位。《美国新闻与世界报道》杂志评顶尖学府已有 10 余年的历史，颇具权威性。1997 年入围的前 10 名(共 13 所，有并列的)，其中哈佛大学、普林斯顿大学、耶鲁大学、杜克大学、麻省理工学院、达特茅斯学院、布朗大学、哥伦比亚大学共八所为私立大学。

英国教育制度中有一类学校叫独立学校，这是一种私立学校。这种学校不接受政府补助，但需按规定到教育和科学部注册、备案并接受检查。它不属于公共教育制度，自成体系，包括幼儿园、预备学校和公学等。英国还有一种“受助民办学校”，由英国国教会或罗马天主教会的民间团体提供校舍和其他部分基本建设费用，地方教育当局提供全部的经常费，并支付相当于基本建设费用总数的85%的补助金。学校管理委员会董事会的 2/3 为民间团体的代表，其余由地方教育当局指定。英国的高等学校以公办为主，但也有私立的，如著名的爱丁堡大学等。

世界上绝大多数国家，尤其是一些经济和教育发达的国家，办学主体是多元的，不是由国家包揽教育事业，而是实行政府、民间组织与私人办学相结合。许多国家民办高校的学生数超过国立大学学生数。我国的教育事业在计划经济体制下，认为经济领域的所有制只能姓“公”，不能私有；反映在教育领域的办学主体也只能姓

“公”，私人办学被视为异端。这是一种误解。这种认识的消极影响至今仍然存在，主要表现在两个方面：一是对社会力量办学有一种“叶公好龙”的心态。国家重视社会力量办学，促进了民办教育的发展，据统计，1996年年底，各级（从幼儿园到大学）各类民办学校有5万余所，绝对数似乎不小，却只占全国各级各类学校总数95万余所的5.3%。应该说我国的民办教育还很不发达，却又有人担心发展太多影响质量，或乱办学成为社会问题。这些发展过程中出现的问题，完全可以通过引导和管理来解决，不应成为限制发展社会力量办学的理由。国家为了建立和完善终身教育体系，需要大力发展社会力量办学，而真正起步发展之后，有些人又害怕了，是谓“叶公好龙”也。二是民办学校自身“定位”不当。根据我国的国情，我们认为民办中等、高等学校应以“职业”与“应用”为其办学特点，以增强自身的活力。但是，许多民办学校忌讳“职业”二字，而向公办普通学校靠拢，这是屈服于传统教育观念的一种很不明智的选择。民办学校有必要将自身的“定位”确定下来，适应劳动力市场、人才市场的需要，开拓美好的发展前景。解决上述两个问题，对政府的要求，就要采取相应的措施，全面贯彻落实“积极鼓励、大力支持、正确引导、加强管理”的方针，在贯彻国家教育方针的前提下，促进办学主体多元化。

建立和完善终身教育体系，还需要社会上的各种公共设施，如博物馆、展览馆、图书馆、档案馆、美术馆、文化馆、科技馆、体育馆及其他各种纪念馆等向学校开放，向社会开放，向学习者个人开放，充分发挥其教育功能。

总之，实施终身教育，教育思想的变革是先导，教育体制的变革是关键，而大力发展社会力量办学，对促进全社会教育资源的整合利用，促进学习化社会的形成，从而实现教育变革和社会变革模式的统一，无疑有着重要的作用。

对“成人教育”概念界定的评析

什么是“成人教育”？目前对这个问题的回答众说纷纭。

毫无疑问，世界成人教育活动已经有着悠久的历史。

中国是世界文明古国之一。中国成人教育的产生有人已经追溯到唐虞夏商时期。殷商时代的“右学”被认为我国最早的大学。西周时期，学校分国学、乡学两种。国学又分小学、大学两个阶段。儒家经典《大学》对商周时期大学的培养目标，概括为“在明明德，在亲民，在止于至善”(《礼记·大学》)。殷商与西周时期的高等教育处于官师合一，政教不分的阶段。学校既是贵族子弟学习的地方，又是他们集体行礼、集会聚餐、练武、奏乐之处。商代的学校教育内容以祭祀、军事、乐舞和文字知识、技能为主；周代是以“六艺”①——礼、乐、射、御、书、数为主。关于西周学生的入学年龄，《白虎通》②说：“八岁入小学，十五岁入大学。”从以上可以看出：我国上古时代处于萌芽阶段的高等教育对象和教育内容，已包括现代意义上的干部教育、社会生活教育，即包括了成

---

① 马一浮所讲的“六艺”，并不是《周礼》所讲的“礼、乐、射、御、书、数”，而是指《诗》《书》《礼》《乐》《易》《春秋》六部儒家著作及学说。马一浮的《六艺论》被认为是他多年体悟的精纯学说，其主旨是认为，儒家六艺之学皆从一心所发，是中外一切学术的源头和发脉处，中外一切学术都是六艺的支流，人类各种学术思想的开展，最终必将以中国儒家六艺思想精神为旨归。《周礼》所讲的“六艺”，学界称为“老六艺”。马一浮讲的“六艺”，学界称为“新六艺”。

② 东汉四年(公元 79 年)，朝廷组织了一次全国性的经学讨论会，由皇帝亲自主持，这次会议的记录后由班固汇编成《白虎通德论》，简称《白虎通》。

人教育。

从春秋战国时代到清朝结束，历时两千多年的封建社会的高等教育，从孔子创办私学到宋、元、明、清大兴书院，为中国高等教育史写下了光辉的一页，但成人教育未能得到相应的发展。

辛亥革命后，以孙中山为大总统的南京临时政府成立，蔡元培任教育总长。他特别重视成人教育，并极力提倡在教育部设立“社会教育司”，以推动成人教育事业的发展。1912 年，蔡元培主持制订壬子学制，其中列省初等小学、高等小学补习科及中等学校实习科。1922 年 11 月公布的《学校系统改革案》是北洋军阀统治时期的教育改革方案。这个方案列出了七项教育标准，其中就有“发挥平民教育精神”“注意生活教育”等，对成人教育的发展起了促进作用。

到了新民主主义革命时期，中国共产党十分重视成人教育。为发动工农群众起来革命，党的一些领导人除了举办一些实习学校、讲座等外，1921—1926 年，毛泽东等人创办了湖南自修大学、农民运动讲习所、上海大学等，在开展工农教育、干部教育方面创造了丰富的经验。

第二次国内革命战争时期，中国共产党在革命根据地先后创办了培养高级干部的中国工农红军大学、苏维埃大学、马克思共产主义大学等，这些成人高等学校为苏维埃政权的巩固和革命战争输送了大批干部。

抗日战争时期，为了适应抗日战争的需要，中国共产党又在陕北创办了抗日军政大学、陕北公学和中国女子大学等成人高等学校。

解放战争时期，中国共产党为适应党的工作重心由农村转移到城市的需要，又进一步加强了军队和地方的干部教育，先后在各大区创办了人民革命大学、东北军政大学、华北联合大学、中原大学等，这些成人高等学校为我党培养了大批政治、军事干部，为取得解放战争的胜利及胜利后的国家建设事业作出了很大贡献。

中华人民共和国成立后，我国各级各类教育得到了空前的发展。普通高校举办的成人教育作为普通高校的基本任务之一列入事业发展计划。从 1952 年中国人民大学率先举办函授教育，到 1995 年，全国普通高校 1054 所中，举办函授夜大学的有 836 所；成人高等学校 1156 所。这一年共招收成人高等教育本、专科学生 91.38 万人(同年普通高校招收本、专科生 92.59 万人)，本、专科在校生 257 万人(同年全国普通高校在校生 290.64 万人)。成人高等学历教育的规模已相当普通高等学历教育的 88.6%。

从世界各国来看，发展成人教育已成为各国经济和社会发展的战略性举措。成人教育的国际交往越来越频繁。

然而成人教育的理论研究却远远落后于成人教育的实践，包括成人教育的基础研究都显得很薄弱，以至于对“成人教育”概念的界定都尚未取得共识。

我们认为，“成人教育”的定义可以不含办学形式，因为任何的办学形式一般说来都可用于成人教育，办学形式不能体现成人教育的本质特点，而概念、定义是要描述对象的本质特点并且又是高度概括的。而“对象”“功能”“性质”则是能揭示“成人教育”本质特点的。有鉴于此，笔者对“成人教育”作如下界定：“成人教育是指对从业人员和其他社会公民进行的各种形式的政治、经济、文化、科学、技术及其他业务教育和不断延伸的终身教育。”这个定义包含的要素有：①教育对象是“从业人员和其他社会公民”即成年人；②教育形式是“各种形式”即多种形式；③教育内容包括“政治、经济、文化、科学、技术及其他业务教育”即内容是社会所需的各方面的内容；④教育的性质属于“不断延伸的终身教育”。这四个要素全面揭示了成人教育的本质特点，是对“成人教育”这一概念比较科学的界定。

1996 年 8 月

论成人教育与社会主义精神文明建设

成人教育是当代社会经济发展和科学技术进步的必要条件。我们的国家正在建设有中国特色的社会主义，成人教育也是社会主义精神文明建设的必要条件。

“成人教育”这一概念的界定众说纷纭，其共同点是内涵都很宽泛。我们认为，成人教育是指对从业人员和其他社会公民进行的各种形式的政治、经济、文化、科学、技术及其他业务教育和终身教育。这一界定体现了教育对象的广泛性、教育内容的丰富性、教育形式的多样性和教育时限的灵活性，较全面地揭示了成人教育的本质特点。从哲学的层面看，成人教育的主体(从业人员)是劳动力的再生产，因而具有生产力属性和社会经济功能。同时，成人教育对维护和发展一定的生产关系和其他社会关系，对丰富社会成员的精神生活发挥着特殊的重要作用，因而又具有上层建筑属性和社会文化功能。正因为如此，成人教育在社会主义精神文明建设中的作用，是成人教育自身应有的功能。但是，近些年来，人们普遍重视成人教育为发展社会经济服务，对成人教育在社会主义精神文明建设中的作用估计不足和不够重视。

《中共中央关于加强社会主义精神文明建设若干重要问题的决议》指出：“社会主义精神文明是社会主义社会的重要特征，是现代化建设的重要目标和重要保证。”它规定社会主义精神文明建设的指导思想和奋斗目标是：必须以马克思列宁主义、毛泽东思想和邓小平建设有中国特色的社会主义理论为指导，坚持党的基本路线和基本方针，加强思想道德建设，发展教育科学文化，以科学的理论武装人，以正确的舆论引导人，以高尚的精神塑造人，以优秀的作品鼓舞人，培育有理想、有道德、有文化、有纪律的社会主义公民，提高全民族的思想道德素质和科学文化素质，团结和动员各族人民把我国建设成为富强、民主、文明的社会主义现代化国家。

从我国改革开放以来经济与社会发展的实际来看，从社会主义精神文明建设的内涵与要求来看，成人教育乃是社会主义精神文明建设的必要条件。

当代世界各国的教育，尤其是一些发达国家的教育正在由学校教育向终身教育发展，这不但是人类物质文明建设的需要，也是人类精神文明建设的需要。我们现在建设和发展有中国特色的社会主义，物质文明建设有赖于成人教育，在发展社会主义市场经济和对外开放条件下，建设社会主义精神文明是一项艰巨的历史任务，更有赖于大力发展成人教育。

人类的精神文明同物质文明一样，不是天上掉下来的，不是上帝恩赐的，而是人类自身创造的，归根到底是社会文化科学教育发展的结果。以马克思主义为指导、以集体主义为核心内容的社会主义精神文明，是人类精神文明史上的一次伟大飞跃，它的形成必然要求世界观和人生价值观念的根本变革，更不可能是自发的，要靠教育，尤其要靠广泛开展、不断延伸的成人教育。

社会主义精神文明建设不是少数人的事，而是全民族的大事，是全国人民的战略性任务。成人教育对象包括所有的从业人员及离退休的老年人，是公民的主体。通过各种形式的成人教育，可以在更广泛的范围内对社会公民进行马克思主义、社会主义教育，进行理想和信仰的教育。社会主义精神文明的灵魂是马克思主义——共产主义的信仰。马克思主义是需要灌输的，尤其是在干部队伍和人文科学队伍中，更要重视马克思主义教育，重视邓小平有中国特色社会主义理论的教育以及相应的人生观、价值观教育。这既是社会主义精神文明建设的重要内容，又是社会主义精神文明建设的根本保证。

社会主义精神文明建设有赖于民族科学文化素质的提高。一般来说，一个民族的科学文化素质，反映该民族物质文化、制度文化和心理文化的发展状态，其中的思维方式、审美情趣、信仰、情操和价值观念等心理文化的发展状态，属于更深层次上的文化素质。

人类的科学文化反映人类的一切创造活动和生活方式。人类的创造是无穷的，人类的生活方式是丰富多彩而又富于变化的。因此，人类文化既是多元的，又是动态的。提高民族文化素质，有必要继承和借鉴人类一切优秀的文化成果，来丰富和发展本民族的文化。这一切又必须依靠教育，而以开放性为其特点的、连续性的成人教育，由于时间和空间上的优势而有着不可替代的特殊作用。例如，作为人的精神支柱和行动指南的信仰，它的形成有其深刻的文化背景和人生价值取向，这些都离不开教育，包括各种形式的成人教育。

社会主义精神文明建设离不开民主与法制建设。《中共中央关于建国以来党的若干历史问题的决议》在总结“文化大革命”的历史教训时指出，由于“种种原因而使我们没有能够把党内民主和国家政治生活的民主加以制度化、法律化，或者虽然制定了法律，却没有应有的权威……也就使党和国家难以防止‘文化大革命’的发动和发展”，党的十一届三中全会以来，我国社会主义民主与法制建设进入了一个新阶段，制定了一系列的法律、法规，民主与法制建设取得了显著的成绩。但是，有法不依、执法不严的现象仍然存在。不了解法律或无视法律、违法犯罪的事时有发生。有的干部不依法办事，“以权代法”，贪赃枉法，侵犯公民人身权利、民主权利及其他合法权益，这些现象对社会主义精神文明建设有极大的破坏作用。因此，加强民主与法制建设，普及法制教育，是社会主义精神文明建设的一项经常性的重要任务。而民主与法制教育的广泛性与长期性，有必要通过成人教育来予以落实。

思想道德建设关系到整个民族的精神支柱和精神动力问题。加强思想道德教育，特别是加强对从业人员的职业道德教育，是成人教育的重要内容。

在社会主义市场经济条件下，加强职业道德教育有着特殊的重要意义。目前，我国各行各业越来越重视职业道德教育，注重职业道德修养的人也越来越多，不断涌现的先进模范人物是其代表。但是也应该看到，各行各业的职业道德建设发展很不平衡，总的来说，职业道德水平还不高，不讲职业道德的人大有人在，行业不正之风仍然存在。而且，随着生产技术的革新和产业结构的调整，职业道德的内涵与外延都会发生变化。因此，进行职业道德教育也是一项长期的任务，不但职前的学校教育要重视，职后的各类成人教育也要重视职业道德教育。

社会主义精神文明建设包括思想道德建设和教育科学文化建设两个方面。大力发展成人教育，加强成人教育自身建设，既是社会主义精神文明建设的重要内容，又是加强社会主义精神文明建设的必要条件。

中国的成人教育在改革中发展，取得了巨大的成就。1978—1996年，全国共扫除文盲7220余万人。1979—1996年参加各种形式的实用技术培训的农村劳动者达4亿万人次，近年来各级农村成人学校年均培训规模达4000万人次以上。1986—1995年，全民、集体企事业单位参加培训人数达2.9亿人次。近年来，对科技人员和管理干部进行知识补充和更新的大学后继续教育，每年有数百万人参加学习。1980—1996年成人高等教育共毕业本、专科生709.2万人。至1996年上半年，参加自学考试获得本、专科毕业证书的有130余万人，获得中专毕业证书的约20万人。1996年，成人初、中、高等学校在校生规模分别达到673.14万人、6018万人、265.57万人。我国经济的高速发展，大力发展成人教育是重要的因素；社会主义精神文明建设取得的成就，成人教育的作用不可低估。但是，我国的成人教育有待进一步的发展。我国的扫盲任务还十分艰巨：据1995年全国百分之一人口抽样调查，我国还有1.45亿文盲，其中青壮年文盲有3300万，有些地方的领导对扫盲的认识还没有到位，工作很不得力。与世界各国相比，我国国民受高等教育反差惊人，中国万人中受高等教育的人数只相当于印度的二分之一，韩国的十分之一。联合国教科文组织按国际年龄统计，20~24岁的大学入学率，加拿大高达60%，其次是美国，而我国只有6%。上述情况说明，我国为适应物质文明和精神文明建设的需要，还要深化改革和大力发展各种形式的成人教育。既要大力发展非学历教育，也要发展学历教育。有人担心出现“高学历待业”的社会问题，这是完全不必要的。因为从总体看，我国接受高等教育的人不是偏多，而是偏少。从世界各国社会发展的情况来看，只有“失业”成为社会问题，而不是“高学历”成为社会问题。一些发达国家虽然有“失业”问题的困扰，但他们并不担心“高学历待业”问题，他们仍然重视高等教育的发展，尤其是重视发展成人高等教育，出现了高等教育大众化的趋势。

加强社会主义精神文明建设，必须依靠教育，包括大力发展成人教育。但是，要充分发挥成人教育在社会主义精神文明建设中的作用，成人教育自身必须坚持社会主义的办学方向，即改革和发展成人教育必须以马克思主义理论为指导，全面贯彻“教育必须为社会主义现代化建设服务，必须与生产劳动相结合，培养德、智、体等方面全面发展的社会主义事业的建设者和接班人”的教育方针。为此，要解决好以下三个方面的问题：

首先，要正确认识成人教育的本质属性，深刻理解和全面发挥成人教育的社会经济功能和社会文化功能，充分认识成人教育在社会主义精神文明建设中可持续的巨大作用，使学校成人教育成为全社会社会主义精神文明建设的窗口，进而通过成人教育网络，促进全社会社会主义精神文明之花盛开。这里关键是要提高自觉性，主要是成人教育工作者始终要以建设社会主义精神文明作为成人教育实践的重要导向。

其次，要处理好德育与智育的关系。德育是指形成受教育者一定思想品德的教育。按照教育法的规定，我国的教育要“在受教育者中进行爱国主义、集体主义、社会主义的教育，进行理想、道德、纪律、法制、国防和民族团结的教育”，对德育的内容作了明确的规定。德育属于历史的范畴，其内涵与外延会随着社会历史的变化而变化。例如中国古代注重伦理道德教育。国民政府时期，将“道德教育为经”“陶冶良好品性”“陶融公民道德”等列入教育的宗旨和目标。古代埃及的学校教育要求学生尊日神、忠国君、敬长官、孝双亲。古希腊雅典则以“身心既善又美”作为教育人的理想。由教会控制的西方中世纪的教育，将社会公德教育融入宗教教育之中。资本主义兴起后，各国空前重视知识和技能教育，同时又重视“德育投资”，并列入教育改革方案中。古今中外各国德育的内容不同，但普遍重视德育这一点是共同的。智育是指对受教育者掌握系统科学文化知识与技能，发展智力的教育。它为受教育者思想品德、审美情趣的形成与发展提供知识与能力的基础，同时又满足从业的需要。德育与智育都是教育的重要组成部分，而且二者相互有依存关系，都应该予以重视，不可偏废。这是教育发展的重要规律之一。然而，如何处理好德育与智育的关系却是一个老话题。其所以成为老话题，本身说明处理好二者的关系，不是那么容易的事情，因为从深层次看，它是属于教育观念问题，不单是具体安排和操作问题。我国的教育在中共十一届三中全会以前，尤其在 1958 年的“教育革命”和后来的“文化大革命”中，片面强调德育而否定智育。德育的内容又限制在被歪曲、被教条化了的“马克思主义”和“左”的空头政治，给教育事业造成了灾难性的后果，其消极影响至今仍然存在，主要表现为忽视德育。在德育中又忽视马列主义教育，正如老科学家钱学森指出的，现在不少高等院校学生“总以为学不学马列主义无所谓，理由是资本主义国家大学生不学马列主义不是干得很出色吗？对此，我们要抓紧思想政治工作，加强共产主义思想教育，使他们深刻认识到社会主义制度的无比优越性。而另一方面要使同学们懂得现代科学技术的体系结构，看到不学马列主义，不会用马克思主义哲学是把我们所特有的最锐利的武器丢了，是傻事啊！”①这一忠告不但对科技队伍的建设，而且对整个社会主义精神文明建设都有现实的针对性。

再次，要正确处理社会效益与经济效益的关系，坚持“社会效益第一”的原则。社会效益又包括规模效益和质量效益。这二者又以质量效益为第一。我们不能够无视质量、牺牲质量来追求规模。“经济效益”是指成本之外的赢利。教育法规定“办教育不能以赢利为目的”，不等于不可以有赢利，但办学的目的绝不能是为了赢利，而是为国家为社会培养和培训各种人才，为“两个文明”建设服务。在市场经济条件下，成人教育的经济效益是不能回避的一个问题。但是对于市场经济，我们要坚持马克思主义的两个视角：一

① 钱学森. 关于思维科学[M]. 上海：上海人民出版社，1986：9-10.

是承认市场经济的合理性以及它取代非市场经济的历史必然性。应当肯定市场经济是人类的伟大创造和共同的文明成果，是社会主义经济发展的一个不可逾越的历史阶段，二是要看到市场经济不是万能的，要重视其巨大的负效应及最终消亡的必然性。最大的负效应是经济上的自由竞争导致一些人的价值取向朝自我倾斜，致使个人主义膨胀，对社会主义精神文明建设产生破坏作用。

基于对市场经济的上述审视，我们不但要承认市场经济和市场观念的合理性和历史进步性，而且不能低估其积极作用，并将市场经济与市场观念中的竞争机制与进取精神引进教育领域，为社会主义精神文明建设服务。同时，在认识上和在实践中，包括在我们的成人教育领域，又不能陷于对市场经济、市场观念的一元化崇拜。否则会只讲经济效益，不讲社会效益，滋长拜金主义。以这种思想指导成人教育，不仅不可能为社会主义精神文明建设作贡献；相反，只会败坏风气，产生消极影响。因此，坚持正确的办学指导思想，规范自身的办学行为，是成人教育作为社会主义精神文明建设必要条件的前提。广大成人教育工作者的任务，就是要深化成人教育改革，继续完善思想和文化素质教育课程体系，大力加强成人教育自身的规范化建设，努力在成人教育领域营造一种文明、现代、高品位、高层次的文化氛围，充分发挥成人教育在社会主义精神文明建设中的示范作用和辐射作用。

（本文原载《湖北教育科学》1998 年第 11、12 期）

和谐社会的构建与成人教育的使命

2002年11月8日通过的中共十六大报告确定的本世纪头20年的奋斗目标中，提出了使“社会更加和谐”的要求。2004年9月19日通过的《中共中央关于加强党的执政能力建设的决定》，明确提出“坚持最广泛最充分地调动一切积极因素，不断提高构建社会主义和谐社会的能力”。这是在党的正式文件中首次提出“社会主义和谐社会”的概念。2005年2月19日，胡锦涛同志在省部级主要领导干部提高构建社会主义和谐社会能力研讨班开班式上的重要讲话中，对社会主义和谐社会这一概念作了明确的界定：“我们所要建设的社会主义和谐社会，应该是民主法治、公平正义、诚信友爱、充满活力、安定有序、人与自然和谐相处的社会。”随后不久召开的“两会”上，构建社会主义和谐社会成了最热门的话题，而且迅速在全国范围内获得了最广泛的共识。究其原因，其一，构建“和谐社会”原本就是建设社会主义和共产主义社会这一信念题中应有之意；其二，我国的国内生产总值这些年来以10%左右的速度递增，人民生活总体上达到小康水平，为我们构建“和谐社会”奠定了经济基础；其三，历史与现实给我们的启示是：一个国家在现代化进程最迅速、最激烈的阶段，社会分化也会加剧，利益冲突、价值失落、道德沦丧、行为失范等社会险象环生。目前，我国正处于社会矛盾和危机的高发期，党中央提出构建社会主义和谐社会的历史任务，极大地鼓舞和激励了全国人民团结奋斗，朝着全面建设小康社会的目标奋进。

一、和谐社会的构建与教育的战略地位

构建社会主义和谐社会是一项史无前例的伟大的系统工程，涉

及经济、政治、科技、教育、文化、卫生、环境等各个方面，必须以科学发展观为指导，通过深化改革，统筹发展各项事业。明确统领我国人民构建社会主义和谐社会的指导思想和实践道路是十分重要的，但这还是不够的，因为在实践中还需要对我们所面临的复杂的社会矛盾做全面的梳理和深入的分析，找出主要矛盾，抓住全面协调发展的“牛鼻子”。

“牛鼻子”在哪里？有的学者指出：我们构建社会主义和谐社会面临的最大困难已经不再是建设资金问题，而是资源问题，即自然资源不足和人力资源不足。前一种“不足”是显而易见的，我国的自然资源人均占有量少，且浪费严重。我国政府的应对措施是发展循环经济，制定可持续发展战略。而后一种“不足”作为一个人口大国就有些蹊跷了，但这又是现实，因为人力资源这一概念的内涵包括量与质两个方面。就量而言，毫无疑问，我国是世界上人力资源最富有的国家，问题是在质的方面。从总体上看，我们不得不承认我国的人口素质同发达国家相比存在很大的差距，而这种差距又绝不是先天性的。英国北爱尔兰阿尔斯特大学心理学教授理查德·林恩和芬兰坦佩尔大学政治学教授塔图·范汉耐恩于 2003 年联合进行了一项研究，对全球 60 个经济体的国民生产总值和国家智商进行对比后得出的结论是：世界上智商最高的国家分布在中国、新加坡、韩国和日本，国家经济发展的好坏与该国国民的智商高低有很大的联系。这里所称的“智商”数值不是用来测试知识的多少，而是用来判断大脑的工作能力的。一般人的智商在 85~115，人类的智商平均值是 100。而上述中国等 4 国国民智商的平均值高达 105。我国国民智商居高而国民素质整体偏低，这种反差正好说明“国民智商”和“国民素质”是两个不同的概念，前者特指脑功能这种自然属性，后者主要是指受教育程度即人的潜能开发程度和创新能力。我国是一个 13 亿人口的大国，人均受教育年限为 8 年，而发达国家为 11~14 年。据 2003 年《中国教育与人力资源问题报告》显示，我国 15 岁以上国民受教育年限仅为 7.85 年，25 岁以上人口人均受教育年限为 7.42 年，两项平均不到初中二年级水平，与美国 100 年前的水平相近，比韩国也低近 4 年。另据联合国开发计划署(VNDP)《人文发展报告2001》的统计，1987—1997年，我国每10万人口中，科学家和工程师人数仅454人，而日本为4909人，美国为3676人，俄罗斯为3587人，韩国为2193人，我国与这些国家相距5~10倍。党的十一届三中全会之后，邓小平同志洞察到了教育落后的严峻现实，亲自抓教育。他反复强调尊重知识、尊重人才，优先发展教育事业。根据邓小平同志的教育思想，1995年，党中央、国务院召开全国科学技术大会，首次正式提出实施科教兴国战略。1998年8月29日通过的《中华人民共和国高等教育法》总则第一条就规定了“实施科教兴国的战略”。这些年来，我国实施科教兴国战略，教育事业确实有了很大的发展，甚至可以说有了跨越式的发展。同时，我们又必须冷静地看到，我国教育落后的局面并未得到根本性改变，更不用说“超前发展”了。

我国教育领域存在的突出问题：教育优先发展的战略地位并未得到全面落实，“科教兴国”战略说起来硬，做起来软，突出表现在教育投入严重不足。1985年世界各国教育投入占GDP比重的平均水平是5.2%，发达国家平均水平是5.5%，发展中国家平均水平是4.5%，而当年我国财政性教育投入只有2.3%。到2004年我国财政性教育经费占国内生产总值才4%。我国现在的教育投入比例低于20年前世界平均水平，而根据联合国推荐的比例，教育经费应当最少占国内生产总值的6%。由于教育经费投入不足和教育产业化、市场化思潮蔓延，重市场竞争轻社会责任的价值取向，导致教育乱收费问题屡禁不止，教育腐败得以滋生，教育素质下滑，教育不平等问题越来越突出。社会上的贫富差距拉大与教育不平等现象日甚，二者形成了负面的互动，这种恶性循环严重影响到我国国民素质的全面提高，也对我们构建和谐社会提出了最严峻的挑战。从战略上谋划我国的未来发展，切实落实“科教兴国”的方针，继续大力发展我国的教育事业，努力提高教育素质，促进教育平等和国民素质的提高，变人口大国为人才资源强国，是我们构建和谐社会的关键所在，是协调发展各项事业的“牛鼻子”。如果说国际社会有什么值得自豪的事情，那就是如今人们一致认为：发展离不开教育。

在构建社会主义和谐社会的过程中，教育处于如此重要的地位，教育事业该怎么发展呢?改革开放以来，我们有一条很重要的经验，即改革开放过程中出现的问题，必须通过进一步的改革才能解决，教育也不例外。以改革促发展，怎么改?现在是议论纷纷，仁者见仁，智者见智。本文根据对我国教育现状的观察与思考，尤其是对教育发展进程中一些令人忧虑的问题的思考，深感夯实教育的基础性地位，关注教育的公平性，促进教育的终身性发展，既是战略性任务，又是十分紧迫的任务。下边主要从成人教育角度，对以上三个问题分别加以阐述。

二、夯实教育的基础性地位

构建和谐社会必须坚定不移地贯彻“科教兴国”的方针，确认教育的基础性地位，并在实践中落实。这里使用“夯实”这个词，是因为长期以来，我们的教育总是处于一种从属的地位，不是为政治服务，就是为经济服务，教育自身的主体性被忽视，就必然导致其基础性地位的动摇。在信息技术迅速普及和知识经济加快发展的当代社会，教育的基础性地位越来越突出。可是，在某些领导者的头脑里，经济指标、形象工程是硬任务，而教育总是“硬”不起来。遇到矛盾的时候，教育还得让路，结果教育经费总是投入不足，已有的投入还可挪作他用。因此，夯实教育的基础性地位，第一，各级领导还需要进一步深化对教育的基础性战略地位的认识，让教育发展目标同经济发展目标一样的“硬”起来。第二，实施义务教育和普及基础教育的任务，仍然是很艰巨的。我们说已经基本普及了九年义务教育，不过是“基本”而已，这说明我国学龄儿童入学率处于较高水平的同时，也还有一些学龄儿童未入学。在已入学的学龄儿童中，有相当一部分人没有顺利完成九年义务教育，儿童失学问题在相当长的一段时期内都比较严重。构建社会主义和谐社会，教育是基础，而基础教育则是基础中的基础，务必常抓不懈。第三，继续抓好扫盲工作。扫盲属于成人基础教育。目前我国已经基本上完成了扫除青壮年文盲的任务。但扫盲绝不是一劳永逸的事情。由于我国城乡、区域发展的不平衡性，新的文盲与半文盲时有出现，尤其是西部贫困地区，少数民族地区和农村妇女扫盲任务仍然很重，而扫盲后的继续教育，包括农民实用技术培训，农村劳动力转移培训等，更是农村成人教育的重点。我国要解决“三农”问题，农村成人教育有着不可替代的特殊作用。

第四，教育的基础性与素质教育。夯实教育的基础性地位，包括量与质两个方面的要求。通常人们在规划教育的时候，重视教育的发展规模，重视入学率，相对忽视质量方面的要求，或者片面理解教育质量，大搞应试教育，忽视对受教育者人格的培养和基本素质的全面提高。片面的和错误的教育质量观，集中反映了教育自身素质的缺陷。北京大学教育学院王蓉教授曾对在外企和民企工作的毕业生做过调查，其统计是：我国学校在对学生基本科学知识的掌握、学习态度、开放心态等方面的培养上得分最高，表现最好。但毕业生的缺点也是很明显，主要是：缺乏与人合作的能力、尊重他人的能力、顾全大局的能力、自我规划的能力，缺乏主动性，缺乏对自己行为的责任感，缺乏诚实的能力，必须在有人监督下才能认真工作。上述缺陷主要不是专业知识和技能方面的，而是属于人格与品德修养和社会角色意识方面的问题，属于人的基本素质方面的缺陷。笔者希望上述调查有其局限性，但我们又不得不确信上述情况又是真实的存在。因为笔者深深感到在市场经济条件下，社会环境中的消极因素和教育自身的素质缺陷，严重影响着素质教育的落实，也使教育的基础性地位大打折扣。落实素质教育，不单是对普通国民教育的要求，也包括了对成人教育的要求。这些年来，教育市场化思潮对成人教育的冲击比普通教育更甚。例如在扫盲教育中，重指标，轻质量，甚至弄虚作假；在成人学历教育中，重经济效益，忽视社会效益等，都不利于国民素质的提高。因此，成人教育既要重视发展规模，又要重视质量；既要关注生存与职业的需求，又要关注人的全面发展，关注成人完美人格的实现。使我们的成人教育切实服务于国民素质的提高。

三、注重教育的公平性

早在半个世纪以前，《世界人权宣言》就庄严宣告“人人享有受教育的权利”，1990年的《世界全民教育宣言：满足基本学习需要》开篇即指出：“每个人——儿童、青年和成人——都应获得旨在满足其基本学习需要的受教育机会。”①《中华人民共和国教育法》第一章规定，“公民不分民族、种族、性别、职业、财产情况、宗教信仰等，享有平等的受教育机会”。关注教育的公平性，就是要实施“全民教育”，也是保障基本人权的一个重要方面。教育公平既指所有公民享受教育的权利是平等的，又指所有公民获得教育的机会也是平等的。我国政府多年来将普及九年制义务教育作为教育工作的重点，近年来推动高等教育朝大众化的目标加快发展，其重要意义的一个方面，就是为了贯彻教育的公平性原则。

但是，从整体上看，由于我国的社会发展明显滞后于经济发展，教育的财政投入严重不足，公益性的教育事业受市场化教育思潮的冲击，导致不公平的问题越来越突出。最主要、最为显著的是城乡教育差距。长期以来，在教育资源配置上出现的结构性失衡，导致了城乡二元教育格局的形成，即城市的教育国家办，农村的教育靠教育费附加和各种名目的教育集资转移到农民身上，基本上属于集体办或民办。例如2000年，占总人口60%以上的农村只获得全部教育投入的23%。其次，教育需求增长与教育资源不足的矛盾导致的一般学校与重点学校、大众化教育与精英教育这样一种分流，虽然有其历史必然性和合理性，但在义务教育阶段的分流，却是人为地和很不公平地将孩子们置于不同的起跑线上，后来的发展又纯粹依据应试教育中的考试分数向一般或重点学校分流，又进一步拉大了受教育程度的城乡差距。再次，由于教育经费严重不足，不得不把非义务教育在相当程度上推向市场，使那些具有更多文化资本、社会资本和经济资本的优势阶层子女得到越来越多的学习机会和更多地享受优质教育，而贫困子弟却交不起学费。此外，还存在着制度性的不公平或漏洞。

人们常常敏感于物质利益的不公平，而对教育的不公平反应迟

① 赵中建. 教育的使命——面向21世纪的教育宣言和行动纲领[M]. 北京：教育科学出版社，1996：6.

钝。实际上教育不公平后果更为严重，它影响到人的就业，甚至一个人一辈子的不公平，进而会引起整个社会的不公平，还可能导致社会危机。“在欧美一些国家，教育不公平被认为是国家危机。确保教育公平是关系国家战略的大问题。”①

我国的经济与社会发展也已经到了多事之年。据国家统计局城调总队抽样调查，1995 年家庭户主文化程度在高中及以下的贫困家庭占全部贫困家庭的 80.3%，与 1990 年相比，初中和小学文化程度的贫困比重增长了 14.1 和 11.3 个百分点，由此可见个人文化程度的差异对生活水平的影响，不仅是很大的，而且往往是长远的。另据甘肃省 2004 年抽样调查显示，由于教育因素返贫的农户，占返贫总数的 50%。我们同贫困做斗争，可持续的扶贫策略就是抓教育的普及与提高，就是促进教育公平的实现。毫无疑问，教育公平是社会公平的基础，也是构建社会主义和谐社会的基础。

我们之所以认定构建和谐社会的基础是教育，就是因为通过教育造就的高素质的社会成员才是构建社会主义和谐社会的决定性因素，即高素质的国民的凝聚力，是社会主义和谐社会的生命力(或活力)之所在，特别注意的是这里的“教育”，是指包括基础教育、高等教育、职业教育、成人教育以及学历教育与非学历教育、学校教育与社会教育在内的“大教育”。上述各级各类各种形式的教育都有其特殊的功能，都是不可缺少的。其中成人教育在构建和谐社会中有其特殊的不可替代的支撑力度。

(一)成人教育是公民受教育的权利和机会的重要保障

教育公平既是构建社会主义和谐社会的必要条件，又是社会和谐的重要标志。而实现教育公平，首要的任务是保障公民享有平等的受教育的权利和机会，而这种“保障”只有靠教育事业的大发展，尽可能为公民接受教育创造更多的机会。我国成人教育在满足公民的教育需求方面作出了重大的贡献。据教育部发展规划司的统计，2003 年，我国各级各类成人学校达到 503247 所，其中成人高等学

① 保障教育公平应列为政府首选职责[N]. 教育文摘周报，2005-03-02.

校 558 所，成人中等专业学校 2923 所，成人中学 3237 所，成人文化技术培训学校(机构)230667 所，成人初等学校有 82713 所，约占我国各类学校总数的 40%；成人高校在校生 559 万余人，占全部高校在校生总数的近 1/3，成为高等教育大众化的重要支撑之一；各类成人学校毕业(结业)学员接近 8000 万人，约占全国各类学校毕业生总数的 50%。成人教育培训内容覆盖了从扫盲到大学后继续教育的各个教育层次；我国成人教育的发展，有效地扩大了我国的教育资源，为数以千万计的在职人员提供了灵活、便利的学习和再学习的机会，对保障公民接受教育的权益，大面积、大幅度提高国民素质，将我国沉重的人口负担转变为人口资源优势都发挥了极其重要的作用。构建社会主义和谐社会，务必优先发展教育。重点是实现教育平等、解决教育不公平的问题。其中成人教育的独特地位和作用是绝对不能忽视的，必须坚持继续大力发展成人教育的方针。

(二)终身教育——构建社会主义和谐社会永恒的主题

构建和谐社会，追求教育公平，不仅要发展面向全体公民的“全民教育”，而且这种教育还必须是终身性的。我国的教育法第十一条规定，国家要“推进教育改革，促进各级各类教育协调发展，建立和完善终身教育体系”，确立了终身教育在我国的法律地位。终身教育思想自 20 世纪 60 年代联合国教科文组织倡导以来，迅速传播全世界，并且被世界各国政府列入国家发展的政策性目标而加以肯定和实施。后来又有了“终身学习”的概念。“终身教育”与“终身学习”这两个概念本质上是一致的，都是讲“人的自由全面和持续的发展”的需求，不同的是前者侧重于教育事业发展主体理念的表现，后者侧重于教育对象主体意识的反映。

终身教育思想在全世界传播并获得空前广泛的认同，是有其深刻的社会历史背景的。主要是经济全球化和高新技术的迅猛发展，加快了由工业社会向知识社会变迁的步伐，并且深刻地影响着人们的价值取向、就业和生活形态。人们为了使自身的发展与社会的变迁保持平衡，便期望通过教育不断更新和充实自身的智能结构和技能素质。在知识和信息呈现爆炸性特征的时代，西方白领阶层流行这样一条知识“折旧”定律：一年不学习，你所拥有的全部知识就会折 80%。在知识经济时代，上学和上班同样重要，我们的学习时代将无限延长。况且，蓝领阶层向白领阶层转移也是一种趋势，这种“转移”也要靠学习、教育和培训。在工业化时代，如果一个人的工作被技术的发展所淘汰，这对他来讲，其后果是灾难性的；在知识经济时代，生产、工作的技能过时会是很普遍的事情，人们的生存权利常常面临挑战。正因如此，“终身教育”被认为是“21 世纪的生存概念”。构建社会主义和谐社会可能应对的社会危机，恐怕莫过于教育滞后、教育的不公平性被扩大造成的弱势群体生存权利面临的挑战。由于人的生存与自由、全面的发展是人的一种内在的倾向，正是这种“倾向”推动社会的发展。由此可见，“终身教育”是构建社会主义和谐社会永恒的主题。

建立和完善终身教育体系，就是为覆盖全民的学习和贯穿人的一生的学习创造条件、提供充分便利的机会。因此，实施终身教育同创建“学习化社会”是紧密结合的。创建学习化社会有赖于终身教育思想的普及，又有利于终身教育的实施与提高。建立和完善终身教育体系是建设学习化社会的必然途径和必要条件，学习化社会是建立和完善终身教育体系的目标，同时又是社会主义和谐社会的时代标志。

我们所要构建的终身教育体系是各级各类教育的整合，这里包括两层意思：一方面是各级各类教育必须从质和量两个方面发展；另一方面这种发展又必须是很协调的和可以整合的。终身教育体系的各构成要素各有其特殊的功能：基础教育的基础性功能，高等教育的前沿性和创新性功能，职业教育的实用性功能，成人教育（有的称为“连续教育”）的延续性、终身性功能等。从教育的空间和时间来看，成人教育无疑是主体。

（三）成人教育的特殊使命

历史的进程促使成人教育成为构建终身教育体系、建设社会主义和谐社会最重要的推动力量，为此必须大力发展成人教育，深化成人教育改革，提高成人教育质量，加快成人教育立法。

1. 以科学发展观为指导，大力发展成人教育

以科学发展观指导成人教育的发展。首先，将建立和完善终身教育体系，建设学习化社会作为发展的目标。在当代各种教育思潮中，终身教育思想是最能体现“以人为本”的最先进的教育思想，而科学发展的核心就是“以人为本”。其次，要关注“发展”的协调性和可持续性。在外部，要关注基础教育、高等教育、职业教育、成人教育的协调发展。在成人教育内部，学历教育与非学历教育、近距离教育与远距离教育、学校教育与社会教育等各级各类各种形式的教育既协调而又能充分地得到发展，尽可能给成年人提供更多的学习机会，以满足人民群众日益增长的教育需求。再次，“发展”包括“量”和“质”两个方面，切忌单纯追求指标而忽视教育与培训质量。近几年来，人民群众对于优质教育与培训的强烈需求和优质教育与培训资源的供给不足的矛盾越来越突出。因此，成人教育的质量问题受到社会的广泛关注。

2. 以改革促发展

大力发展成人教育，首先，必须在观念上进行调整和更新。在宏观上，更充分地理解成人教育在构建社会主义和谐社会中广泛而深远的历史作用。其次，要树立大教育观，即按照协调与均衡发展的方针，不但关注传统的知识教育、学历教育与正规教育，还要促使多种职业技能教育、非学历教育、非正规教育获得快速发展。只有发展全民的终身性教育，把我们的社会真正建设成学习化社会，和谐社会的构建才会水到渠成。在中观上，要明确各级各类各种形式成人教育发展的思路：坚持开展(非一次性、突击性)以农村为重点的扫盲教育和扫盲后的继续教育，积极参与农民转移培训；大力发展以职业教育为主的成人中等学历教育；以重点大学的精英教育为主导，以大众化教育为重点，普遍实行“宽进严出”，积极发展成人高等教育；大力发展各种性质、各种形式的非学历教育，包括基于教育关怀而由政府或行业部门主导的强制性的职业资格证书培训与社会成员个体主导的选择性培训。在微观领域，要以人本主义课程理论、构建社会主义学习理论和教学设计理论为指导，以积

极开发网络课程为重点，采用现代教育技术来改革教育与培训模式，以此充分发挥成人教育开放性、社会性、灵活性和终身性的特点和优势，充分开发成人教育的社会发展功能。教学内容的更新是教学模式创新的核心与灵魂，要建立起将科研、生产与社会实践中的新成果及时转化为教学内容的机制，以保证教育与培训内容的先进性。

3. 调整教育投入的结构

我国教育不但财政性投入不足，而且结构也存在不合理现象。财政性投入向城市倾斜，向少数重点学校倾斜，大多数学校经费不足或严重不足。于是，哪怕是在义务教育阶段，也都被迫增加家庭或个人等非政府财政性投入，成人教育更不用说，教育的公益性与公平性因此受到损害。作为人力资本投资主体的企业对教育与培训的投入不是在增加，而是在减少。据调查，中国国有企业中，有30%以上的企业人力资本投资只是象征性地拨一点，年人均在10元以下；20%左右国有企业的教育、培训经费年人均在10~30元；大多数亏损企业已经基本停止了人力资本的投资，而部分有能力的企业为了降低生产成本，已经或准备放弃岗前与中长期的教育培训。过去国有企业设置的职业教育与培训机构近几年中大多数被撤销或合并。① 为了扭转上述不利于普通教育和成人教育协调发展的趋势，有必要对教育的投入结构进行调整。强化义务教育的公益性，建立非义务教育成本公担的机制，要增加教育的财政性投入，并使其投入结构更趋合理，教育收费也要规范化、制度化。政府还有必要通过相关的政策引导和制度保障来调动民间，社会与企业参与教育事业；还可通过税收优惠的政策来引导企业成为从业人员接受继续教育的投资主体。只有通过政府的政策引导，充分调动学校、民间、企业、社会参与教育的积极性，我国的成人教育事业才有可能获得更大、更好的发展。

4. 加快成人教育立法

① 郑功成. 构建和谐社会：郑功成教授讲演录[M]. 北京：人民出版社，2005.

世界上一些发达国家十分重视成人教育立法。被称为“世界继续教育之乡”的英国于 1924 年制定了《成人教育章程》，1944 年颁布了《扩充与高等教育法案》，1964 年制定了《工业培训法》，1973 年又出台了《就业与培训法》。英国从法律上确认了成人教育的地位和作用，加强教育与培训同广泛的经济和技术发展的联系。美国早在 19 世纪 60 年代就通过法案，办起了“赠地学院”，开始实施以成年人为对象的推广教育。20 世纪又先后通过了《史密斯——列威尔法案》(1914)、《史密斯——休斯法案》(1917)、《乔治・巴登法案》(1946)、《1958 年国防教育法》、《人力开发与培训法案》(1962)、《职业教育法案》(1963)、《经济机会法案》(1964)、《高等教育法案》(1965，提出加强对成人教育活动的援助)、《成人教育法案》(1966)、《青年就业与示范教育计划法案》(1973)以及《职业培训合作法案》等。美国是当今世界最发达的国家，也是成人教育立法密度大、法律制度较完善的国家，这两者是有内在联系的。

二战后的日本于 1947 年颁布《教育基本法》，1949 年又公布《社会教育法》，这两个法规是日本推行成人教育的依据。1984 年 8 月 7 日，日本国会通过《临时教育审议会设置法》，由大学校长、教授、专家、政府机关主管、中小学校长、教师、企业界代表及地方教育委员会等 45 人组成临时教育审议会，积极研究和拟定以全民为对象的教育改革计划，以迎接 21 世纪终身教育时代的到来。

上述情况说明，各发达国家十分重视成人教育，并且通过立法和与时俱进地不断完善法规和制度来确保成人教育的发展。相比之下，我国还没有一部独立的成人教育法，成人教育在发展过程中受传统教育思想的束缚和市场化教育思潮的消极影响，其发展往往取决于人力资源管理部门以及教育与培训机构的主观意愿和积极性，而非基于法律意识和法律责任，因而随意性很大。例如，企业的生产成本中应包括教育与培训的开支，现在许多企业取消了培训，于是到人才市场上招聘人才时，将“有一定的实践经验”作为条件，为刚毕业的大学生就业不公平地设置了门槛。普通高等学校发展成人教育本来是学校向社会开放、加强同社会的联系、发挥其社会功能的重要渠道，而有的重点高校致力于建设研究型大学时，未将成人教育的发展纳入学校的总体规划，而这一点在过去的教育行政部门的有关条例中是有规定的。这些都说明我国成人教育的发展人为因素影响太甚，缺少法律的主导与保障，严重影响了成人教育的健康发展。

关于我国成人教育立法问题，10 多年前，原国家教委成人教育司根据部分全国“人大”代表与“政协”委员的建议做过一些调查研究，后来成人教育司被撤销了，这项工作也中断了，这一变化本身说明了成人教育立法的必要性。党的十六届四中全会提出了构建社会主义和谐社会的目标和任务之后，发展和规范教育事业，建立和完善终身教育体系的任务更为现实和更为突出地摆在我们面前，成人教育立法已经刻不容缓了。

我们需要有一部《终身教育促进法》，对终身教育的概念作出明确的界定，对终身教育的性质、地位和作用要有明确的认定和定位，对终身教育的管理体制和制度、多元办学主体的激励措施、职责与行为规范等都应有明确的规定。还应当有《终身教育促进法》的下位法规，例如《成人教育法》，对终身教育中成人阶段的教育提供法律保障；《职业培训法》规范企业职工的培训；《农业科技推广法》对推广农业科技提供法律支撑。还需要有《公务员培训法》以便可依法对公务员进行培训。

总之，我国致力于社会主义和谐社会的构建，大力发展多样化的成人教育和继续教育，促进教育公平和全面提高国民素质是一项关键性和战略性任务。为了保证这一伟大任务的实现，就必须加快立法，并逐步使其相关的法律制度趋于完善。

（本文原载中国人民大学主办的《成人高教学刊》2006 年第 1 期）

人力资源开发与成人教育的使命

一、什么是人力资源

所谓资源，顾名思义，即是资财的来源。从经济学角度看，为创造物质财富而投入生产活动中的一切要素通称为资源。它包括物力资源和人力资源两大类。物力资源又可分为自然资源和资本资源。首先，来看物力资源。

自然资源——泛指用于生产活动的一切未经人加工的自然物，主要包括未经开发的土地资源、水力资源、矿产资源等。

资本资源——也称“资本”，泛指用于生产活动的一切经过人加工改造的自然物。主要包括机器设备、厂房和其他建筑物、交通运输工具、通信联系设施、货币和其他形式的资金。资本资源是人造资源，是人力资源和自然资源连接的媒介。

自然资源和资本资源也可总称为物力资源。

其次来看人力资源。有关研究人力资源的学者、专家对“人力资源”这一概念的界定，有 4 种：(1)指劳动年龄人口，现阶段男性 15~59 岁，女性 15~54 岁。(2)指进入劳动年龄下限的人口，即 15 岁以上的人口，没有退休年龄界线。(3)指全体人口。(4)指有劳动能力的人口，不包括丧失劳动能力的人口，也不受劳动年龄的限制。

我们认为，既然资源是投入生产活动中创造物质财富的要素，人力资源即是能够作为生产性要素投入经济社会活动的劳动人口。显然，人力资源不包括未能作为生产性要素的人口：(1)不具备劳动能力的未成年人；(2)丧失劳动能力的人口。因此，人力资源一般是指全部人口中具有劳动能力的人。包括实际从事社会劳动的劳动适龄人口，即正在直接投入劳动运行的人力资源，还包括劳动适龄人口中失业或待业的劳动人口，不包括未成年人口。

与人力资源关系密切的一个概念：人才资源。

“人才”一词，最早见于《诗经》《左传》等先秦文献中。中国古代人才的含义多冠以“贤”“能”“士”等，是指有德行、有才干的人。国外有关人才研究文献中，“人才”是指有天赋的人，即所谓的天才或杰出人才。当前，我国对“人才”这一概念的界定有三种说法：

(1)教育部门与学校的界定。人才是指培养有一定知识水平的毕业生。这种界定多见于教育部门或学校文件中对“培养目标”的表述。

(2)人才预测和统计部门的界定。人才是指“专门人才”。包括两类：一是具有中专或中专以上规定学历者；二是具有技术员或相当于技术员以上专业技术职务者。多见于各统计年鉴等。

(3)学术界的界定。多数学者认为人才是指：“在一定社会条件下，能以其创造性劳动，对社会或社会某方面的发展，作出某种较大贡献的人。”①这一界定，强调人才的创造性、进步性和社会历史性，揭示了人才的本质，是比较科学的界定。

在上述“人才”概念界定的基础上，就可以进一步说明什么是人才资源。

所谓人才资源，是指人力资源中较为先进、较为精华的部分，也就是人力资源中素质层次较高的那一部分人。

由此可见，人力资源这一概念大于人才资源。二者既有联系又有区别。在明确了上述两个概念之后，就可以进一步探讨人力资源开发和人才资源开发的问题。需要说明的是：上述概念的界定是静态的。但是，我们要全面把握人力资源和人才资源的概念的内涵，必须了解其动态性。

从动态性来讲，人力资源在闲置不用时，会因时间的推移而贬值，失业会使劳动者已掌握的技能变得生疏；在科学技术不断转化

① 叶忠海. 普通人才学[M]. 上海：复旦大学出版社，1990：42.

为生产力的当代社会里，人力资源(经济学家称为人力资本)只利用，不使之增值(培训)，实际上也是一种贬值。

为了不使人力资本贬值，就不得不减少利润额而支付一定的费用，使人力资本增值。因此，动态的人力资源概念要求我们必须对人力资源进行不断注入，也就是要使人力资本增值。这就涉及人力资源开发问题。所谓人力资源开发主要指国家或企业对所涉及范围内的所有人员进行正规教育、智力开发、职业培训和全社会性的启智服务，包括教育、调配、培训、使用、核算等全过程。简而言之，人力资源开发就是教育、培训与使用。或者说普及性的教育与培训是人力资源开发，而提高性的人力资源的深层开发则是人才开发。人力资源的配置也是对人力资源的开发。

二、人力资源开发的意义

当代世界的主题是和平与发展，而发展主要是经济和社会的发展。人力资源开发与经济发展和社会发展的关系越来越密切，因此，人力资源开发已被世界各国政府纳入国家发展战略的框架。各国政府之所以重视人力资源开发，主要是基于以下三个原因：

(一)国际经济竞争归根到底取决于人力资源的开发和利用

随着全球经济一体化的进程不断推进，企业的生存与发展将面临着越来越严峻的考验。如何在这场没有硝烟的激烈竞争中获取高位据点，并能在竞争中持续保持优势，已引起各国政府和企业界的高度重视。经过长时间的比较、分析、判断，经济学家和企业家们逐渐领悟到，这个问题归根到底取决于人力资源的开发。原因是：

(1)一个企业研究的新技术和开发的新产品，其竞争对手通过对研究和开发的投入和技术市场，可以在更短的时间内学习和掌握同样的技术，仿制出新产品。因此，新技术和新产品很难保持企业的优势。

(2)世界金融市场的逐步融通和全球一体化趋势使企业更容易获得资本(物质资本)。因此，企业已有的资本优势也很难保持。

(3)国际贸易的自由化倾向与流通手段的发展，降低了获取原材料的难度，也就降低了成本。所以原材料的获取企业之间几乎处于平等的地位，很难有优势可言。

(4)要使上述的技术、资本、原材料这些生产要素转化为对自己有利的要素便是人力资源的开发。

因此，未来的企业竞争将集中表现为人力和人才资源的竞争，未来的成功企业将越来越依赖于更好地吸引、留住和激励有热情、有技术、有能力的优秀员工，他们将构成企业运转、保持企业优势的关键因素。这一卓越的见解，我国古已有之，公元前645年前的《管子·权修》言："一年之计莫如树谷；十年之计莫如树木；终身之计莫如树人。"后用"十年树木，百年树人"表示培养人才是长久之计，也表示人才培养很不容易。

现在世界各国企业界高度重视人力资源在企业发展中的作用，具体表现在：

(1)转变了人力资源部门的职能。即由单纯保管人事档案转变为更直接地为企业发展计划提供先期的专业服务。

(2)人力资源经理的职责和权力扩大了。他们除参加一般经营、计划和财务例会外，还参与制定企业的发展战略。

(3)人力资源部门与一线经理建立起新型的工作关系，人力资源部门与业务部门一样对企业效益负有责任，而二者的关系由监控与被监控关系转变为密切合作的伙伴关系和咨询沟通关系。

(4)人才资源部门正在从与利润无多大关系的部门转变为对效益贡献最大的部门之一。

从以上的动向可以看出，各国企业竞争的视角正在转向人力资源的开发上。由此可见，未来企业竞争优势的获取与保持的关系在于能否有效地开发人力资源。

(二)经济转型和充分就业有赖于人力资源开发

1. 重视人力资源开发是经济发展过程中由粗放型向集约型转变的一种必然要求

粗放型经济本质上是一种物质资本依托型经济，其特点是靠大量消耗物质资本、自然资源求得经济增长。集约型经济本质上是一种人力资本依托型经济，其特点是通过人力资源开发来提高生产要素的使用效率，使经济得以健康持续发展。人类社会发展经济经历了一个由重视自然资源开发、物质资本积累、逐渐转向重视人力资源开发、人力资本积累的过程。在经济发达国家，人力资源成为经济发展的主要资源。科技进步成为经济发展的主要手段，而科技进步是人力资源开发的结果，对科技教育的投入成为经济增长的主要动力。因此，人力资源成了社会财富与经济实力的象征。1996 年出版的联合国教科文组织丛书之一、由当时任欧洲联盟主席的雅克·德洛尔任主席的国际 21 世纪教育委员会向联合国教科文组织提交的报告，题为《教育——财富蕴藏其中》①，题目本身说明作为开发人力资源的教育在经济发展中的作用。该报告明确指出："教育在社会发展和个人发展中起基础性作用"；"教育是更深刻、更和谐的人的发展并从而减少贫困、愚昧、(不平等的)排斥、压迫和战争的一种主要手段"；"教育是社会的核心，是提高社会生活质量的基本手段"；"在 21 世纪到来之际，教育和各种培训已成为发展的首要推动力"；"教育是对未来的一种关键投资"；"教育投资是能生产长远效益和回报的经济投资和政治投资，是一种社会性投资"。该报告还指出"教育不再只是'发展'的许多手段之一，而是发展的基本内容之一，发展的基本目标之一"。如此强调教育也就是高度重视经济和社会发展过程中的人力资源开发。据世界银行统计，29 个经济发达国家拥有世界总财富的 79.6%，其中人力资源占 67%，创造资产占 16%，自然资本占 17%。人均财富中美国的人力资源占 59%，日本占 81%，韩国占 88%。

改革开放以来，我国经济取得长足的发展，经济总量翻了两番。然而，由于生产力水平制约，我国经济增长主要是建立在对自然资源高消耗基础上的，靠高投入、高消耗、低产出、低资产，换得经济增长的高速度。经济增长过快也消耗了自然资源，如我国的煤炭、原油、发电量、钢、水泥和化纤等主要原材料产量均名列世

① 联合国教科文组织总部中文科. 教育——财富蕴藏其中[M]. 北京：教育科学出版社，1996：2.

界前茅，然而我国的工业增加值却排在世界第 12 位(1997 年统计)。工业物耗占工业总产值的比重超过 70%。我国每亿元 GDP(产值)的钢消费量是美国的 9.7 倍，日本的 4.3 倍。每吨标准煤消耗实现的 GDP 仅为发达国家的 1/3~1/9，劳动生产率是发达国家的 1/10~1/20。相反，我国对人力资源的开发，对科技教育的投入，科技进步对国民经济的贡献，却大大低于发达国家水平，甚至低于发展中国家水平。我国是一个人均自然资源相对缺乏，而劳动力资源丰富的国家。经济增长从主要依靠消耗自然资源转变为依靠提高资源使用效率和使人力资源增值，这是转变经济增长方式的最本质要求，也是社会经济可持续发展的必然要求。

目前，我国劳动力资源状况已成为经济转轨变型的关键制约因素。劳动力资源包括自然人力资源和人力资本资源，前者指没有经过教育而投入经济活动的劳动力，后者是普通基础教育、高等教育、职业教育、成人教育和继续教育等支出在劳动者身上的结果。我们常讲提高国民素质，从经济学的角度讲，劳动力素质实质上是人力资本价值在劳动过程中的一种反映。发展中的国家虽然劳动力众多，但素质较低，人力资本并不多。而发达国家则相反，其人力资本的总量和密度远远高于发展中国家。战后，美国经济学家里昂惕夫曾用投入产出法定量计算出美国出口的产品主要是人力资本产品。里昂惕夫认为，由于美国企业经营管理水平高，工人所受的教育程度高，加以有较强的进取精神，美国比其他国家拥有更多的人力资本。我国劳动力资源丰富，但人力资本的总量与密度却很低。全国 7000 万技术工人达到高级工水平的仅占 3%，中级工占 13%，初级工占 84%。劳动力素质低，从根本上制约着经济的发展，并由此决定了资源投入产出效益低下。由于劳动力素质的局限，我国企业产品只能是低层次、低附加值和低科技含量，靠低价格参与国际竞争。因此，提高产品质量和企业效益关键还是在于提高企业的经营管理水平和职工素质，即提高企业的人力资源水平。

2. 充分就业需要人力资源开发作为必要条件

随着我国经济体制改革的深入，产业结构和产品结构的调整，经济集约化程度的不断提高，劳动者素质与经济发展的矛盾日益突出。一方面经济发展需要大量的高素质劳动力；另一方面，由于产业结构调整、企业产权制度变更等原因，大批缺乏劳动技能与文化素质的劳动者正面临失业的危险。如上海“八五”期间GDP以年均14%的速度增长，提供了大量的就业机会。同时，“八五”期间上海职工转岗、下岗人数近百万。大批下岗职工缺乏必要的劳动技能与文化素质，再就业非常困难，制约了经济进一步发展，影响社会稳定。随着经济的发展，一方面有大量的待业和失业者，另一方面又有一些专业职位空缺，这两者将持续并存，这是今后15年(或更多一点时间)影响中国经济发展和社会稳定的关键因素。此外，由于教育发展的滞后，大批青少年过早地加入劳动力队伍，也加剧劳动者及其素质与经济发展要求的矛盾。据1990年全国第四次人口普查统计，15~24岁年龄段的青少年中，平均每5人就有4人已参加工作。低年龄、低素质使劳动力资源的质量受到很大影响，又加重了社会就业的压力。

总之，国家和企业必须高度重视人力资源开放，加快人力资源开发。归纳起来，加快人力资源开发至少有四大好处：

①提高劳动者的文化素质与劳动技能，起到提高劳动效率和经济效益的作用，有利于经济集约增长和产业结构调整。

②有利于搞活与搞好国有企业，提高国有企业的竞争力。

③可以推迟劳动适龄人口进入劳动就业的时间，缓解就业压力，有利于社会稳定。

④最重要的一点是提高职工就业与再就业能力，有利于从根本上保护职工的劳动权益。

因此，要充分认识加快人力资源开发的重要意义。加大教育投入，包括确保国家财政对公共教育的投入；同时加强全社会对教育的投入；认真全面推行劳动预备制度；促进社会成员在教育上的投资与消费，加强企业对人力资源开发的投入与考核。总之，教育的投资与消费需求的扩大是一种必然趋势，这是社会文明与进步的重要标志，又是社会进一步发展的动力和基础。

3. 知识和技术革新的需要

由于现代科学技术发展迅速，新的发现、发明和创造层出不穷，致使知识陈旧周期缩短。据统计，18 世纪知识陈旧的周期为 80~90 年，19 世纪到 20 世纪初是 30 年，到 20 世纪 50 年代，知识陈旧周期降至 15 年。日本松下电气学会对三菱、日立、东芝、松下等几个大公司技术人员做调查，发现 70 年代的知识陈旧速度比 40 年代快了一倍。

另一方面，当今世界知识总量迅速增长。据联合国教科文组织“世界科技情报系统”的统计，科学知识的每年增长率，60 年代以来已从 9.5%增长到 10.6%，80 年代每年增长率可达 12.5%。另据美国科技史家 D. 普赖斯的研究，全世界“正常的、日益增长的科学领域内的文献是按指数增加的，每间隔 10~15 年的时间增加一倍”，愈到近期，知识总量的增加愈快。

还有下列数据也能说明问题。据某工厂对年龄在 37~41 岁，原文化程度为初中毕业的 214 名男性职工的调查，结果受过各种成人教育的 101 人，同没有受过成人教育的 113 人相比，平均成品合格率高 5%~7%，设备完好率高 13%~17%，提出合理化建议和参加技术革新的人多 75%，而且完成定额普遍高：在技术程度复杂部门高 12%~15%；在技术程度中等的部门高 8%~10%；在技术程度比较简单的部门高 3%~5%；三者平均为 8.9%，估计实际价值大约年均 350 元。假如全国 1 亿职工有 20%接受各种培训，扣除培训费用外，一年可多创造价值 230 亿元。

从以上的一些数字可以看出，由于知识陈旧周期缩短，新知识增长加快，而人力资源开发的经济效益又很显著，这一切说明：人力资源开发既是紧迫的任务，又是长期的任务。

三、人力资源开发的途径和方法

人力资源开发(或人才培训)是全社会的系统工程，全“知识工程”启动(1997.12)，即每年全国农村建 1000 个图书室和文化站，向 1000 个县级图书馆捐赠 2000 万册图书。在这个系统中，个人逐步成熟发展，这一方面是人才培养的过程，另一方面也是人才使用的过程，这一过程包括以下四个主体：

(1)社会。社会是由个人、企业、学校等许多主体构成复杂的立体综合总体。我们在这里所讲的社会，主要是社会价值道德观体系，因为这一体系对人才的成长产生重要的影响。

(2)企业。我们这里所讲的企业也不只是通常意义上企业，还包括社会中其他盈利性的或非盈利性的组织机构。

(3)学校。这里指的学校包括所有的人才培训机构。

(4)个人。包括所有学龄儿童与青少年。但是，我们这里主要指现实的劳动力即人力资源范围中的个体。全社会人才培训四个方面的作用过程如下：

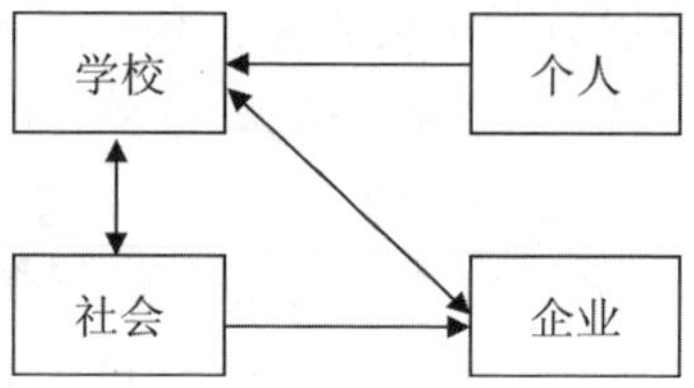

①学校培养。在个人成长的过程中，一般是首先进入学校学习，在学校中接受各种知识、技能的培养，逐步成长起来。

②社会引导。学校的教育不可避免地要受到社会价值观的影响，受到社会发展方向的引导，个人即使在学校中也一样受社会思潮的影响和作用。

③企业关注。在人才培养的过程中，企业成为大多数人才流动的终点。企业作为人才的使用者，不仅要关心人才的作用，而且还应关注人才的培训；不仅关心企业内部的人才培训，而且关心企业外部(学校及其他培训机构)的人才培训。

④学校与社会。学校与社会在人才培训上有着紧密的关系，学校既要满足社会经济发展对人才培训提出的要求，同时又要关注“面向现代化，面向世界，面向未来”的持续性发展理念。社会不仅为学校的发展提供人力、物力、财力上的支持，而且更为重要的是要形成尊重知识、尊重人才、尊重教育的良好社会风气。

⑤学校与企业。一方面学校培养的大多数人才最终流入企业，为企业服务，另一方面企业的人才再培训还需学校的协助。而学校

与企业之间应进行充分的信息、技术、人才的交流，以使双方都能得到最大限度的发展。目前我国企业由于受传统习惯的影响，有以下三个方面的不良倾向：

(1)对学校缺少必要的关注，人才培养与人才使用两个环节脱离，造成学校师生不了解企业的需求，企业不关心学校的发展。

(2)企业没有独立的人才开发的长期打算，总是把人才培养的希望寄托在学校，希望学校培养的人才一到企业就能发挥巨大作用，对于暂时不能适用的要么不要，要么搁置，缺少人才开发的观念和措施。

(3)许多企业虽然认识到人才的重要性，知道抢人才、储备人才，却不会使用人才，从而造成严重的人力资源浪费。

另外，学校在培养人才的过程中，由于不了解实际需要，从而使学校培养的人才大多缺少创新能力、动手能力和解决实际问题的能力，难以满足社会的需要。

上述不良倾向当然涉及企业与教育体制方面存在的问题，而就人力资源开发本身而言，要克服上述不良影响，必须全方位地进行开发，即实行多渠道、多层次和多种形式的教育制度和培训制度，以实现全民族开发的目标。

人力资源的整体开发归纳起来可分为两种模式：教育模式与非教育模式。教育模式是以师授书传的教学为基本手段，以智商开发为目标的开发行为，一般有以下几种途径：①学历教育；②社会培训；③媒体传播；④智能养成。非教育途径主要有：①资源流动；②资源组合；③资源引进；④资源输出；⑤资源激励；⑥资源评估等。

下面着重就教育模式的几种途径加以介绍。

(1)学历教育。我国的教育分四大块：基础教育、高等教育、职业教育和成人教育。基础教育与高等教育属于普通教育，是人力资源整体开发的基础，其受教育对象大多是为进入劳动力市场作准备的。职业教育与成人教育既有学历教育，又有非学历教育，受教育者既有就业前的未成年人，又有大量的从业人员。对从业人员进行学历教育是人力资源开发的重要途径。

当今教育的观点，已经把人类接受教育的年龄从学龄期的学校教育延伸至人生的终止，普通教育或者说学历教育只是大教育中的一种形式，但它不仅面广量大，而且又是人力资源整体开发的基础工程。因此普及九年制义务教育，发展高中教育和高等教育，是实现人才资源整体开发的必要条件。目前，我国的教育重点抓“两基”，即2000年前，基本普及九年义务教育，基本扫除青壮年文盲，这是完全必要的；但是也要重视高等教育的发展。现阶段，我国的高等教育与国际社会反差很大。与世界各国相比，我国国民万人中受高等教育的人数只相当于印度的1/2，韩国的1/10。据联合国教科文组织按国际年龄统计①，20~24岁的大学入学率，加拿大最高为60%，我国只有6%。在一些发达国家，高等教育出现了大众化的趋势。根据联合国划定的标准，一个国家接受高等教育的人口占总人口的比率为15%以下的，称为精英教育；比率为15%~50%的称为大众化教育；比率为50%以上的称为普及教育。而据1996年全国人口抽查统计，我国国民接受高等教育的比率仅为2.07%。另据世界银行1992年统计，我国大学入学率占同龄人口的比例仅为2%，在参与排名的120个国家中排在第102位。而当时美国的大学入学率已高达40%。

我国扩大高等教育的规模，必须抓好两件事：一是转变教育观念，主要是克服计划经济体制下的传统教育思想的束缚，树立以“终身教育思想”为核心内容的现代教育思想；二是推进高等教育体制改革，增加高等学校办学的活力，发展规模重点是应用型的和职业性的高等教育。要坚持“两条腿走路”发展高等教育，既发展普通高等教育，又发展各种形式的成人高等教育。扩大高等教育的规模，要实现办学主体多元化，既要发展公办高等教育，又要发展民办高等教育。

《中国教育与改革发展纲要》明确规定：“国家对社会团体和公民个人依法办学，采取积极鼓励、大力支持、正确引导、加强管理的方针。”可见，国家是重视发展民办教育的，其中也包括发展民办学历教育在内。

---

① 见《中国成人教育信息报》，1997年3月6日。

(2)非学历教育的社会培训。上面说的学历教育是以追求知识的系统性为其特点的，因此周期长，时间跨度大，这就很难贴近市场、贴近急需。另外，学历教育的教材从它的形成到使用，需要一个相对稳定的时间环境，因此，教材与迅速变化、发展的实际脱节也难以避免。但人力资源市场却很难容忍这种脱节。在当前新兴行业蓬勃发展，知识更新突飞猛进的大变革时代，市场往往没有耐心来等待漫长的学历周期。于是以适应市场需要的"短平快"的社会培训便应运而生。1993 年以来，上海地区迎来了一个金融保险大发展的黄金时期，人力资源市场极需要金融人才，要等普通高校学历教育培养远水救不了近火。为了应急需要，各银行招聘了一些高中毕业生，通过几个月的社会短期培训后就上岗，据了解，这些人现在已经成为各大银行的业务骨干。由此可见，社会培训是补充学校教育不足、促进人力资源整体开发的有效途径。

所谓社会培训，是指正规学校教育以外，由各种社会组织、企业或个人举办的，以非学历教育为主的培训。社会培训的理论基础是终身教育，它是成人教育的主体部分。

社会培训按培训性质，可分为职业性培训，政治性培训，文化性培训，娱乐性培训，重点是职业性培训。

职业性培训。为了传授某种职业或生产劳动所需要的知识和技能而进行的培训。这种培训，18 世纪末产生于欧洲。最初采用学徒形式，19 世纪随着工业的发展，一些欧洲国家开始采用学校教育形式。中国在鸦片战争后，开始在学校中实施职业教育。第二次世界大战后，由于新技术的发展，世界各国职业教育的实施形式有了很大的变化，除设立单独的职业中学和综合中学内设职业课程外，还出现企业内培训和公共职业训练等形式。下面介绍部分国家及地区的职业培训情况：

例一，联邦德国的职业培训。大家知道，联邦德国的产品和服务，在世界上质量高、信誉好，有强劲的竞争能力；联邦德国的社会和经济生活保持长久持续稳步发展，其中一个重要原因，是这个国家一贯十分重视初级、中级技术和专业人才的培训，被称为"德国的秘密武器"。德国在历史上一贯十分重视职业培训，其制度完善，要求严格。这个国家的法律规定：未进入大学就学的青年，必须接受职前职业教育；未满 18 岁者，不能就业。由于青年人在就业前强行接受过职业培训，失业率比许多西方发达国家要低。

联邦德国职业培训的一个突出特点是实行双轨制，即接受培训的人具有双重身份：既是职业学校的学生，又是企业培训的徒工。作为学生，他必须接受 2~3.5 年的职业义务教育，在培训企业所在地的非全日制职业学校学习。只要受训人被某一企业接受为徒工，他自然就成为该地区职业学校的学生。学员在职业学校接受理论知识的教育，在企业则接受实践能力的培训，形成有机的结合。双方的合作可以在有关培训职业的培训条例的基础上进行，使企业的培训内容和职业学校的总计划互为补充，平行进行。

联邦德国的其他职业培训机构有：①职业实习学校。②职业专科学校：对职教法规定的培训专业进行职业教育，并发给相应的毕业文凭。其类型有：商业职业专科学校、幼儿保育学校、社会教育师范学校等。③职业高中和技术高中，学制至少 2 年，属成人教育范畴。④专业高中。招收的学生具备中等教育毕业文凭或同等学力，以传授普通理论和专业实践知识和能力为主，学生毕业后可取得高等专科学校入学资格。⑤专科学校。入学条件是必须经过三年的初级职业教育，分技术员学校和师傅学校两种。⑥职业进修学校。入学条件为中等教育毕业文凭或同等学力。⑦进修学校。⑧职业学院和专业学院，是中等职业教育机构，是为进入高层次的职业领域做准备的。

例二，加拿大是当今世界上教育事业比较发达的国家之一。加拿大的宪法规定教育完全由各省负责办理，联邦政府至今未设教育部，各省对教育与职业培训都很重视。

加拿大的职业技术教育始于 1913 年联邦政府有关部门与几个省合作，创办有关农业技术的教育培训项目。第二次世界大战后又相继创办两年制技术学院，这种职业技术教育机构到了 60 年代以社区学院的形式大量出现。上述技术学院和社区学院属于正规学校提供的职业技术教育。培训一般在一年以内不等，除此之外，许多省市还设立职业培训中心，提供短期职业培训，强调实践能力，使学员掌握操作程序和技术。

加拿大全国各地还设立加拿大就业中心，与职业学校社区学院协作，组织培训劳动力市场所需要的职业技术人才。各省和两个少数民族地区的劳动局一般实施学徒培训规划，由劳动局制定章程，规定学徒的最低年龄、教育程度、学徒年限、学徒期间最低工资、学徒与师傅的人数比例和技术。另外，每年规定一定时间，到两年制的技术学院或社区学院学习有关的理论知识。学徒期满成绩合格的即可成为技术工人。1985 年联邦政府的就业移民部开始实施加拿大就业策略规划，与各省有关单位和企业合作，对下列人员进行职业培训：①由于技术革新和经济发展等情况而原有技术已经不适应当前工作的员工；②愿意进入劳动力市场的妇女和青年；③长期失业者和雇主所需要的各类工人。总之，加拿大政府对解决就业问题比较重视，设法提供各种职业培训来促进就业。

例三，瑞典的成人教育与职业培训也很发达。瑞典政府每年只拿出国民生产总值的 0. 8%照顾失业者，却将 20. 07%用于成人培训，反映了瑞典政府的“培训比安置更重要”的卓越见解。瑞典的培训与就业密切相关，有短短一周的最新出版物介绍，也有长达 28 周的商业经济学教程，全国各地成人培训点有 100 多个(全国人口 800 余万)。培训期间，所有学费均由政府负担，像 28 周的培训班，每人约需学费 1. 26 万美元，同时再支付给学习者每周 400 美元的工资。精明的瑞典政府一向认为培训成人虽然是一笔大开支，但更是一笔效益显著的社会投资。事实表明，这是一种明智的选择，70%的受训人员在完成学习后的半年内找到了工作。

(3)媒体传播。媒体传播是人力资源整体开发的现代化手段。整体开发就范围而言，既然是无地域限制的全民开发，教育与培训就急需一个既没有时间限制，又没有空间限制的大学校、大课堂来无限扩大教育与培训的效率与成果，从而帮助加速实现人力资源整体开发的进程。随着电视、广播事业的迅速发展和多媒体计算机教学网络的出现，教育与培训找到了一种全新的技术，即远距离教育手段。电视、广播、多媒体计算机教学网络这类现代信息技术，不仅可以用来进行学历教育、各类培训，还可以用来开办更加符合时代节奏的、以发布最新知识最新信息为特点的各类讲座。从理论上讲，媒体传播要比学校教育经济、高效得多。

采用媒体传播手段进行教育与培训在当今世界已形成潮流。例如：

加拿大历来重视远距离教育，最早的远距离教育是1889年在安大略省开设的函授学分课程，20世纪60年代开始采用录像讲座。目前加拿大有三个教育通信网络：西部知识网、阿尔伯塔教育服务与系统通信中心和安大略省教育局。这些通信网络是特殊的远距离教育机构，它们主要通过卫星电视播放本地区教育机构制作的教育节目。同时它们自己或者与大学、学院合作开发教育节目。这三个教育通信网络都是由政府资助的，因而它们提供的任何服务项目都是免费的。

英国的媒体传播始于20世纪20年代后期及30年代初期，当时的英国广播公司开发了一系列教育与培训节目。1967年，广播教学与比它更早创办的函授学院这两种教学制度结合起来，成立了闻名于世界的英国开放大学。开放大学被认为是“20世纪成人教育划时代的创举”①。过去英国的成人教育有两个明显的缺陷：一是高等教育提供成人在职进修的机会太少；二是所提供的课程不足以吸引成年人参加学习，不利于成人的继续进修需要。创办开放大学就弥补了以上缺陷。开放大学的课程分成两类：第一类：实行宽进严出，学生修完某一科目，以后如变为正式生，将可免修。第二类是由这个学校的“继续教育中心”开设的短期密集的课程，大多具有实应性或时宜性。学生修完课程经考试及格后发给证书；未参加考试的发给修毕课程的证明书。开放大学有两个显著的特点：一是学生是21岁以上的从业人员（21～82岁）；二是采用函授、面授、广播与电视、实习、实验等方式配合施教，是一种新的教育与培训的模式。

我国台湾于1966年创办的空中大学，开始时利用广播教学，后来发展到采用电视。其主要的大众传播媒介为教育广播电台和教

① 黄富顺. 比较成人教育[M]. 香港：中国图书出版公司，1977：148.

育电视台，开办初期主要提供高商、高工、高中等中等教育和中等专业教育课程。自1982年空中大学的法律地位确定之后便开设大学课程。其办学宗旨是以视听传播媒介为主要方式，实施成人进修教育；以普遍提高国民教育文化水准，改进人力素质为目的。① 其任务是：

①运用传播科技，扩大教育层面，提高社会文化素质。

②实用性与文化性并重，肩负“推广教育、进修教育与继续教育”多重使命。

③实施电视、广播、面授与书面辅导等四种教学方式，充分发挥“人人有书读、处处是教室”的开放性功能。

④按照“入学从宽、考试从严、毕业从严”的原则，塑造典型的全民大学时代特有的国立空中大学。

空中大学在各地区设置学习指导中心11个，负责学生面授、成绩考核、作业及生活辅导，并备有教学录像带、录音带及教科书等，便于学生就近学习。

教育与培训的技术更新，在当代主要是逐步推广CAI网络教学。这种网络教学由于运用了计算机的存储技术，网络中的教材库教学内容十分丰富，随着多媒体计算机教学网络的出现，学习者可以随机调用任何一部分教学内容，并可调整学习速度，它不受时空限制，是个别学习的最佳形式。一些发达国家已经有了相当成功的CAI网络，如纽约工业大学的微机通信大学就建立了跨国界的CAI网络。通过这一网络，有美国、日本、马来西亚的学生参加学习。目前我国的CAI网络水平不高，只有少数的学校、部门有自己的局部网络，还没有广域领域，CAI软件也严重欠缺，且许多不符合教学规律。

当今世界，电子通信技术改变了距离的概念、空间的概念。在这一背景下，一种新型学校——“虚拟学校”正在诞生。它可以把教育送到千家万户，学习者不需要进入传统的学校，而是电脑制造出来的学校学习，而这种学习却又是实实在在的。“虚拟学校”的

① 见台湾地区“空中大学设置条例”，1985年公布。

出现，创造了全新的教育、教学与培训模式。我们必须更新观念，跟上世界发展潮流。

关于人力资源开发的非教育途径是多种多样的，集中到一点是人才或劳动力的使用问题，或者说是人力资源的配置问题。例如：

资源流动——指人力资源的行业流动、单位流动、岗位流动、地域流动等。在计划经济体制下，人力资源归部门、单位所有，不管适应不适应，不能流动，只能要求人们去适应环境。这种“适应”往往是以消磨人的个性与创造性为代价的，是以压制资源的开发为代价的。

既然营造一个良好的环境光靠个人的适应是不行的，于是便产生了一种积极的方法——改变环境。改变环境有两种办法：一是原地改造，二是异地改变。原地改造单靠个人的力量是不行的，而变换环境却容易得多。通过变换环境求得具有激励作用的工作环境、人际环境和发展环境，这就可以促进人的潜能的发挥，也就是一种人力资源开发。

资源组合——即人力资源的合理配置。人有性别、年龄、素养、个性、习惯等的差别。在人员的组合中，如果我们不加思考地把人随意地组织起来，就可能造成组合的群体越大、群体作用反而越低的尴尬局面。如果我们在人力资源组合中，充分地考虑到个体的各种差别，形成优势互补的合理的群体结构，在群体最佳发挥作用的过程中，也使个体资源得到了相应的发展。因此，资源组合也是人力资源开发的途径之一。

此外，还有资源引进、资源输出等也是属于非教育途径的人力资源开发。

从以上的阐述和介绍中，我们可以看出，成人教育是持续开发人力资源的主渠道。包括传统学校中的成人教育、企业培训、各种非政府组织举办的教育与培训等，培训的主体多元化，教育与培训的层次与形式也是多样的，其中主体部分是成人教育。可以说，成人教育在人力资源开发中发挥着持续性的作用。

1998 年 12 月

成人高等教育与现代人的塑造

成人高等教育是我国高等教育整体格局中的重要组成部分，我国的成人高等教育适应时代要求，塑造好“现代人”，必须增强质量意识，提高质量的关键是抓好教学改革，而教学改革的重点和难点是教学内容和课程体系的改革。

一、课程改革的历史背景与现状

世界上一些发达国家研究课程理论、课程设计、课程评价、课程发展历史等已近一个世纪了，并已形成专门的学科——课程学。而在我国长期忽视对“课程问题”的研究。中华人民共和国成立以来，我国高等教育的课程有过几次大的变革。中华人民共和国成立初期，全面学习苏联的教育课程，对改造旧中国的高等教育，建设新中国的高等教育体系起过历史性的作用。但照搬苏联的高等教育模式，脱离了本国经济和社会发展的实际。“文革”期间全面摧毁了从苏联学来的以学科为中心的课程体系，取代它的并不是新的课程体系，而是解决生产和生活过程中的某些实际问题的材料，是实用主义课程观的典型体现。“文革”以后又全盘否定“文革”期间的课程，除了增加了计算机，信息学、管理学等少量新学科之外，基本上又回到了“文革”前的课程体系。这种“钟摆式”的课程发展轨迹，同我们这个突飞猛进的时代，同我国高速发展的经济和社会现实，同正在到来的知识经济的发展形成了强烈的反差。为了使成人高等教育真正适应我国经济和社会发展的需要，研究课程发展理论，探讨成人高等教育课程发展的规律，有着特殊的必要性和紧迫性。

二、基本矛盾与对策

推进教育领域的课程发展与教学改革，必须在理论上确定一个逻辑起点，并以此作为构建课程目标和结构体系的出发点和依据。成人高等教育课程改革理论思考的逻辑起点，是指课程存在的主要问题即基本矛盾。

我国成人高等教育课程面临的基本矛盾是：单一、僵化的课程模式及不同程度存在的脱离经济建设和社会发展需要的教学内容同新的时代、新的世纪对人才(劳动力)素质要求之间的矛盾。这一基本矛盾，就是我们思考课程理论问题的逻辑起点。

现有的课程模式源于20世纪50年代学习苏联的教育课程，是计划经济体制下的产物。随着社会主义市场经济体制的建立，其弊端越来越明显，与我国经济和社会发展不相适应的矛盾越来越突出。而且在教学领域整体改革中，课程改革的难度最大，这是因为诸多因素影响和制约着课程改革，主要有以下几个方面：传统教育思想的封闭性、保守性同建立开放性、现代化的课程模式之间的矛盾；单一而又过于原则、空泛的教育目标难以指导、驾驭课程设计，导致课程设计的随意性，有的实际上不是“设计”，而是随意拼凑；专业设置偏窄无法保证课程设计的适应性；课程设计人员闭门造车，不注意研究时代背景、经济与社会发展对人才素质的要求；经济发展水平及教育经费投入不足制约着课程的改革与发展；文化建设和科技发展的新成果及时转化为课程和教学内容的机制尚未形成；一些教师固守已有的知识结构和教学经验影响了课程改革和发展；课程管理人员缺乏相应的专业知识也影响了课程开发与设计；普通高教的课程模式对成人高教的影响和制约，有的甚至照搬前者，不能体现成人高教的特点。

为了解决成人高等教育课程面临的基本矛盾，需要做好以下几个方面的工作：

(1)转变教育思想，更新教育观念，这是整个教育、教学改革的先导，也是课程改革取得成效的先决条件。没有教育思想的变革，教育改革只能落空，课程改革也不例外。教育思想的更新最重要的是要联系教育改革的实践，认真学习邓小平教育思想，特别是关于教育要“三个面向”的思想。同时还要学习“终身教育”理论，这种理论主张学校教育、家庭教育和社会教育一体化，学习要贯穿人的一生，即所谓“横向一体化”与“纵向一体化”①。只有深刻领会上述教育思想，以现代教育思想武装我们的头脑，才能促进思想的大解放，从而有效地促进课程改革和发展。

(2)科学地确定教育目标。教育的根本问题是培养什么人的问题，而培养什么样的人又集中体现在教育目标上，教育目标必须能有效地统帅和驾驭课程设计、实施与评估。为此，确定教育目标时，既要重视社会的需求，又要重视人的发展，把两者结合起来，克服“社会本位论”和“个人本位论”两种片面性。教育目标的表述既要体现国家的教育方针和总的培养目标，又要有具体的基本素质和专业素质的要求，为课程设计提出明确的思路。其中专业培养目标的设定，是课程设计的核心工作；课程结构设计是课程设计的主体，如果专业培养目标偏窄，专业素质要求不具体，势必影响整个课程设计的质量。

(3)要以保证经费投入来保证培养目标的实现，也就是要为课程设计与实施提供必需的经费保障。我们常常听到这样的抱怨：由于经费有限，有些应当开发和开设的课程未列入计划，或列入了计划而又无法实施。课程设计和管理人员必须有这样一个明确的概念：严格地按照培养目标来构建合理的课程结构体系，不要因经费的原因而损害课程体系。教学工作是学校的中心工作，学校在筹集经费和编制经费预算时应向教学倾斜，从财力上保证课程目标的实现。

(4)课程开发与设计要重视吸收文化建设和科技发展的新成果，这是课程现代化的最重要的标志。“吸收”就是将人类创造的精神文明和物质文明的新成果转化为教学内容。而“吸收”和“转化”的重任自然是落在教师身上。因此，师资队伍建设是课程改

① [加]阿瑟·克罗普利. 终身教育——心理学分析[M]. 沈金荣，等译. 北京：职工教育出版社，1990：1-3.

革、课程开发和课程设计的关键。要鼓励教师重视科学研究，不断更新、调整自身的知识结构，并将科研与教学紧密结合起来，实现二者的良性循环。课程设计既是阶段性的工作，又是长期的任务。要建立相应的规程来确立课程工作的重要地位，并使“立项、调查研究、课程设计与实施、课程评价”诸环节的工作制度化和程序化，做好以上两方面的工作，也就形成了“文化建设和科技发展的新成果及时转化为课程和教学内容”的有效机制。

(5)要重视成人高等教育的特点。在我国，除成人高校外，普通高等学校也举办成人高等教育。普通高教的课程模式必然对成人高教的课程设计产生影响。这种影响既有积极的，也有消极的。积极的影响主要表现在可以直接利用或借鉴普通高教课程开发、课程设计和课程管理的经验和成果，可以利用学校教育资源优势进行不同层次和众多专业的课程设计与课程建设。消极影响主要是有可能忽视成人高等教育的特点，照搬或简单套用普通高教课程模式和教学模式。这种消极影响同人们对成人高教培养目标的意见分歧有关。有的强调成人教育的特点，主张建立独立的成人高等教育目标体系。有的主张成人高教与普通高教并轨，培养目标完全相同。我们根据对包括成人教育专家、教师、管理干部、毕业生及其所在的企事业单位的人事部门等的问卷调查统计，有 64.67%的人主张成人高等学历教育的培养目标，既要体现高等教育的共性，又要体现成人教育的个性。我们赞成后一种意见。

(6)要学习和研究课程理论，促进课程管理人员专业化。课程研究已经成为教育科学中的一个专门领域。研究的范围包括课程的本质、课程的结构、课程内容等有关课程的基本理论、课程设计理论、课程发展理论、课程评价理论和课程管理理论，不仅教师要有课程基本理论素养，课程管理人员更要注意研究课程问题，熟悉课程理论，能科学地指导课程设计，提高课程管理水平。学校可以通过立项开展课程问题的研究和组织培训等形式，普及课程理论知识，提高课程理论水平，造就课程管理的专门人才，促进课程管理人员的专业化。

三、时代的呼唤

成人高等教育课程面临的基本矛盾的另一方面是课程设计人员和课程管理人员不注意研究时代背景、社会和受教育者个人对人才素质的要求，这样构建的课程模式不能适应国家经济建设和社会发展的需要，也无法满足受教育者个人发展的要求。可喜的是教育工作者和研究人员已经开始重视研究新世纪的时代特征及其对人才素质的要求。

可以预期，整个21世纪的主题仍然是和平与发展。和平是发展的政治保证，发展又能促进持久的和平。1993年2月13日，中共中央、国务院印发《中国教育改革和发展纲要》，指出："当今世界政治风云变幻，国际竞争日趋激烈，科学技术发展迅速。世界范围的经济竞争、综合国力竞争，实质上是科学技术的竞争和民族素质的竞争。"①科学技术是第一生产力。所谓知识经济是以智力资源的占有、配置，以科学技术为主的知识的生产、分配和使用(消费)为最重要因素的经济，国际经济竞争，已经不是传统意义上的经济竞争，而是知识经济的竞争。知识经济的特点是：以知识决策为导向、以现代科技知识为基础、以信息产业为核心的经济。同时，也是以无形资产投入为主，促进人与自然协调、可持续发展的经济。同以土地为基础的农业经济和以原材料、能源为基础的工业经济不同，知识经济的推动力是掌握了现代科学知识和技术的人。当代的国际经济竞争说到底是国民素质的竞争。而国民素质的提高又有赖于教育。因此，教育的改革和发展面临空前未有的机遇与挑战。教育工作者的一项重要任务，就是要认真研究新的经济形态对国民素质的要求，从事成人高等教育的教师与管理人员要认真研究新的经济形态对劳动者素质的要求和对高级专门人才的素质要求。

在以知识经济为标志的新的时代，国际竞争力包括三个要素：科学技术、人才和国民整体的科学文化素质，而后者又是根本。因

---

① 原件详见教育部网站，http://www.moe.gov.cn/jyb_sjzl/moe_177/tnull_2484.html。

为创造新知识、发展知识经济，需要一支庞大的知识分子队伍，而这又必须以国民整体的科学文化素质为基础，形成人才成长和发展的必要环境，尤其是对知识的吸收、消化和运用，更有赖于造就规模宏大的知识劳动大军，有赖于国民整体文化素质的提高。据1970年统计，世界上科技文献每年以大约6000万页的速度不断增加，另据美国施瓦布的统计，人类知识是按几何级数增长的。新的科学技术层出不穷的情况决定了国民整体的科学文化素质提高是一个持续动态的过程，进而从根本上决定了教育的战略地位。为了发展知识经济，不断增强竞争的势力，国家不但要抓好基础教育和高等教育，还要大力发展职业教育和成人教育，建立终身教育体系来保证国民整体的科学文化素质的不断提高。

面临知识经济浪潮汹涌而来的情况，我们不仅必须构建有层次的知识劳动大军，而且各层次都应拥有一批优秀的人才。普通高等教育和成人高等教育都要为国家培养各类高级人才多作贡献。这里重要的是要研究新世纪“人才”概念内涵的变化。

“人才”这一概念古已有之。“年事推兄忝，人才觉弟优。”①杜甫笔下的“人才”是指才学。传统教育重在传授知识，学生的任务就是吸收知识和储备知识，培养的人才是“仓库型”的，与新的时代及其知识经济的发展极不适应。这种陈旧的教育观念与人才培养模式成了教育改革和课程变革的最大障碍。“全面贯彻国家的教育方针”，这句话口头的和书面的不知道说了多少、写了多少，就是落实不了，步入了“应试教育”培养“仓库型”人才的误区。这不是“教育方针”的错误，恰恰是背离教育方针的后果。

要形成合理的新世纪的人才素质结构，用一句老话来说，就是要切实贯彻德智体全面发展的教育方针，再不能把教育方针当做口号挂在嘴上去走老路。因为以知识经济为主导的市场经济对人才素质的要求是过硬的。我们培养的毕业生如果没有过硬的素质；在人才市场上就没有竞争力，就很难有所作为。

---

① （唐）杜甫：《重送别刘十弟判官》。

四、现代人的塑造

全面贯彻国家的教育方针，就是要使受教育者的心智与心身全面而和谐发展，成为适应现代社会并能推动现代社会前进的现代人。有的学者将现代人的素质类型分为开拓创新型、外向型和国际通用型、复合型、应用型四类①，这四类完全不同于“仓库型”，其共同点是具有现代意识、现代智能、现代行为方式。而这三个“现代”又集中体现在四种能力上：

(一)道德判断能力

将德育放在首位，是教育取得成功的关键，这是教育的普遍规律，只是世界各国德育的内涵与侧重点有所不同。

我国是社会主义国家。学校思想政治和品德教育的根本任务是用马列主义、毛泽东思想和邓小平理论教育学生，把坚定正确的政治方向摆在首位，培养有理想、有道德、有文化、有纪律的社会主义新人。

德国哲学家与教育家赫尔巴特认为一个人的道德是五种观念所决定的：内在自由观念、完善观念、仁慈观念、正义观念、公平观念，这些观念是永久不变的。人类倘若过有秩序的生活，就得培养这种道德品质，而多方面的兴趣正是培养这种道德观念的基础。

道德是社会系统中精神文化价值系统的一个重要方面，是调整人与人之间以及个人与社会关系的行为规范。所谓道德判断能力，就是要帮助受教育者增强道德意识，能够区分真与假、善与恶、美与丑、正义与非正义、公证与偏私、幸和不幸等，有明确的和正确的道德价值取向和判断能力。

(二)获取知识的能力

由雅克·德洛尔任主席的国际21世纪教育委员会向联合国教

① 叶忠海. 成人高校发展趋势与师资队伍建设[J]. 上海高教研究，1996，(2)：74.

科文组织提交的报告《教育——财富蕴藏其中》确认的教育的四个支柱是：学会认知、学会做事、学会共同生活、学会生存，终身教育正是建立在四个支柱的基础上。其中学会认知，也就是学会学习，即提高获取知识的能力。

认知的过程或获取知识的能力的提高过程，是受教育者的心理过程和智力开发过程的结合。从终身教育观点来看，这一过程贯穿于人的一生。若要有效地提高受教育者获取知识的能力，需研究受教育者的心理特点和学习规律。成人高等教育工作者(包括教师与管理人员)要重视受教育者的成人心理特点和学习规律的研究。

研究成人学习的心理规律，主要指成人记忆的特点和规律、成人的思维发展规律、成人的情绪发展规律、成人的智力发展规律、成人的人格发展规律和成人的学习动机等。

成人学习的规律与成人的心理特点有着密切的联系。指导成人学员学会学习，提高其获取知识的能力，不能违背成人学习的心理规律。例如学会学习首先要有学习的自觉性和积极性，这与学习的动机有关。台湾学者黄富顺经过研究，将成人参与学习的动机分为六类：①认知兴趣(cognitive intereast)；②职业进取(professional advancement)；③社会服务(social welfare)；④社交关系(social relation)；⑤逃避或刺激(escspeistimulation)；⑥外界期望(external expectation)①。

这六类不可能概括所有成人参与学习的动机，但这六类确系客观存在。我国成人高等学历教育受教育者的学习动机主要是“职业进取”和“社会服务”的需要。如果我们的教育不能满足这种需求，就不可能有学习的积极性，也就无从提高教育者获取知识的能力。又如成人思维发展的特点，虽然仍保留着青少年时期丰富的探究欲望和好奇心；然而，这种探究与好奇是以丰富的实践经验为基础的，体现了高度的自主性、能动性、批判性和创造性。这同青少年时期的“探究”与“好奇”有着本质区别。根据以上的特点，成人高等教育的教学内容与教学模式，应当有利于受教育者对问题的探

① 黄富顺. 成人心理与学习[M]. 台北：台北师大书苑，1995：50.

究，鼓励他们的创造性发现。一般不宜将学习内容作为定论和绝对真理来灌输。

培养学生获取知识的能力，在所谓“知识爆炸”的时代，在知识经济浪潮汹涌而来的新的世纪里，有着特殊的意义。而落实这一能力的培养关键是要转变教育观念和教学思想，具体的途径和方法是多种多样的。

(三)运用知识的能力

获取知识不是为了储存，而是为了运用。培养、训练运用知识的能力，也就是当代教育四个支柱之一的“学会做事”，以发达国家为主要成员国的“经济合作与发展组织”(OECD)将知识分为四大类：知道是什么(know-what)，知道为什么(know-why)，知道怎样做(know-how)和知道谁有知识(know-who)。① 运用知识的能力，是知识经济发展对劳动者素质普遍的和基本的要求。因为知识经济的效益要靠技术创新，要靠知识应用于生产过程。这就必然促使劳动力市场偏爱那些运用知识的能力强的人，例如那些掌握编码知识的有综合能力的人员会受到重视，而对低技能的劳动者的需求会产生负面的影响。

知识的广泛性决定了运用知识能力的多样性，它可归纳为四类：(1)运用知识于技术进步。主要指运用知识从事科技开发，将科学技术转化为生产力，使科技进步与经济发展紧密结合起来。(2)运用知识于信息交流。就是要掌握新信息技术，选择信息，综合分析信息并分类，加工信息，善于利用信息资源为现代化建设服务。(3)运用知识于加强公共文明基础。主要指弘扬中华民族优秀的人文传统，激励人们积极进取，塑造健全的人格，提升精神境界，促进社会主义精神文明建设，推动社会的健康发展。(4)运用知识于管理。权力即管理，高水平的管理必须是包含着丰富知识量的管理。其模式是创造、使用、保存、提升并转让知识和智力。现

① 见国际经济合作与发展组织 1996 年度报告：《以知识为基础的经济》。

在和未来的管理人员，必然是善于运用知识于管理行为的管理者。

（四）创造知识的能力

知识是人类生产和社会实践经验的总结，也是人类利用自然、改造社会的能力的结晶，能力寓于知识之中。知识和能力互为前提，互相依存，并在一定条件下互相转化。根据知识与能力的辩证关系，创造知识的能力本身就属于知识范畴，而这种能力又能创造新的知识，在新的层面上形成新的能力。知识和创造知识的能力的这种良性互动，正是发展知识经济对现代人才素质提出的要求。

创造知识的能力，包括理论上的创新、实验手段和方法的革新、科学技术的发现与发明、新的管理模式的创造以及消化引进技术等。智能是人类最本质的特征之一，创造是人的本性，是人类社会赖以存在和发展的根基。创造力是每一个正常的人都具有的能力。但是，当人们论及创造力时，心目中往往只有爱因斯坦、爱迪生、居里夫妇、毕加索、牛顿等举世闻名的科学家，容易忽视普通劳动者创造潜能的开发。反映在教育领域，只注重精英的天才教育，忽视大众教育，且两种教育都忽视创造力的培养和训练。这正是我国的教育同发达国家教育的最大差距，我们承认人的创造潜能的开发是有层次和程度上的区别的。国家的发展既要有一批创造潜能得到深度开发的杰出的科学家和各方面的专门人才，更要注重国民整体创新素质的提高。

解决我国的国民素质、劳动力素质与经济和社会发展的矛盾，是一项复杂而庞大的系统工程，属于国家的战略性决策。党的十五大报告明确提出了“科教兴国”的发展战略，指出：“培养同现代化要求相适应的数以亿计高素质的劳动者和数以千万计的专门人才，发挥我国人力资源优势，关系 21 世纪社会主义事业的全局。要切实把教育摆在优先发展的战略地位。”我们必须全面、完整地理解这一段话，“优先发展”既包括发展规模，即大力普及九年义务教育，积极发展各种形式的职业教育、成人教育和高等教育；又有质的规定——开发人力资源，提高劳动者的素质。为此，必须转变教育观念，改革教育体制。而真正落实素质教育，关键是推进教学改革，核心是课程改革和与之相应的教学模式的改革。

提高国民的整体素质要靠教育，而在教育内部起决定作用的是选择满足素质教育的教学内容。因此，课程改革与课程设计是整个教学改革的“牛鼻子”，是形成人才的整体素质，提高人才培养质量的主导性环节。

我国成人高等教育的课程，既不能照搬外国的，也不能照搬普通高等教育的模式，而是要认真研究社会发展对人才素质的需求和受教育者自身素质提高的要求，还要分析受教育者的现状，满足“现代人塑造”的要求，以此作为我国成人高等教育课程改革和课程设计的最根本的依据，这也是成人高等教育课程问题理论思考的逻辑起点。

1998 年 10 月

对成人教育发展规划与计划问题的思考

成人教育发展规划是成人教育工作在较大范围、较长时期内的总目标、总方针的发展设想、实施步骤和重大措施。规划是在宏观管理层面对全局性、战略性和长期性的目标设想的统筹安排，也可以说规划是属于指导性的、原则性的计划，它规定着各项有关的重大发展目标、长远规划设想，而不具体安排细节，只作大的阶段时间安排。

成人教育发展规划也可以说是成人教育主管部门预期努力争取获得的组织成果，包括主体、客体、任务和指标四个要素：

(1)主体。主体就是规划中的目标责任者，即承担实现规划的管理机构和管理人员。任何一个完整的规划都必须有关于目标主体的明确规定，都必须把规划中的目标落实到管理机构和管理人员；否则，就会因职责不清、权限不明而产生争权夺利或推诿扯皮的现象。

(2)客体。客体是指目标主体的工作对象，即受目标主体行为影响的机构或人员。“影响”包括推动或约束。一个完整的规划应有关于目标客体的严格而明确的规定，即明确管理的范围和管什么；否则在目标实施过程中就会出现越俎代庖的行为，滋生多头领导和以权谋私的官僚主义。如一个教育行政组织的秘书机构或秘书人员服务的客体只应是其直接的行政首长，而不是其他机构或人员；否则便是越权，就会造成管理上的混乱。

(3)任务。任务是指目标主体担任的工作或担负的责任，直接反映行政组织职能所提出的要求，是规划结构最重要的组成部分。任务内容的规定应简明扼要，一目了然，不存在歧义；否则，目标主体就会不知所从。

(4)指标。指标是指目标主体实现目标所应达到的程度和标准，包括实现目标的时限、数量、质量等方面的要求。它是关于规划中目标任务的量化规定，便于行政管理部门执行和掌握目标任务，为检查工作任务的完成情况提供具体、明确的标准。

上述任务和指标均属行政目标。

例如云南大学成人教育学院制定的《关于成人教育学院“八五”发展规划的建议》，包括指导思想、发展规划、结构调整、措施。这四个部分包括主体、客体、任务、指标四个要素：

主体：“措施”第5条规定：“在校党委和校长领导下，加强成人教育学院的管理、教学和成教理论研究三项功能。依靠全校力量发展成人教育。”

客体：学生(学历教育4000人，非学历教育1000人)；专兼职教师和管理干部队伍(200人)。

任务：指导思想、发展规模、结构调整三个部分都是讲的任务；“措施”部分讲了要求。

指标：规模指标、基建指标($3000m^2$)、结构指标(专科2000人，本科1000人，第三专业学历教育1000人，大学后继续教育1000人，基础型专业与应用型专业的比例为3：7。)

上述规划简明、具体，措施也比较得力。

全国性的或地区性的成人教育发展战略规划的内容，应当包括：

(1)人才需求的培养规划与成人教育结构调整的战略规划。

(2)各种类型成人教育发展目标(包括岗位培训、继续教育、成人高等教育、成人中等专业教育、远距离电化教育、自考、老年教育等)。

(3)成人教育学校的结构调整发展规划。

(4)成人教育教学改革的战略目标规划：包括教学内容、教学形式、专兼职教师队伍的建设和教学理论研究的发展战略等。

成人教育的发展战略规划是制订成人教育计划的依据，这是中央政府教育部门的责任。从中央到各省市、自治区教育部门直到县、乡、村级都要有成人教育发展计划，就像当年抓扫盲教育那样将工作落到实处。各级成人教育学校或培训机构，也都要有相应的工作计划。计划的内容一般包括：工作内容，即“做什么”一定要明确；工作方法，即怎么做的问题；分工明确，由谁来做要落实；总结工作取得的成绩与存在的问题并提出解决问题的建议。

只要我国的成人教育工作有了完善的法规与制度保障，在终身教育理念的指引下，经过有关各方的努力，就能为实现教育强国作出特有的贡献。

我国普通高校成人教育的改革与发展趋势

据1994年统计，我国有普通高校1080所，其中有829所举办了函授、夜大学。这一年全国普通高等学校函授、夜大学有在校生106.9万人，全日制普通本专科在校生279.9万人，两者合计共386.8万人，其中函授、夜大学学生占27.6%，函授、夜大学与普通高校全日制在校生之比为1：2.6。在成人高等学历教育中函授夜大学占有很重要的地位，招生数和在校生数均占成人高等学历教育招生和在校生总数的45.5%。普通高校举办的成人高等教育在改革开放以来有了很大的发展，取得了显著的成绩，已成为我国普通高等学校和成人高等教育的重要组成部分。毫无疑问，我国普通高校的成人教育还需要继续其改革和发展。探讨我国普通高校成人教育的改革与发展趋势，对我国普通高校成人教育的实践有着十分重要的意义，

一、普通高校成人教育管理体制改革

管理体制是管理机构、隶属关系、权限划分以及管理制度的总称。高等学校的管理体制，是教育体制的有机组成部分，是高等学校管理机构与管理规范的有机结合。普通高校成人教育的管理体制，是普通高校成人教育管理机构与管理规范的有机结合。它包括国家教育行政机关中的普通高校成人教育管理体制和普通高校内部的成人教育管理体制。

我国普通高等学校的管理体制，目前采用的是“统一领导，分级管理”的形式。其隶属关系分为三类：第一类是由国家教育委员会主管面向全国的多科性、综合性和具有代表性的高等学校；第二

类是由中央有关业务部门主管主要为相关业务部门服务的高等学校；第三类是由省、市、自治区教育行政部门主管主要为当地经济与社会发展服务的高等学校。以上三类的隶属关系如下图所示：

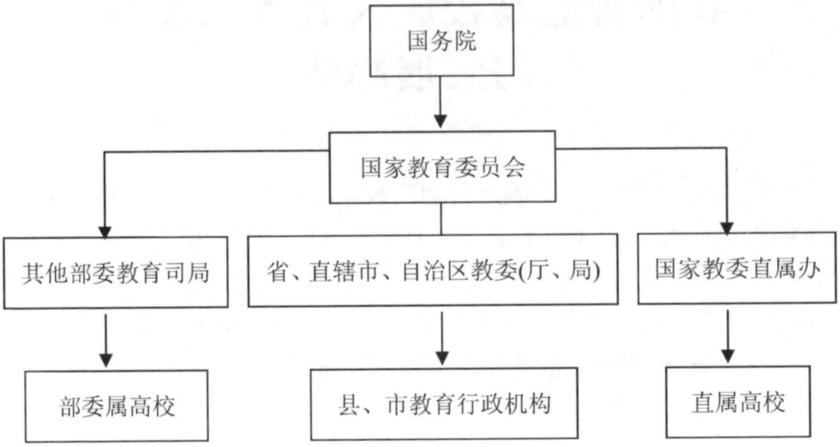

国家教育委员会主管全国教育工作，统筹规划，协调管理全国的教育事业；省、直辖市、自治区教委(厅、局)执行国家的教育方针、政策，领导本地区的各类高等学校及其他教育机构；其他部、委的教育司局执行国家的教育方针、政策，领导本部、委所属的高等学校；普通高校主办的成人高等教育，与主办学校所属的管理体制是一致的，不同的是同时要接受上级成人教育行政机关的领导。

上述管理体制，对于推动我国普通高校及其成人教育事业的发展曾经起到积极的作用。但是，随着我国经济体制由计划经济向市场经济的转变，原有的高等教育、包括普通高校主办的成人教育管理体制的弊端越来越明显。主要是中央及有关业务部门，对高等学校及其成人教育统得过多，管得过死，学校还没有真正改变其主管部门附属机构的地位，面向社会自主办学的权力很有限，自我约束机制也不健全。中央教育行政部门、中央其他部委以及地方政府教育行政部门、其他业务厅局分别办学与管理而形成的学校单一隶属关系和条块分割的局面，造成一些学校与专业重复设置，教育资源配置和学校结构布局不够合理，办学效益不高。同时在宏观管理上又难免失控。

上述问题的存在，集中反映了我国高等教育管理体制改革的必要性。

我国经济体制改革的目标是建立社会主义市场经济，由于教育与经济有着多方面的、多层次的密切关系，市场经济的理论与实践必然对教育产生深刻的影响。市场机制对合理配置资源的作用，市场信息反馈对供求的协调作用，价值规律和竞争机制的积极作用，都会促进教育改革的深化，而市场的某些弱点和消极面，也会对教育有负面的冲击。建立社会主义市场经济体制，给教育提出了许多新的课题，其核心是：教育必须通过深化改革使之适应市场经济发展的需要；普通高校及其成人教育深化改革，以适应市场经济发展的需要，关键是改革管理体制。

普通高校及其成人教育管理体制的改革必须遵循以下原则：

(1)教育的发展既要面向市场，有赖于市场机制的促进作用，以适应市场经济发展的需要，但又不能全靠市场化来求得发展。毫无疑问，成人高教担负着培养各类国家急需的人才，尤其是应用型人才的任务，这就要求成人高教必须走向社会，面向人才市场、劳务市场、信息市场、科技市场等。市场经济促使竞争机制进入高校，招生与用人单位推荐的双向选择的人才市场上，竞争机制正在起着调整专业结构，提高培养质量的作用。另一方面，成人高教还有为政治、文化、科技服务的功能，还要为精神文明建设和社会发展服务，所以又不能全靠市场化。如果片面强调前者，忽视后者，势必导致思想混乱而背离国家的教育方针。

(2)既要利用和发挥市场机制的积极作用，又要遵循教育的规律。市场经济要求成人高教革新教育观念，拓展教育功能，增强办学活力，提高办学效益。同时，任何一种教育都有其自身发展的规律。如教育事业发展的速度与规模受生产力发展水平的制约；教育的社会性质受生产关系的性质所决定；教育同人的发展、社会发展之间以及教育内部各要素之间都有着本质的联系。教育的发展不仅有一般的规律，各种不同的教育还有其特殊的规律。成人高等教育的社会性、职业性特点，决定其教育过程必须尊重成人的学习自主性，注重融化经验并向经验学习，课程设置要与人生发展阶段任务相适应，要注重提高成人学员处理问题的能力。重视社会的参与，是发展成人高等教育的重要条件。改革普通高校成人教育管理体制要贯彻引进市场机制和遵循教育规律相统一的原则。

(3)在普通高校内部管理上，既要体现普通高等教育与成人高等教育的共性，更要注重二者的个性。共性要求统筹、合理配置教育资源，提高办学效益；个性要求办出特色。二者不能彼此照搬办学的管理模式。

普通高校成人教育管理体制改革贯彻上述原则，就能使普通高等教育和成人高等教育得以协调、健康的发展。体制改革的具体内容是：

(1)扩大高等学校及其成人教育的办学自主权。《中共中央关于教育体制改革的决定》明确提出："高等教育体制改革的关键，就是改变政府对高等学校统得过多的管理体制，在国家统一的教育方针和计划的指导下，扩大高等学校的办学自主权，加强高等学校同生产、科研和社会其他各方面的联系，使高等学校具有主动适应经济和社会发展需要的积极性和能力。"该决定明确了高等教育体制改革的关键是管理体制；而管理体制改革的途径是通过扩大学校的办学自主权，促进学校同生产、科研和社会其他各方面的联系。管理体制改革的目标是使高等学校主动适应经济和社会发展的需要，这里的"主动适应"包括高等学校主办的普通高等教育和成人高等教育。

政府主管部门向大学下放权力，扩大大学办学的自主权，始于20世纪80年代初。1980年3月12日国务院发布的《高等教育管理职责暂行规定》和1985年5月《中共中央关于教育体制改革的决定》，明确规定扩大高等学校办学自主权。1992年国家教委关于扩大直属高等学校权限的有关规定和一些省(区、市)扩大所属高等学校自主权的决定，使高等学校及其成人教育在一定程度上有了办学自主权。但是，高等学校管理体制改革是一个艰难的过程，给予学校的办学自主权不是那么容易到位的，政府对学校统得过多，管理过死，学校缺乏活力这种状况，还需要继续通过深化改革来加以解决。所谓“扩大办学自主权”，是指在中央的大政方针和总体规划的指导下，自主招生办学，根据社会需要调整专业服务方向，制订教学计划、教学大纲，选用教材，进行教学内容和教学方法改革；根据规定的干部条件、编制和选拔步骤，选拔任免校长、书记以外的干部；按照国家的有关规定，确定专业技术职务的职数限额，并进行评聘工作；在不要求主管部门增加投入的情况下，可以自行决定单独或与其他单位合办科研机构和发展科技开发事业；在遵守国家财务制度的前提下，可以自行安排主管部门核定的年度事业费和基建费；在国家外事政策和有关规定的范围内，自主开展对外交流活动，等等。上述各种办学自主权，有的已经落实，有的则需要在今后的改革中予以落实。普通高校主办成人学历教育和非学历教育还将有更多的自主权，使其更主动和灵活地为经济建设和社会发展服务。

高等学校及其成人教育在扩大办学自主权的同时，必须完善自我约束的机制，做到活而不乱。

(2)实行中央，省、自治区、直辖市和中心城市三级办学的新体制。《中共中央关于教育体制改革的决定》指出：“为了调动各级政府办学的积极性，实行中央、省、自治区、直辖市、中心城市三级办学的体制。”高等教育事业，包括普通高等教育与成人高等教育事业，是关系到各个部门、各个地区和全社会长远利益的事业，经济振兴和科技发展有赖于高等教育的改革和发展，因此，必须调动各方面的积极因素共同办学与管理。

实行三级办学，中央主管部门要简政放权，加强地方政府的管理职能。中央主要负责大政方针、宏观规划和监督检查，重点管理直接关系国家经济、社会发展全局并在高等教育中起示范作用的骨干学校和行业性强、地方不便管理的学校；地方政府负责对所属高等学校及其成人教育的具体政策、制度、计划的制订和实施以及对所属学校的领导和管理，负责做好本地区内的国务院各部委所属高等学校的协调工作；中央部委只主办少量行业特点明显或骨干学校外，大部分学校将逐步过渡到以中央和省两级办学、两级管理、以省级办学为主的体制，以便省、直辖市、自治区对本地区的高等院校及其成人教育能统筹进行合理布局和调整，减少不必要的重复。

(3)打破条块分割的办学体制，积极倡导以多种形式的联合、合并、共建为主的高等学校办学与管理体制。我国高等教育在过去计划经济体制下，受单一办学模式和统包统管办学体制约束，使高校及其成人教育自身的办学效益低，而且也阻碍了高等教育与经济、社会的直接联系，压抑了高校面向社会自主办学和社会参与高校办学的积极性。再加上办学经费不足的长期困扰，使得高校的办学潜力和优势难以发挥出来。为了改变这种局面，并从根本上克服“条块分割”带来的弊端，有必要倡导联合办学，或合并办学，或部门与地方共建高校。

所谓“联合办学”，既可以是学校与学校之间的联合，也可以是学校与企业联合办学，例如重庆大学自 20 世纪 80 年代以来，先后参加了 16 个国内大型企业，同 160 多个大中型企业建立了合作关系。90 年代以来，学校按照学科专业对口的原则，将 30 多个重点合作的企业，分别落实到 16 个院、系、所。十多年来，学校与企业在人才培养、科技攻关、产业开发等多方面取得了合作成果，在此基础上，学校于 1994 年 1 月正式成立了有四川省、重庆市人民政府和 14 家大型企业及社会各界参加的校董事会。这样该校便形成了以国家拨款为主，辅以地方支持、企业资助办学的投资体制。这种联合办学，有效地调动了中央、地方和社会各方办学的积极性。

合并办学对被合并的学校来说，是管理体制上的根本性变革。原四川大学和成都科技大学，一个以文理为主，一个以工科为主，1994 年 4 月，两校正式合并为四川联合大学，实行国家教委与四川省人民政府共同建设、双重领导，以国家教委为主的办学新体制。两校合并后，真正实现了理工结合，文理渗透，成为全国高校中学科门类最齐全、专业覆盖面最广的新型综合大学之一。

所谓“共建”主要指中央部委与地方共建共管高等学校，实现学校由过去单一面向所属行业，转向既兼顾本行业的发展，又服务地方经济与社会的发展。

以联合、合并、共建为主体的高等教育办学体制改革的上述举措，必然带来管理体制的相应变革，并因此而增强高校办学、包括主办成人教育的综合势力，提高办学效益和整体水平。

(4)要根据办学质量，效益与活力相统一的原则，完善普通高校内部的成人教育管理体制。普通高校内部的管理体制包括成人教育管理机构、隶属关系、权限划分以及相应的制度。由于各校的情况不同，学校内部成人教育管理体制也很不一致，如管理机构：有的是“成人教育学院——处(部)——科(室)”建制，有的是“成人教育处——科(室)”建制，有的是在教务部门下设成人教育科。上述不同机构的建制都有其合理性，不必强求一致。但是，各校成人教育管理机构的设置，均应贯彻以下原则：

①统筹的原则。即学校要将成人教育的发展规模、专业设置、机构编制、基建项目等纳入学校的总体规划，进行统筹安排。

②归口管理的原则。成人教育职能部门的职责是归口管理全校的成人教育，管理机构的级别与人员编制，要能够保证归口管理的落实。

③质量、效益与活力相统一的原则。普通高校成人教育的内部管理体制，既要能确保成人教育的质量，提高办学效益，又要有利于调动各办学单位的积极性，使成人教育能主动适应国家经济建设和社会发展的需要，实现质量、效益与活力的统一。

二、普通高校成人教育教学及管理制度改革

教学工作永远是学校的中心工作。普通高校成人教育的教学工作，是学校教学工作的一个重要组成部分。普通高等学校中的普通高等教育和成人高等教育的教学工作，基本上是由同一支教师队伍承担的。这对成人高等教育教学来说，一方面可以发挥师资力量雄厚的优势，有利于借鉴、利用普通高等教育教学研究与改革的成果；另一方面，在学校内部管理及教学运作方面，又容易受普通高教模式的束缚。因此，认真研究成人教育的特点，尤其是研究从业成人的工作、生活、生理、心理特点，建立有着成人高教显明特点

的教学管理、教学运作机制是十分必要的。

(一)普通高校成人教育教学及管理制度改革的背景、特点和原则

由于教育的发展受制于经济和社会的发展，同时又能动地服务于经济和社会发展；又由于经济和社会发展是无止境的，与之相关的学校教学及其管理制度的改革也是一项长期的任务。特别是第二次世界大战后，科学技术进入迅猛发展的新时期，人类知识总量按几何级数增长，有人推算25年以后，人类知识的总和将是今天的4倍，50年之后则为32倍，“知识废旧率”增长速度70年代比40年代快一倍；工业发达国家工厂技术设备5~8年就要更新一次；新的科技理论从创立到实际应用的“物化”过程日趋缩短，如20世纪前，摄影技术从理论到实际应用经历了112年，蒸汽机80年，电话56年；到了20世纪的无线电为35年，电视机12年，而电子计算机只8个月；工业结构变化加快，在西方被称为“夕阳工业”的纺织机，蒸汽机、内燃机、用煤炼铁以及转炉炼钢等工业已日趋没落，而遗传工程、激光加工、机器人制造、新型合成材料生产、仿生医学电子工业、计算机工程等被称作“朝阳工业”的部分则像早晨的太阳，霞光万丈。① 一个国家教育事业的发展规模与水平，同这个国家的政治、经济，科技发展水平密切联系，成为标志这个国家“综合国力”的一个重要方面。因此，学校的教学及其改革，尤其是同经济与社会发展紧密联系的成人高等教育的教学改革，不仅是教育界关心，各国政府、科技部门和企业界也都普遍关注。

普通高校成人教育的教学及其管理改革，既要遵循高等教育的一般规律，又要体现成人高等教育的基本特点，这些特点是：

1. 教育对象的广泛性

成人高等学历教育和非学历教育对象是各行各业的从业人员和一部分待业的社会青年，他们不分民族、性别、职业、党派、家庭出身、宗教信仰、财产状况等，都可以接受各种类型、各种形式的

① 中央教育科学研究所比较教育研究室. 世界教育思想发展探略[M]. 贵阳：贵州人民出版社，1989：1-10.

成人高等教育。这同普通高等教育对象具有基本一致的年龄特征和共同的发展课题这种限定性是很不相同的。

2. 教育结构的社会性

从世界范围来说，各种形式的成人教育主要是采取“社会力量办学”的模式，由企业、社会团体、各种公共设施，甚至由个体来兴办。我国也有“社会力量”主办成人高等教育。我国普通高等学校历来实行“两条腿走路”的办学方针，其中的成人高等教育，由于教育对象分布在各行各业，社会各个领域，其社会参与的程度是普通高等教育无法相比的，再从学校内部教育结构来看，由于要适应迅速变化和发展着的社会和个人两个方面的需要，从培养目标、任务，到学制、教学的组织形式和管理方式等，整个内部教育结构都是动态的、开放的，仍然具有社会化的特点。这正是普通高校成人教育的生命力之所在。

3. 教育内容的适应性

由于教育对象是已经进入社会、充当社会角色的从业人员，提高自身的专业与技能素质，以适应岗位的需要和提高工作效率，是每个学习者最基本的动因。因此，成人高等教育的教学内容应尽可能地满足学习者的职业性需求，增强教学内容的针对性与适应性。

基于成人高等教育的上述特点，教学改革应相应地贯彻以下原则：

①按需施教的原则。成人高等学历教育需要系统传授相关专业的知识和技能，但是，学习和掌握与当前工作、生产实际需要紧密相连的实用知识和技能，是成人学员学习的重点和首要任务。至于非学历教育，更应贯彻“要什么学什么”的原则。

②因材施教的原则。贯彻这一原则，要求教学要从学员的实际出发，既要明确学员班级的整体实际，确定班级教学的起点；又要了解学员个体实际，进行有针对性的个别指导，将教学的统一要求同发展学员的个性有机地结合起来。

③自学为主的原则。普通高校成人高等教育以函授与夜大学的业余教育为主，这类办学形式的特点是以业余自学为主，在教师指导下，自学是最主要的教学环节。

④少而精的原则。“少而精”是对教师给学员集中面授的要求，不是对学员学习的要求。由于成人高等教育的教学过程以自学为主，面授的时间约为全日制普通高等教育的三分之一，面授必须精选内容，突出重点，精心指导学员的自学，贯彻“少而精”的原则。

总之，我们必须站在时代的高度，以战略的眼光，根据成人高等教育的特点和规律，坚持普通高校成人教育教学和管理制度的改革。

(二)普通高校成人教育教学过程管理的改革

教学管理是按照教学规律和特点，对教学工作进行的计划、组织、控制、监督的过程，是学校管理的核心部分。教学管理的任务是：(1)贯彻国家的教育方针、政策和法令，引导教师和学员树立正确的教学思想，明确教学任务；(2)协调学校成人教育教学工作与其他工作的关系，建立正常的教学秩序；(3)建立激励机制，调动教师与学员双方的积极性；(4)合理配置教育资源，确保教学质量。从教学全过程看，组织实施教学计划，检查教学质量，研究教学管理规律，评估教学质量，总结交流深化教学改革经验，解决影响提高教学质量的各种问题，是教学管理的最基本的任务。

教学管理包括教学全过程的管理，教学过程则是学习者在教育情境中的特殊认识过程。成人高等教育的教学过程，是从事成人教育的教师与教学管理人员，依据一定的教育目的和特定的培养目标，有计划地指导学员认识客观世界，把学生培养成“德、智、体”多方面得到进一步发展的社会主义的建设者和接班人的过程。

成人高等教育的教学过程，与普通高等教育教学过程比较，有以下几个特点：

(1)成人高等教育的教学过程一般以自学为主，自学贯穿于教学的全过程。

(2)成人教育对象大多是从业人员，他们参加学习，专业对口，学用一致，其教学过程也是受教育者理论联系实际，学用结合，将所学专业知识转化为生产力的过程。

(3)成人高等教育作为一项系统工程而寓于社会这个大系统

中，这就决定了成人高等教育的教学组织与实施比之普通高等教育教学的组织与实施更为复杂，需要做好校内外有关方面的协调工作。因此，普通高校成人高等教育的教学过程也是学校主管部门，组织协调学校内部有关部门、地方业务部门、学员任职单位诸方面共同办学的过程。教学过程这一系统，是由有序的若干教学环节构成的，各教学环节是构成系统的要素。以函授、夜大学教育为主的普通高校成人高等学历教育的主要教学环节有：自学、面授、辅导答疑、作业、实验、实习，考试(考查)、课程设计、毕业设计及答辩(或毕业论文及答辩，或毕业考试)。毫无疑问，认真落实各教学环节，完善和强化各教学环节的管理，是保证教学质量的关键。

在成人高等教育教学中，自学是最重要的教学环节，主要靠通过严格的考试，包括实行考教分离和标准化考试以及严格考试纪律来促进自学。面授也要着眼于指导学生自学，面授教学的检查主要靠教学评估。从发展趋势看，面授教学将更多地采用电教手段，直至发展为多媒体教学。辅导答疑除采用传统的书面辅导与当面口头辅导形式之外，将越来越多地采用微机、人——机对话视频磁盘、视频盒式磁带，电话指导的声像系统等教育中的新信息技术。总的趋势是辅导形式多样化，辅导手段日趋现代化。强化作业管理，最重要的是：要有相当的作业量，要采用现代化管理手段，编制学生作业成绩卡片，实行科学管理。实验、实习越来越被重视，教学运作的改革趋势是教学过程的实验性，与之相适应的教学方法将更多地采用“参与式”“实践式”“实验式”，以及“教学——实践——教学”的分段进行式等，更加体现成人教育的特色。考试考查改革的趋势将是实行考教分离，各种考试将更加讲究效度、信度、代表性，并对学习者的个别差异有充分的鉴别力。只有这样，才有利于激励学生学习的积极性。成人高等教育的毕业设计与毕业论文要紧密结合生产和工作实际，既可在一定时间内集中到学校进行，也可以分散在各单位结合生产实际聘请专业人员指导毕业论文或毕业设计。

对上述教学系统中各要素的调控，主要靠各环节教学效果的反馈信息，一般是通过后一环节教学效果的反馈信息，调控前一环节的教学，按照教学过程的一定程序，由前一环节推向后一环节，直至教学过程终结(见下图)。

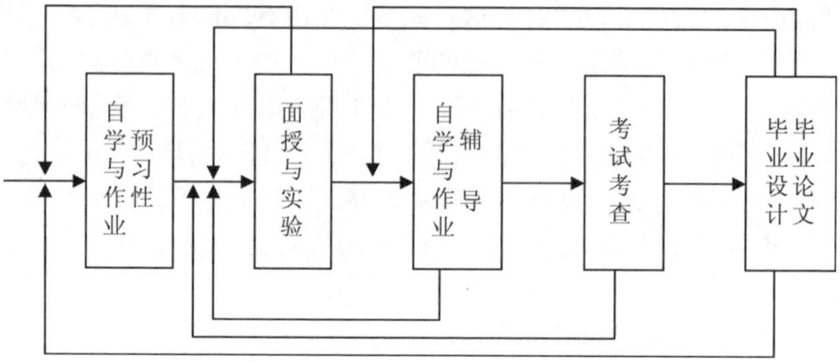

教学信息反馈环节

从上图可知：利用教学反馈信息来调控教学系统中的各要素，既是教师的职责，也是强化教学过程管理的需要。

(三)学分制教学管理制度

学分制是高等教育中用学分来反映课程的地位、要求和计算学习量的一种教学管理制度。其特点是规定学生必须达到毕业生水平、取得学位应修满的学分总数，而学习年限(学制)则可以有弹性。实行学分制的好处是：

(1)允许学生在一定限度内有指导地根据各自的兴趣、特长、基础的不同选修课程，克服“齐步走”和“一刀切”的弊端，承认学生之间客观存在的学习基础、才能、志趣爱好等方面的差别，贯彻“因材施教”和“自学为主与自主学习”的原则，充分调动学生的学习积极性和发挥他们的学习潜能。

(2)成人高等教育的对象大多是从业人员，他们是根据自己和单位工作的需要参加学习的，学分制的机动性、灵活性，有利于妥善处理工学矛盾。大量开设对路的选修课供学生选修，能更好地贯彻“学用一致”的原则。

(3)成人学员有不少人在入学前参加过各类高校的进修班，单科班、电大或自考单科结业，一般不愿意、也无必要重复学习已学过的课程，而学分制则可通过免修考试来免修已修过的课程。

学分制教学计划的课程分为必修课与选修课两个部分。必修课是指，为达到培养目标所开设的基本的或重要的课程。必修课的规定反映了“培养目标”的刚性要求。选修课程系指为进一步确保“培养目标”而开设的提高性课程，或者为拓展专业知识面、发展学生特长而设置的课程。选修课又分为指定性选修课和任意选修课：指定性选修课是指限定在一定范围内供学生选修的课程，一般是按学科专业发展方向编成课程组，也可依据学科知识领域分学科开设。指定性选修课的门数与学分数一般应比学生应学的门数和应得的学分数至少多一倍。任意选修课一般指与本专业有关并体现边缘学科性的课程，主要是适应学生个性化、多样化的要求，自由地跨专业、跨系甚至跨校选修的课程。学分制教学计划依据培养目标，对必修课、指定性选修课和任意选修课规定了比例。与学分制的选课制度相适应，学制年限也有弹性。实行学分制，由于学生有了一部分选课的自由，在一定学段内可以多选、多拿学分，提前拿满学分，提前毕业；也可以少选，少拿学分，推迟毕业。

学分制教学管理制度的优越性是一种客观存在，但要充分显示其优越性，在制订学分制教学计划和管理制度时，必须贯彻以下基本原则：

①专业设置与课程设置要适应社会主义市场经济对人才素质的需求，即以人才市场来引导专业的设置和改造，以人才市场来引导课程结构的调整和教学内容的更新；如果知识陈旧，再理想的学分制教学管理办法，也无法显示学分制的优越性。

②要有很强的质量意识。贯彻“质量第一”的原则，保证培养质量，是实行学分制教学管理制度的根本目的。为此，必须坚持正确的办学指导思想，办学必须将社会效益放在首位；学分总额的规定要体现成人教育及其办学形式的特点，学分额定要适中；必修课与选修课的比例要恰当；管理办法要切实可行，要保证管理过程能

够落实。妥善处理上述问题，对贯彻“质量第一”的原则至关重要。

③学分制教学管理制度的实施涉及方方面面，要根据系统论、控制论和行为科学理论，做好各个环节、各有关部门和单位、有关各类人员的协调、沟通与调控的工作。

实行学分制，是教学制度的一大变革，体现的是教学行为、管理机制的配套运行，并非只是简单地将学生的成绩换算成为学分来记载。因此，有必要培训管理人员，使他们充分认识实行学分制教学管理制度的优越性，并能熟练操作和运行学分制的管理过程。未来成人高等教育的教学管理将会普遍采用学分制。

三、普通高校成人教育合作办学与对外交流

我国普通高等学校的成人教育在适应经济、社会发展需要的同时，要在优化结构、提高质量和效益上下工夫。为此，有必要提倡各种形式的合作办学和发展对外交流。

(一)普通高等学校之间的成人教育合作办学

我国普通高校大多开办了成人教育，据1995年统计，其中有836所举办了函授、夜大学教育。普通高校的成人教育目前仍以学历教育为主，学历教育又以函授、夜大学教育为主，脱产的全日制成人高等教育规模很小。我国普通高校条块分割的办学体制，不仅制约着学校普通高等教育的发展，也不利于成人高等教育办学效益的提高。因此，提高普通高等学校及其成人教育的办学效益，有必要打破旧有体制的限制，开展校际间的合作办学，包括联合招生，联合办学；一校招生，合作学校协助办学；互相聘用教师及共享其他教育资源，增强办学的势力；互相开放课堂，增强办学的活力，等等，总之，合作的形式多样。

(二)学校与业务部门合作办学

普通高等学校与业务部门合作主办成人高等教育将有更大的发展。这种合作办学形式已在一定范围内和一定程度上存在，主要是一些普通高校在业务部门设立函授站，为部门培训人才。这些函授

站在行政上由业务部门领导，在业务上由主办院校领导。毫无疑问，这种合作形式还将继续下去。但是，普通高校与业务部门合作办学还需发展。这是因为当今世界的财富与繁荣越来越依赖于科学知识与技能，新的技术革命将加快21世纪经济与社会的发展。与之相适应，我国成人高等教育造就的人才模式，不仅应当是“应用型”的，而且更应当是“应用能力(技能)型”的。正因如此，业务部门与普通高校合作主办成人高等教育，有利于调整人才模式，并相应地变革教育模式，使普通高校成人教育培养的人才更好地适应业务部门的需要。

普通高校与业务部门合作办学，除了通过设置函授站或培训中心，进行长期合作主办学历教育外，还可由业务部门委托在普通高校开办脱产班。例如广西农业大学接受自治区人事厅、自治区乡镇企业管理办、自治区扶贫开发办和一些县、市的委托，开办了乡镇企业管理、乡镇经济管理、农业经济管理、农业贸易、会计、机电、种植等专业的脱产大专班。委培部门、单位与接受委培的学校密切合作，把学校教育与单位教育、社会教育结合起来，有利于确保培养规格的实现。普通高等学校与业务部门合作还可大力发展继续教育、岗位培训等非学历教育。清华大学等一些重点大学主办的厂长、经理培训班，有的也是属于合作办学。

(三)学校与企业合作办学

学校与企业合作办学，对企业界从业人员进行培训，是当今世界各国著名大学的一个显著特点。例如，美国企业和高校(主要是国立大学)联合开办“企业大学”，开设本企业急需的专业课程培训班，为职工提供进修和接受继续教育的机会。一些著名学府还专门制订了为在职人员提供的硕士和博士学位课程计划。英国的大学十分重视和工商界建立友好关系。他们认为，与那些现在和未来的用人单位建立密切的合作关系，对成人教育是至关重要的。因此，他们采取多种办学形式来加强和工商界的联系，包括签订工业合同，委托企业界人士在重点大学和学位委员会任职。

我国政府和高教界人士，多年来一直重视和提倡学校与企业合作办学。有的学校与企业建立了稳定的合作关系。学校为企业培训管理人员与职工，承担企业委托的科研课题；企业给予学校一定的投入，为学校提供生产实习基地。例如我国的石油企业迫切需要培养一批既具有雄厚的基础理论和广博的专业知识，又有较强综合应用能力的高层次复合型人才。中国石油天然气总公司人教局和勘探局，从1991年起就支持石油大学与各石油企业合作，为企业培养高层次复合型人才。经过5年的实验和探索，形成了“高层次复合型人才——在职工程硕士”一体化培养的新的办学模式，使成人教育与研究生教育相结合建立了学校与企业双导师联合指导，“教学、科研、生产”三结合，脱产培训、生产实践、研究论文三段式培养方法，取得了比较显著的社会效益和办学效益。① 又如湖南大学与上海碳素厂合作，共同培养多层次的应用型人才，包括共同培养在职研究生，共同开展继续工程教育等，合作领域正在不断扩大。

随着社会主义市场经济体制的建立和人才市场的发展，我国普通高等学校与企业的联系将会更密切，校企合作办学的前景越来越广阔。

(四)大陆高校与台、港、澳教育机构合作办学

台湾地区与香港、澳门地区伴随着经济的发展，教育事业也得到迅速发展。台、港、澳地区教育的主要特点是：教育投资的增长率高于生产总值增长率；都已普及九年制义务教育；十分重视职业教育；成人教育的重点是短期培训与继续教育；教育信息与技术也有其特点和优势。但是，大陆与台、港、澳在教育方面的交流与合作，远远滞后于经济方面的交流与合作。香港与澳门分别于1977年和1999年回归祖国，海峡两岸的统一也只是迟早问题。因此，大陆与台、港、澳地区在教育领域的交流与合作必将得到进一步加强，而成人教育的合作则更加有着广阔的天地。合作的形式可以多

① 齐高岱，等. 厂校合作培养高层次复合型人才的探索思考[J]. 中国成人教育，2015，(11)：32-33.

种多样：

（1）大陆普通高校与台、港、澳地区的普通高校联合招生、联合办学，做到教育资源共享，办学优势互补，学分互通，学历互相承认，促进各地高校提高办学质量与效益。也可以大陆普通高校或台、港、澳普通高校中的一方在另一方招生办学，另一方加以配合。

（2）大陆普通高校与台、港、澳地区的进修学校、培训中心等其他培训机构合作办学，发挥大陆高校的优势，为台、港、澳地区培训各种人才。

（3）大陆普通高校还可与台、港、澳地区的有关业务部门、专业学会及大型企业合作办学。上述各种形式的合作办学，既可以是学历教育，也可以是非学教育。无论是学历教育或非学教育，都要按国家及台、港、澳地方政府的有关规定，履行报批手续，并签订相应的合作办学协议，保证成人高等教育的交流与合作能正常进行。

（五）普通高校成人教育与外国教育机构的合作与交流

伴随着当今世界的经济竞争和文化碰撞，世界各国的普通高等教育和成人高等教育的国际化趋势也日益明显。这一趋势主要表现在以下三个方面：一是出国留学生的交换人数增加。日本、法国、德国、瑞典、比利时等国都积极采取措施，鼓励学生赴国外深造，并把它看成是提高本国高等学校教学、科研水平和高中后各种教育水准的重要途径。中国也执行“支持留学、鼓励回国、来去自由”的政策，支持出国留学。改革开放十多年来，我国派出留学人员已达20余万，跃居世界前列。中国政府鼓励留学生学成回国或采取多种形式为祖国服务；同时又接受外国留学生来华学习，如1990年我国通过政府途径接受外国留学生1745人，全年在校留学生共有3659人。此外，各高校还通过校际交流及其他民间途径共招收外国长期留学生4546人。以后来华留学人数逐年有所增加。

二是与教育有关的国际性专门机构的活动日益得到各国政府重视，专门研讨教育问题、特别是研讨成人教育问题的国际会议频繁召开。如联合国教科文组织，作为联合国的专门机构之一，其宗旨是："从教育、科学及文化方面推动各国之间合作，以促进对正义、法治及联合国宪章所确认的全人类不分种族、性别、语言或宗教，均得享有人权与基本自由之普遍尊重，以其对和平与安全有所贡献。"联合国教科文组织大会为最高权力机关，一般每两年开会一次。该组织于 1949 年、1960 年、1972 年和 1985 年先后召开了四次国际成人教育会议，加强成人教育的国际和地区合作，是国际成人教育会议的重要议题。其次是成立于 1973 年的国际成人教育组织，其宗旨是促进成人的教育和学习，推动人类社会文明和经济的发展，有 78 个国家和地区的成人教育组织参加，得到联合国教科文组织支持，它是唯一的世界性成人教育组织。该组织广泛开展国际联系和合作，其代表大会在 1973—1979 年每年举行一次，从 1980 年开始，每三年举行一次。国际成人教育理事会所属地区会员协会有：非洲扫盲和成人教育协会，阿拉伯教育、文化和科学组织，亚洲和南太平洋成人教育总会，加勒比地区成人教育委员会，欧洲成人教育局，拉丁美洲成人教育委员会等。此外，为了促进政治与文化方面的国际了解，1972 年的联合国大会一致通过了成立联合国大学的决议，经过三年筹建，联合国大学于 1975 年 9 月开课。这是一所不同于传统大学的、独特的院校中心。它没有校园、没有教授、没有学历教育，主要通过世界范围的联系机构、研究单位、学者个人和该大学的研究员组成的联络网，在世界不同地区组织讲习班和研究讨论会，发行出版物，为各国的决策者、科学家和学者提供信息。这是一个典型的国际性的开展高层次继续教育的成人教育机构。

三是世界各国普通高等学校之间以及普通高等学校成人教育机构之间的合作与交流日趋频繁与活跃。享誉全世界的美国哈佛大学，其成人教育也很有特色，且十分重视国际合作与交流。菲律宾马尼拉的亚洲管理学院是一所培训企业管理人才的国际性机构，这所学院得到美国哈佛大学与福特基金会的支持。如：哈佛大学提供博士、硕士执教，介绍哈佛大学个案讨论教学方式，致力于高质量的企业管理训练。美国的威斯康星大学的专家教授，不仅积极改革成人教育专业课程，在该校教学和科研上发挥了重要作用，而且还组织 20 多个国家从事成人教育比较研究，其研究成果为成人教育院系的教育实践与成人教育学会等研究机构的理论研究相结合指明了道路。1981 年新加坡国家电脑局与英国电脑学会商定，在新加坡联合组织考生参加英国剑桥大学高级水准电脑学科的考试，并给合格者颁发文凭。近年来，一些发达国家为了占领国际人才市场，在国外大办分校，其教学大纲、教材、考试、实验科目、奖学金制度等与本校的相同。所不同的是在校读书时间长、计算机和其他教学设备就地购置，部分教师在所在国选聘。

中国的高等学校进入 20 世纪 80 年代以来，与世界各国许多大学建立了联系，主要是在普通高等教育和科学研究领域进行合作与交流，成人高等教育领域的合作与交流才刚刚起步。华南理工大学国际经济技术与管理培训中心率先和美国的西北大学、肯尼迪西部大学、美国大学及国际大学 4 校联合举办工商管理学士(BBA)函授班，并于 1995 年 3 月正式开学。该学士班面向全国工商界在职人员招生。有高中以上文化和实践经验者报名申请经中美双方评审合格后，可在上述 4 所美国大学中的一所正式注册为该校学生。在国内接受华南理工大学国际经济技术与管理培训中心的函授与面授。上述中美合作举办 BBA 函授班，是中外普通高校合作办学的良好开端。

国务院关于《中国教育改革和发展纲要》的实施意见要求："进一步加强国际教育交流与合作，扩大教育对外开放，吸收与借鉴世界各国发展教育的成功经验和人类科学文化成果，积极开拓对外交流渠道，争取对我国发展教育的资助与合作项目，支持和发展学校和科研机构的国际学术交流与合作。"我国普通高校及其成人教育要坚持贯彻改革开放的方针，推进学校内部体制改革和深化教学改革，使其更好地适应国家现代化建设的需要。因此，普通高校成人教育的国际合作与交流，必将得到发展。

当代世界各国政府都在推进教育领域的合作与交流，但是，教育不同于其他行业，它承担着塑造国民灵魂和民族精神的特殊任务，事关国家的未来发展。因此，各国政府都十分重视对教育领域的国际合作与交流的管理。我国国家教委于1993年6月发布了《境外机构和个人来华办学合作问题的通知》，提出了“积极慎重、以我为主、依法办学、加强管理”的16字方针。

1995年2月16日，国家教委又公布了《中外合作办学的暂行规定》(以下简称《规定》)。对中外合作办学的范围和原则作了明确的规定：“中外双方可以合作举办各级各类教育机构，但义务教育以及国家有特殊规定的教育、培训除外；国家鼓励在职业教育领域开展中外合作办学；中外合作办学，必须遵守中国的法律法规，贯彻中国的教育方针，符合中国教育事业发展的需要和人才培养的要求，保证教育质量，不得以赢利为目的，不得损害国家和社会公共利益。”

《规定》还特别强调“中外合作办学机构设立的理事会或联系管理机构中，中方成员不得少于总人数的二分之一；合作办学机构的校(院)长或其主要负责人，必须由在中国境内定居的中国公民担任，并报审批机关核准”。这一规定确保了国家的教育主权。

《规定》还对中外合作举办学历教育的招生与学历证书的发放提出了明确的管理办法：“实施学历教育的合作办学机构的招生按中国有关规定，纳入国家招生计划统一管理；实施学历教育的合作办学机构，学生学习结束后，可发给写实性(修业)学业证书或经国家认可的相应的资格证书。”

上述国家教委下发的《通知》与《规定》两个文件，对中外合作办学提出了总的方针，规范了实施的过程；同时，又为发展中外教育领域的合作，尤其是职业教育与成人教育领域的合作开辟了广阔的道路。

我国普通高校成人教育发展对外合作与交流的内容和方式应当是灵活多样的：

(1)可以与有关国家的高校及其他成人教育机构和研究机构建立稳定的关系，合作双方可以交流成人教育改革与发展的基本情况、经验及新的举措和发展趋势，以利相互借鉴。

(2)可以与有关国家的高校及其他成人教育机构合作办学。既可合作举办学历教育，互相承认学分和学历证书；也可合作举办非学历教育，开展各种短期培训。中外普通高校合作举办成人教育，应当以继续教育和高层次培训为主。

(3)可以合作开展师资与管理人员的培训，或互派留学人员和访问学者，或合作开办师资与管理人员培训班，或直接互聘教师任教，采取多种形式，促进彼此的师资队伍与管理队伍建设。例如英国的开放大学与湖北大学合作，在湖北大学建立成人高教英语师资培训中心，便是这种合作的形式之一。

(4)开展学术交流。可以是合作双方的学术交流，也可由合作双方共同举办国际学术会议，交流成人教育理论与实践方面的研究成果。还可进一步直接合作开展成人教育理论与实践的研究，促进成人教育学科建设和专业建设。

(5)交流从经验中获得的信息和数据，交换软件或联合开发软件。尤其要重视教育信息技术的研究、开发与引进。

推进和发展普通高校成人教育的国际合作与交流，关键是高校的领导要有跨世纪的教育意识或现代教育意识。主要是：要树立终生学习的教育思想。当代社会成员要使自己始终处于适应发展着的社会需要的位置上，就必须坚持不断学习。为此，高校的领导必须树立终生教育思想，以适应成员终生学习的需要。成人教育是传统的学校教育向终生教育发展的一种新型教育制度，只有学校领导重视成人教育，将其摆在应有的位置，才有可能推动成人教育的国际合作与交流。国家教育委员会《关于改革和发展成人教育的决定》指出："成人教育是当代社会经济发展和技术进步的必要条件。"社会发展呼唤着成人教育；归根到底，社会发展的需要是高等学校及其成人教育赖以生存和发展的基础和动力。高校的领导要重视建立一种对社会变化反映较为灵敏的办学机制，促进高校与社会的联系。而发展成人高等教育以及推动其国际合作与交流，是建立上述办学机制的极好途径。要树立开放办学的思想：既向国内开放，又向国际开放，使我国高等教育建立起一个面向社会，放眼世界，兼收并蓄，博采众长的开放体系。在这个开放体系中，成人教育有其特殊的地位和作用。上述终生教育思想、适应社会的教育思想和开放办学的思想，是"现代教育意识"的基本内涵。高校领导的现代教育意识，是发展高校成人教育国际合作与交流的前提性条件。

世界各国教育的“发展应该是土生土长的。不过，一个国家也许还需要有外来的刺激，而且外援在一段相当长的时期内恐怕还是发展中的一个必要的组成部分”①。这段话揭示了当代世界各国教育，尤其是成人教育发展的普遍规律。我国普通高校成人教育的发展主要靠自身的力量和智慧；但是，参与国际合作，开展国际间的交流，争取外援，也是必不可少的。可以预期，我国普通高校成人教育的对外合作与交流在“九五”期间将有突破性进展；进入21世纪之后，这种合作与交流将会更为广泛和更为活跃，这是我国成人高等教育“面向现代化，面向世界，面向未来”的必然趋势。

① 联合国教科文组织国际教育发展委员会. 学会生存——教育世界的今天和明天[M]. 华东师范大学比较教育研究所，译. 北京：教育科学出版社，1996：279.

普通高校成人教育管理理论与方法

管理是人类不可缺少的重要活动。随着当代共同劳动规模的日益扩大和劳动分工协作更加精细，社会化大生产日趋复杂，管理就更加重要了。在教育领域里，随着教育的战略地位的确立，人们越来越重视教育管理。管理学已成为我们国家确认的新的学科门类之一。

重视管理，就要重视管理的科学化，重视管理理论的学习和运用，提高管理效率，更好地实现管理目标。

“管理科学化”是指管理活动遵循客观规律，采用科学方法，进行高效管理。它是现代管理发展的趋势。其内涵包括四层意思：①管理工作遵循管理对象的身心发展规律和管理活动自身的运行规律；②管理方法适应管理对象与管理内容，因而是科学的；③管理工作能实现高效率和高效益；④管理模式具有普遍性和动态性，既普遍地实行科学管理，又使管理成为日益科学化的过程。

普通高校成人高等教育“管理科学化”的基本内容包括：管理思想理性化、管理决策科学化、管理体制合理化；管理方法高效化。下面分别加以说明：

一、管理思想理性化

管理思想理性化，就是要以科学的理论武装管理人员的头脑，以科学的理论指导管理实践活动，即认真贯彻体现成人高等教育管理科学理论的路线、方针和政策。

以科学的理论武装头脑，对担任一级领导工作的成人教育院(处)长而言，首先要有一定的马克思主义的理论修养，要懂得建设有中国特色的社会主义理论，要了解市场经济及其对教育的影响。能坚持把正确的政治方向放在教育管理工作的第一位。

其次，要懂得教育理论，重点是了解成人教育理论，包括终身教育理论、成人教育学、成人教育管理学、成人教育心理学等，具备成人教育的一般理论知识，懂得成人教育的一般规律。

再次，要熟悉并深刻理解和全面贯彻国家的教育方针，尤其要学习和贯彻国家关于改革和发展成人教育的方针和政策。国家制定的教育方针和成人教育改革与发展的方针、政策、法规，都是以前述科学理论为依据的。因此，科学的管理要求认真贯彻成人教育的方针、政策和法规。

以上是对所有普通高校成人教育学院院(处)长的理论水平(包括政策水平)的起码要求，如果不是双肩挑，而是专职的就应该多学习、研究一些成人教育方面的理论，向学者型管理人员的方向发展，成为成人教育方面的专家。

普通高校成人教育学院院(处)长的政治理论水平和专业理论知识水平，对提高成人教育管理水平和管理质量，实现管理科学化有着十分重要的意义。

例如现代管理同信息关系很密切，有一种说法，即管理的艺术在于驾驭信息。① 现代管理理论肯定信息是一种重要的资源。我们这里讲的是“管理信息”。所谓“管理信息”，是指反映管理活动状态、特征及其发展变化的各种消息、情报、资料等。成人高等教育管理的各种信息资源，包括相对静态的信息如行政文件、教学文件、长期和永久性档案材料等和动态的信息如工作计划、工作检查与总结材料、情况反映、通报、简报及外部动态等。懂得这方面现代管理知识的同志，一般都重视信息的吸收、储存，并将其作为预测的基础、决策的前提和进行管理活动的依据，体现了较先进的管理水平。我们也常常听到这样的抱怨，说“我们那里很闭塞，信息

---

① 严学丰、夏键明. 新编管理学[M]. 北京：立信会计出版社，1995：1-10.

不通，管理水平提不高”，一般说来，这种说法不能说毫无道理。但对我们普通高校成人教育管理来说，主要不是“闭塞”问题，因为在运用电子技术传递信息的时代，地球已成了小小的村庄，信息的沟通与吸取已不成为问题，问题在于不懂现代管理理论，不理解信息在管理中的重要性，不重视信息的吸收、储存与运用，因此也就谈不上管理的科学化。

又如在市场经济条件下，大多数学校能坚持正确的办学方向，但也有的学校、有的人举办成人高等教育的目的实际上是为了创收，只讲规模，不讲质量，这里既有办学指导思想不端正的问题，也有理论上步入误区(如“教育商品化”等)和政策水平不高的问题。这样的成人教育管理不可能是科学的。

很多事实说明：科学的管理必须有科学的理论做指导；没有科学理论指导的实践是盲目的实践，这样的管理不可能有好的效率和效益。

二、管理决策科学化

(一)决策的含义

管理科学化离不开管理决策的科学化，成人高等教育的管理也莫不如此。

管理决策是人们为实现一定的管理目标而制定行动方案，进行方案选择并准备方案实施的活动，是一个提出问题、分析问题、解决问题的过程。如将4000人规模定为发展的目标，如何发展，因层次结构、专业结构的不同，可以有不同发展方案(思路)，管理决策是管理行动的基础。我们可以说：没有决策也就没有合乎理性的行为。因此，我们又可以说：管理就是决策，管理的核心是决策，管理的首要职能是决策。决策必须有明确的目的，即要解决的问题必须是十分明确的，不能模棱两可。决策不仅要确定目标，还要有实现目标的实施方案。决策的前提是寻求若干个方案，最终要从若干可行方案中选择一个较为合理的方案。如针对评估中提出的问题进行整改的目标应当是明确的，实施方案也是可行的。

从决策的含义可以看出决策在管理活动中的重要地位和作用。我们在成人高等教育管理中决策的正确性和科学性对管理活动如招生计划、课程与教学、学分制方案等的成败起着决定性的作用。

(二)决策的分类

在管理活动中，根据解决问题的性质和内容不同，决策可以分成许多不同的种类，管理者需要从不同层次和侧重面把握各类决策的特点，以便根据决策问题的特征，按不同的决策类型，采取相应的方法，作出正确的决策。普通高等学校成人高等教育管理过程中的决策也是如此。

(1)根据决策的重要程度，决策可分为战略性决策、管理决策和业务决策。

战略性决策：指关系到学校成人高等教育发展方向和远景的全局性、长远性的决策，是学校的宏观决策，决策权在校领导。

管理决策：是执行上述战略决策过程中的战术决策。主要包括学校成人高等教育资源配置问题、教学计划及管理工作计划、经费的筹措与预算、设备更新等，可称为中观决策，决策权在校、院两级。

业务决策：是日常管理业务活动中，为提高培养人才的质量、提高工作效率，合理组织教学和管理活动进程等而进行的决策。这类决策操作性强，时限明确，属于微观决策，决策权在成人教育学院(处)。如科室人员安排、职责划分、教改试点、面授和其他教学环节的落实等。

战略决策、管理决策和业务决策是决策体系中不同层次的具有从属关系的三类不同决策，相互依附又相互影响。上一层次的决策是下一层次决策的依据，下一层次的决策是上一层次决策的实施。但是，上下两个层次之间有时没有绝对的明晰的界限，与管理体系中的不同的管理层次也不一定是对应的关系。相反，为了提高管理者的积极性，提高决策质量，三个不同层次的决策在组织管理的三个不同层次上可以有适当的交叉。其关系如附图 1 所示：

管理层次	决策类别
最高管理层（宏观）	战略决策
中间管理层（中观）	管理决策
初级管理层（微观）	业务决策

图 1　管理决策系统

普通高校成人高等教育管理决策在组织管理不同层次上的交叉是常有的事。例如：学校成人高等教育发展规划是学校教育事业发展规划的一部分，是由学校统筹决策的。但成人教育的发展规划又往往由职能部门成人教育学院（处）提出方案，有的还参加校部的决策会议，实际上参与了决策。又如教学环节的落实，教学质量的检查与评估的有关文件的制定与实施，均系职能部门的事，但有的文件需由学校签发。这里的决策又有交叉的问题。

(2)按决策的重复程度，决策可分为程序性决策和非程序性决策。

程序性决策，也称规范性决策，是在日常管理工作中以相同或基本相同的形式重复出现的决策。这类决策问题已经可以采用计算机软件进行，决策者只需输入相关数据，即可得出结论，作出决策。例如每年的招生计划、集中面授的教学计划、自学考试的管理等的决策，就是程序性决策。

非程序性决策，也称一次性决策。这种决策具有极大的偶然性和随机性，很少重复发生，具有大量不确定因素，又无先例可循。解决这类决策问题，往往需要依靠决策者本人所具有的经验、知识、洞察力和敏锐的思维。例如考场失控的处理、非学历教育中最活跃的部分(按需施教部分)，其培训方案的决策等属于非程序性决策。

(3)按决策目标和决策方法，决策可分为计量决策和非计量决策。

计量决策，即定量决策，决策目标有准确的数量规定，可以采用数学方法作出决策。例如成人高等教育的发展规模、教师与管理人员的编制以及教育技术装备即硬件建设等，可以采用计量决策。

非计量决策，也称定性决策。此种决策难以用数量来表示目标，主要依靠决策者的分析判断进行决策。例如培养规格的确定，教师队伍建设、干部队伍建设。或者只能用定性决策，或者定性与定量决策相结合。采用后者的较多。

(4)按决策的可靠程度，决策可分为确定型决策、风险型决策和不确定型决策。

确定型决策。各种可行方案所需的条件是已知的和肯定的，一个方案只有一种结果。这种决策一般可以运用数学模型求得最优解，如成人脱产班的招生规模等。

风险型决策。决策所面临的自然状态是一种随机事件，各种可行方案所需的条件存在着不可控的因素。因此，一个方案可能出现几个不同的结果，决策存在着风险。

不确定型决策。客观上存在两种以上的自然状态，各种可行方案出现的后果是不确定的，完全靠决策者的经验、感觉和估计来作出决策。

系统部门有计划地委托普通高校开展的人才培训属于确定型决策；面向社会的招生办学，有的在招生准备阶段投入较大的，可能成为风险型决策或不确定型决策。

我们在管理工作中的决策，先要明确决策的类型，然后采取相应的程序与方法。

(三)决策的体制

决策的体制一般包括三个部分：信息系统、智囊系统和决策系统。

1. 信息系统

科学的决策离不开信息，故首先要建立起有效的信息系统与基本统计系统，收集、统计、存储、检索、传输、提供有关的情报资料。档案室、资料室、微机室、统计部门及各种协会或研究会等，形成信息网络。

2. 智囊系统

智囊系统是设置在各级决策机构内为决策服务的咨询机构。建立智囊系统要充分注意系统的智力构成，在给予决策咨询委托任务后，还要给予智囊机构充分的独立性与研究工作的自主性，以充分发挥研究人员的独创性和保证决策方案的客观性。有的高校建立了成人教育研究所、成人教育研究中心或成人教育研究室或成人教育教学委员会等，成人教育研究机构既承担科学研究任务，又对职能部门的决策起咨询作用。

3. 决策系统

决策系统是科学化决策体制的核心。一般由行政领导班子组成。这个班子的成员应当是多谋善断，并能同各级智囊系统、信息系统建立密切的联系，保证能及时对有关问题作出正确的决策。上述决策体制的三个组成部分及其相互关系如图 2 所示。

图 2　决策体制图示

(四)决策应遵循的原则

科学的决策还要遵循以下原则：

1. 系统原则

决策对象是一个人造系统。运用系统理论进行决策，是科学化决策必须遵循的首要原则。有的学校成人教育规模过大(失控)，从决策上看，违背了系统原则。有的管理措施不能落实，从决策上看，也可能是忽视了系统性原则。

2. 信息原则

信息是决策的基础；遵循信息原则可增强决策的可靠性和对环境的适应性。有的学校转移办学资格还在有关会上作为经验介绍，说明这种“转移办学资格”的所谓“联合办学”的决策是违背信息原则的。现在更多的学校把成人教育管理的重点放在抓教学质量上，这样的决策完全符合信息原则。

3. 可行性原则

决策要符合决策对象即普通高校成人高等教育管理活动发展的客观规律；要充分考虑到需要与可能；目标明确而合理，具有可操作性。例如，笔者几年前就提出了成人高等教育实行学分制的问题，至今未进行试点，有的学校进行了试点，也不太理想，原因是认识上未跟上，管理手段跟不上。尽管方向、目标是对的，但缺乏现实的可行性。

4. 效益原则

办学也要讲效益，要兼顾社会效益与经济效益。但办学效益与企业和其他经济实体的效益不同，企业和经济实体也要兼顾社会效益与经济效益，落脚点是经济效益；而我们的办学则始终要把社会效益放在首位。

5. 创新原则

创新在决策中极为重要。我们可以说：“没有创新就不成其为决策。”决策一定要有创造性，只有这样才能激发管理人员的积极性。例如武汉水电大学成人教院设立教学科研基金(5万元)，资助教师与管理人员进行课程改革与教学管理研究；荆州高等师范专科学校的函授教学管理体制贯彻“责、权、利一致”的原则等，很有创造性。

6. 民主原则

这是发挥集体智慧、集思广益的原则。在当代，传统的个人决策体制已经瓦解，重要的决策越来越多地采取集体讨论，在充分发扬民主的基础上进行决策的形式，例如召开全校性成人教育工作会议、全院(处)干部会议进行研讨，或采取其他民主形式进行决策。

(五)决策程序

重要的决策其决策程序一般包括：确立目标、收集信息(查阅文献资料、调查研究等)、设计方案、评价各方案、选择方案(决策)，然后就是执行与反馈。科学的决策在管理工作中会形成良性循环。例如我们面临的是教育技术革新的时代，在本校如何“革新”，可按上述程序决策。

三、管理体制合理化

(一)管理体制的含义

管理体制是指国家机关、企事业单位的机构设置和管理权限划分及相应的制度。这里讲的管理体制是指普通高校内部成人高等教育的管理体制，它包括机构设置、职责划分、制度建设。所谓“管理体制合理化”，是指机构设置合理，职责明确而又合理，管理制度健全而又切实可行。

(二)机构设置合理

管理机构设置合理是指管理机构的级别和人员编制与办学规模相适应。

至今国家教委对普通高校成人教育管理机构设置只提出了“纳入学校的总体规划，进行统筹安排”的原则要求，对什么是“与办学规模相适应”未作明确的规定。根据一般的经验和现有的实际情况，办学规模在1000人以内者应有独立的科级机构管理；办学规模达1000人以上3000人以下的应有处级机构；超过3000人的应有院级机构管理。“办事高效、运转正常、行为规范”是设置机构应遵循的原则。

设置院(处)级机构的，下面的科室机构设置也要合理。

(三)人员编制合理

关于人员编制中央教育行政部门有明确的规定，即1963年10月28日下发的[(63)教业刘字第62号]文件，《关于全日制高等学校举办的函授部和夜大学人员编制暂行规定(试行草案)》，除了规定了教师的编制之外，对管理干部的定额作了如下的规定：

①函授部管理人员规定：函授生在300人以下的，配备行政干部2~3人；

②函授生在300~2000人的，除其中每300人配备行政干部2~3人外，其余部分，按300~500人配备一人，超过2000人的，其超过部分，按600人配备一人。

夜大学管理人员的规定，按夜大学全部学员人数计算，学员在100人以下的，配备行政干部1人；在100人以上的，按100人至150人配备一人。按照上述规定，一个学校若有函授生5000人(12人)，夜大生1000人(9人)，可配备管理人员21人。

上述函授、夜大学行政干部定额的规定，是在60年代初经过贯彻"调整、巩固、充实、提高"的八字方针以及《高教六十条》颁布之后制定的，是在教学秩序比较正常的情况下公布的，有他的合理性和科学性，不少学校在定编时仍参照这个文件执行。

1985年7月，国家教委下发了《普通高等学校人员编制的试行办法》，即[85教计字]090号文件，这个文件规定普通高等学校举办的夜大学的教职工和学生的比例在1∶15到1∶20的幅度内安排；函授专职的教职工和学生比在1∶20至1∶50的幅度内安排，同样按(5000+1000人)6000人规模算，可配备教职工100~150人。未对行政人员的编制作具体规定。但对承担高等教育自学考试任务的学校，根据工作的内容、范围不同，可配备专职工作人员三至七人。全国高等教育自学考试指导员委会各专业委员主任所在院校，可根据制订专业考试计划、组织编写课程考试大纲、教材，开展考试研究等情况，配备专职工作人员2~4人。

关于成人脱产班的管理人员编制没有明确规定。在实际操作过程中，可按照统一的口径计算出学生数，再参照[(63)教业刘字第62号]文件的规定，结合现在是否采用计算机管理等情况来确定行政人员的编制。

(四)权限与职责划分合理

有了合理的机构和相应的人员编制，还要明确划分权限和职责，一般是由学校颁布有关条例来明确校级管什么，成人教育职能部门管什么，其他部门怎么配合。一般的职责划分是：

(1)校级职责：

①负责和指导在全校教师、干部和职工中宣传贯彻成人教育的方针和政策；

②正确处理普通高等教育与成人高等教育的关系，对成人教育的发展规模、专业设置、机构编制、基建项目等纳入学校的总体规划统筹安排；

③通过制定条例或其他规程，明确成人教育职能部门、其他有关部门和各院、系办学实体的职责；

④定期听取成人教育职能部门的工作汇报，并对经常性管理工作中遇到的重要的和普遍性的问题作出决策和指示；

⑤表彰和奖励优秀成人教育工作者(包括教师、干部和职工)，激励他们搞好成人教育工作，并使之制度化。

(2)成人教育学院院(处)级职责以服务为宗旨，具体内容有：

①在主管校长领导下，具体贯彻执行国家关于成人教育的方针、政策和法规；

②协助学校制定本校成人教育发展规划并具体组织实施；

③归口管理和指导全校成人教育的专业申报与专业建设；

④统一管理招生工作；

⑤归口管理教学工作，包括指导编制和审定各专业教学计划、大纲，修订教学计划、大纲，负责教材资料建设和管理，检查教学计划落实情况，评估教学质量，推进教学改革；

⑥归口管理学籍和验发毕业证书；

⑦负责组织并实施对学员的政治思想教育与职业道德教育工作；

⑧与人事部门配合，抓好成人教育师资队伍与管理干部队伍建设；做好教师聘任工作；

⑨组织干部和教师开展成人教育教学与管理方面的科学研究工作，努力提高管理水平；

⑩负责同地方业务部门的联系工作和函授站的管理工作，拟订或审查对外办学协议书；

⑪配合学校财务部门合理使用经费，提高办学的社会效益和经济效益；

⑫对各项工作要组织制定相应的规章制度。

(3)各院、系办学单位的职责：

①负责学生的思想政治教育和职业道德教育；

②根据上级部门的有关精神和社会对人才素质结构的要求，编制专业教学计划、课程教学大纲，编写或指定教材；

③配备教师和相应的管理人员实施专业教学计划，落实各教学环节，深化教学改革，保证教学质量；

④配合学校成人教育职能部门作好招生计划、学籍管理等工作；

⑤院(系)务会议要定期研究总结成人教育工作，及时解决本院(系)成人教育存在的问题，确保本院(系)成人教育的健康发展。

主办函授教育、设有函授站的学校，其函授站要按照国家教委教成[1993]12文件《普通高等学校函授教育辅导站暂行规程》履行职责。

在成人教育学院(处)内部，各部门、科室也要有明确的分工，所有管理人员要实行岗位责任制。年终的工作总结和干部考核就是要检查总结履行岗位职责的情况。

具备上述各个要素，管理体制就有可能趋于合理。检验管理体制是否合理的标准，主要看管理效率。

四、管理方法高效化

(一)管理方法高效化的含义

这里讲的管理方法，不单是具体的操作问题，它包含和体现管理人员的思想和工作态度。所谓管理高效化，包含两层意思：

(1)管理效益高。也就是要遵循“管理效益原理”，来追求实现成人教育系统的目标，尽可能满足系统的需要，取得管理的更大效益。这是现代管理的基本原理之一，其实质是揭示管理的目标与效果之间的本质联系。它是成人教育活动的目的性和社会对培养规格检验结果的体现。普通高校成人高等教育的管理效益，通常包括：①目标效益。即实现教育目标的程度与人、财、物(即教育资源)消耗之比，是我们的管理效益的直接标志。②需要效益。一般说来，人类的一切社会活动都是为了满足社会与个人一定的需要，成人教育及其管理也是如此。满足程度如何，尤其是满足社会需要程度如何，是衡量我们的管理效益高低的重要尺度之一。③经济效益。指获得的使用价值与所消耗和占用的劳动及资源之比。本来追求经济效益是社会主义市场经济的基本规律的根本要求。经济效益的实质，是用尽可能少的活劳动和其他物质资源，创造出尽可能多的使用价值，以满足人民日益增长的物质文化需要。但是，教育活动不同于一般的生产活动，教育机构不同于企业这样的经济实体。对物质生产而言，教育的作用是间接性的，即是通过人力资源开发和劳动力的再生产来促进生产和经济的发展。因此，教育的直接目的是培养人，是提高劳动者的素质，而不是经济上的赢利。教育需要投入，而且为了保证教育质量，还必须通过多渠道筹集经费来保证必要的投入，以此来保证人才培养的质量。举办成人教育也可能赢利，但其赢利也主要用来改善办学条件而不能以营利为首要目的。所以，我们举办成人教育一定要把社会效益放在第一位。

(2)管理高效化的另一层意思，是指单位时间内追求管理活动的高效益，在现代管理学中叫管理效率原则。在管理活动方向正确的前提下，效率是效益的关键和基础。高效的管理者把效率看作生命。效率原则是效益原理的应用。

(二)如何实现“管理方法高效化”

在说明了“管理方法高效化”的概念之后，就要进一步具体研究如何使“管理方法高效化”的问题。

1. 重视和加强对管理人员的思想教育和职业道德教育

管理干部要有爱岗敬业的精神，这是实现“管理方法高效化”的内在动力，是管理人员的积极性与创造力的源泉。

2. 要形成合理的激励机制

激励，心理学术语，是指激发人的动机的一种心理过程。该过程的模式可以表示为：需要引起动机，动机导向行为，行为又指向一定的目标。其基本过程可如图 3 所示：

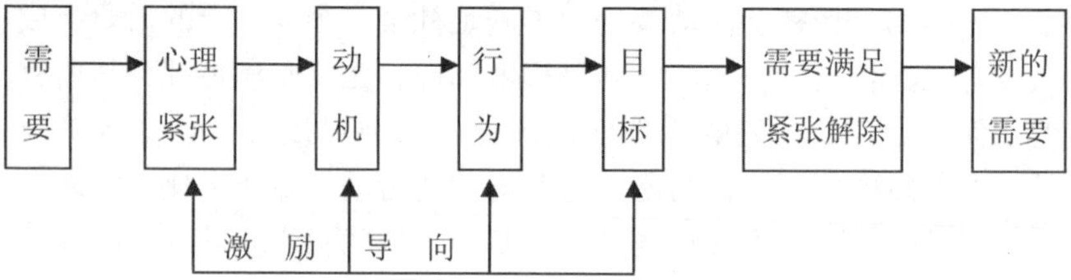

图 3　激励的导向作用

从图 3 中可以看出，当目标达到之后，需要得到满足，心理紧张状态解除；当产生新的需要之后，又会引起动机……如此循环往复，使管理人员在一定的内部和外部刺激的影响下，始终保持在一种兴奋状态之中，这样就可以达到管理所需要的调动人的积极性的目的。

人的需要包括两个方面：精神的和物质的。这两种需要是必不可少的。

精神需要包括：①有明确的奋斗目标；②使用干部要贯彻“人尽其才”的原则，使其能充分施展才能，从而获得满足感；③客观、公正的评价；④必要的鼓励与表彰；⑤和谐的人际关系和良好的工作环境等都从精神上使人得到满足。

物质的需要是不言而喻的。人的物质需求是无止境的，而客观上能满足的程度又总是有限的。因此就需要正确处理国家、集体与个人的关系。在学校内部，就要正确处理学校、学院(处)与个人的利益关系，充分调动各方面的积极性。

3. 提高管理人员的素质

分领导者与一般干部两方面谈：

(1)提高院(处)级领导干部的领导艺术。领导是一门科学(叫领导科学)，又是一门艺术。实现领导的职能，既要有科学的方法，又要有相应的领导艺术。

什么是“领导艺术”？现在有各种各样的说法。我们认为，领导艺术是在一定科学知识和经验基础上的并与领导者的创造性与工作的实效性密切相关的综合性领导技能。简单地说，领导艺术是领导者必备的综合性的领导才能。领导的这种才能，并不只是表现为领导者对事业的忠心，主要表现为能运用已有的经验和知识，从大量复杂的事物中把握住最有决定意义的东西这样一种能力。领导艺术有如下几个特征：

①经验性。表现在两个方面：第一，领导艺术的基础是领导者的阅历、经验和知识，是由丰富的领导经验提炼、升华而成的；第二，领导艺术不是规范化、系统的知识，而是非模式化的技能，领导艺术的运用不是按逻辑顺序和逻辑规则进行理论推导，而是靠直觉判断分析和处理事情，不可避免地带有经验的痕迹。

②随机性。科学的决策是“程序化决策”。但是领导者在实际生活中要处理的问题，大多是随机性事件，需要依据特定的时间、地点和条件，随机应变地进行思考和处理，而程序性决策方法常常对这类随机事件的处理显得无能为力。因此，领导艺术主要表现在随机决断的能力上。如联合办学的谈判及办学过程中出现的问题、教学过程出现的诸如考试失控之类的问题、学生之间的纠纷和偶发事件等，都能得到及时有效的处理。

③创造性。由于领导艺术的经验性、随机性，因而又具有极强的灵活性，并且还需要原则性和灵活性的统一。寻求这种“统一”就需要有创造性。创造性是领导艺术的生命。一般人思考和处理问题是按常规办事，轻车熟路，不冒风险，稳当可靠。但事实上最需要的是敢于超越常规、勇于创新、开拓前进的领导者。成人教育也不例外。不过教育领域的创新不能违背教育规律，创新应当是以对教育规律的新的认识为前提。也就是说，创新是建立在对规律的认

识这样的科学基础之上的。如果凭经验、信息和思考形成了某种设想，但尚无把握时，可以先搞试点，如学分制教学管理制度、各种正规培训等。

领导艺术千姿百态、丰富多彩。要对领导艺术系统分类，全面论述，是很困难的。不过，我们还是可以粗略地从两个方面进行分类：

第一，从实现领导职能既要有领导科学又要有领导艺术的角度分析，领导艺术有调查研究艺术、科学决策艺术、预测未来艺术、组织的艺术、思想政治工作的艺术，等等。其中的每一种领导艺术也是丰富多彩的。

第二，从领导者的变通能力和工作效率的角度分析，领导艺术有用人的艺术、处理事件的艺术、支配时间的艺术、指导改革的艺术，等等。

在众多的领导艺术中，对领导者来说，在科学决策之后，最重要的是“用人的艺术”，也就是要善于组织干部、群众并充分调动他们的积极性，去贯彻实施决策。这是领导工作的头等艺术。

我们认为成人教育学院院(处)长手下有一批人，也有一个如何用人的问题，在用人问题上要注意以下几点：

(1)坚持德、才兼备原则。各校成人教育学院院(处)级干部由学校选拔任用，校领导应当贯彻这一原则。但院内的其他干部的进、出和使用，成人教院院(处)长是有一定的权力的。首先要把好进口关，不能搞照顾；应尽可能接纳对成教工作理解、重视、热心于成教工作的干部，参与成教管理工作。②要“用人之长，舍人之短”。“金无足赤，人无完人”，选贤用才，不能求全。但实际安排工作时，应当“扬长避短”，使其各得其所。成人教育学院院(处)长手下也有“关、张”，在使用他们时，也应该扬长避短。③对人才的使用要给予充分的信任，放手让他们在工作职权范围内自主地办事。对人才只使用不信任，必然会压抑人才的积极性。特别对那些敢于提意见，敢于开展批评，包括批评过自己甚至批评错了的人，更要注意团结他们，并要给予信任。

此外，作为成人教育学院的院长或成教处长，协调人际关系的艺术也是很重要的，主要是：①增进友谊，减少摩擦。同事之间

(包括上下级)的真诚的友谊是协调人际关系最好的滑润剂。我们讲的友谊，是以共同事业为基础的。只要是在共同目标下建立起来的真挚的友谊，有了矛盾可以“大事化小，小事化了”。没有友谊就可能无事也会生非，矛盾会日趋激化，建立友谊的艺术，现在连西方的资本主义企业、事业单位也很重视。如美国某公司的总经理经常骑车巡视工厂，和工人打招呼，开玩笑，称兄道弟。结果三年中几乎未增加投资，生产率就提高了80%。资本主义国家尚且如此，何况我们是社会主义国家。真诚的友谊，会促进人们合作共事。可惜的是，友谊的这种潜能与优势并没有都得到发挥。十年内乱的“残酷斗争，无情打击”，亲痛仇快，同事之间关系搞得很紧张。这些年来，有些干部滋长了拜金主义，以权谋私，造成人与人的关系逐渐淡漠起来，这是应当引以为戒的。

一个好的领导干部，既要管事，又要容人。管事就是要有敬业精神，不仅自己要有这种精神，还要帮助同事、下属都要树立这种精神。体现在日常工作中，就是对工作不能马虎，要严格要求；对工作中的失误一定要正视，该批评的要批评，该处理的要处理。处理问题重在对事，一般是“就事论事”，对人要宽容，不要因一件事而对人产生成见。管事与容人结合，这是很好的，也是必备的领导艺术。

(2)重视干部队伍素质的提高。要使我们普通高校管理方法高效化，还有赖于整个管理干部队伍素质的提高。提高的办法除把好“入口”关以外，主要有：①在工作实践中锻炼提高。这就要对干部的工作有明确的分工和要求，要帮助干部总结工作，促进工作的良性循环。这样既能搞好工作，又能培养提高干部。这是培养提高干部的主要途径。②组织干部学习马列主义、毛泽东思想和邓小平理论，学习成人教育的专业理论知识。③组织干部开展科学研究。④有计划地送出去培训或在职系统提高。⑤要相对稳定干部队伍。总之，要使我们的管理机构成为学习型的组织。

(三)管理手段的选择与运用

管理手段，是管理者为实现一定的管理目标所采取的方法和措施，是管理主体作用于管理客体的媒介物质，是实现管理目标的必要条件。管理手段是多样的。管理者尤其是主管人员要善于选择和综合运用各种管理手段，以此提高管理效率。管理手段主要有以下几种：

(1)法规手段。指通过政策、法律、法令、条例、规程、规章制度及规范性文件的贯彻执行，以保证管理工作健康有序地进行。普通高校成人教育的法规和制度包括国家的、地方的(主要是教育行政部门)、学校的和成人教育学院内部的。尤其是后者，要根据上级的有关精神，完善各项规章制度，做到办事有法可依、有章可循，使管理工作法制化和制度化。

(2)行政手段。指行政机构和领导者运用权力，通过强制性的行政命令等直接对管理对象产生影响，按照行政系统和层次来控制管理活动，它是实现管理目标必不可少的手段之一。但是，采用这一手段，必须与法规手段结合起来，即行使权力必须有法规依据。这与官僚主义、命令主义是不同的，且官僚主义的命令主义是无济于事的。对一些明显违反政策法规、造成不良影响的行为，一般采用行政手段进行管理。

(3)组织手段。指通过群体的力量来影响个体，以实现管理目标。这里所指的组织包括行政组织、党的组织、工会的组织和学术性团体等，即通过各种组织形式的活动来激发大家的积极性。

(4)经济手段。指依照有关规定，通过奖勤罚懒、合理使用奖酬金等经济手段来调动管理人员的积极性。经济手段是很重要的手段，但不是唯一的，更不能迷信它。

(5)宣传教育手段。主要指管理者采用思想政治工作方式，沟通思想，促进彼此的理解，激发个体的工作热情。这是我们的传统和优势，在管理工作中有其不可替代的特殊作用，任何时候都不应该忽视。

(6)咨询顾问手段。指用专门的知识和技术，通过群体和个体的智能结合来解决管理中出现的比较复杂的问题。如管理体制、课程结构调整与改革、教学管理制度(如学分制和教考分离制等)都需要集思广益，发挥“智囊团”的作用，谨慎决策，提高决策质量与效益。

(7)学术手段。指对管理中遇到的难题或需要特别推动其改革与发展的问题，通过立项开展研究这样的学术手段，来控制管理过程，促进管理目标的实现。如函授站的管理、考试管理、教学改革等。

(8)信息手段。指在管理活动中运用信息的观点和理论分析研究本单位管理系统的运作情况，以达到控制管理活动的目的。每一个管理过程都包括物质流(如人、财、物)和信息流(多种渠道获取的)两种性质的运动，管理部门的职责就是要通过信息流来控制物质流。即根据各种信息来配置教育资源。

(9)信技手段。采用电子计算机管理，实现管理手段规范化、现代化和高效化。

中外教育史和当代各国教育发展现状说明：世界上不存在超越时代、超越国度的永恒的教育模式和管理模式。我国普通高校成人教育的发展模式和管理模式也不可能是僵滞不变的。但是，基本规律又是客观存在。我们的任务就是要获得对成人教育管理的规律性的认识，从而在管理实践中减少盲目性，提高管理水平与管理效益。

1997 年 3 月

普通高校成人高等教育课程问题理论思考的逻辑起点

一、背景

我国普通高校的成人高等教育是我国高等教育整体格局中的重要组成部分。据 1997 年统计，全国有高等院校 1984 所，其中普高校 1022 所，占 52%；成人高校 962 所，占 48%。全国高校招生 208.5 万人，其中普通高校占 52%，成人高校占 48%。全国高校在校本专科生 623.09 万人，其中普通高校占 55.8%，成人高校占 45.2%。据近几年统计，在成人高等学历教育中，普通高校成人高等学历教育的招生数和在校生数约占 50%，毕业生约占 40%。普通高校举办成人高等学历教育之外，还举办了各种短期培训班等非学历教育。由此可见，重视和推进普通高校成人高等教育的改革，提高人才培养质量有着十分重要的意义。我国高等教育发展的现状告诉我们必须增强质量意识，尤其是成人高等教育更要增强质量意识。提高质量的关键是抓好教学改革，而教学改革的重点和难点是教学内容和课程体系的改革。

世界上一些发达国家研究课程理论、课程设计、课程评价、课程发展历史等已近一个世纪了，并已形成专门的学科——课程学。而在我国长期忽视对“课程问题”的研究。中华人民共和国成立以来，我国高等教育的课程有过几次大的变革。中华人民共和国成立初期，全面学习苏联的教育课程，对改造旧中国的高等教育，建设新中国的高等教育体系起过历史性的作用。但照搬苏联的高教模式，脱离了本国经济和社会发展的实际。“文革”期间全面摧毁了从苏联学来的以学科为中心的课程体系，取代它的并不是新的课程体系，而是解决生产和生活过程的某些实际问题的材料，是实用主义课程观的典型体现。“文革”以后又全盘否定“文革”期间的课程，除了增加了计算机、信息学、管理学等少量新学科之外，基本上又回到了“文革”前的课程体系。这种“钟摆式”的课程发展轨迹，同我们这个突飞猛进的时代，同我国高速发展的经济和社会现实，同正在到来的知识经济的发展形成了强烈的反差。为了使普通高校的成人高等教育真正适应我国经济和社会发展的需要，研究课程发展理论，探讨普通高校成人高等教育课程发展的规律，有着特殊的必要性和紧迫性。

我们研究普通高校成人高等教育课程理论的有关问题，有必要对“普通高校成人高等教育”和“课程”这两个概念加以说明。

关于“成人教育”这一概念的界定，国内外众说纷纭。笔者收集到的近 40 种界说，因角度不同，侧重点不同，或大同小异，或小同大异，或简明，或详述，都有可取之处，也都程度不同地存在着缺陷。笔者认同《教育大辞典》对“成人教育”这一概念作的界定：“成人教育是指对从业人员和其他社会公民进行的各种形式的政治、经济、文化、科学、技术及其他业务教育和不断延伸的终身教育。”①这个定义包含 4 个要素：①教育对象是“从业人员和其他社会公民”，即成年人；②教育形式多样；③教育内容包括社会和受教育者个人所需要的各方面的内容；④教育的性质属于“不断延伸的终身教育”。这 4 个要素区别于基础教育、普通高等教育和一般职业教育，较全面地揭示了成人教育的本质特点。

普通高校的成人高等教育是我国成人教育的一个特殊部分。它是由普通高等学校举办的对在家庭、社会和国家承担责任者，主要是对已经走上生产或工作岗位的从业人员（包括下岗待业人员）进行的高等教育。

关于课程的定义可说是仁者见仁，智者见智，尚无公认的定义。在西方，有一项专门关于课程界定的研究证实，课程的定义

① 教育大辞典编纂委员会. 教育大辞典(第 1 卷)[M]. 上海：上海教育出版社，1990：257.

有：课程即教学的科目、课程是学习的项目，课程是预期的学习结果，课程是学习经验等。① 笔者认同课程，有广义与狭义之分，广义"课程"包括课业与学程。即："为实现学校教育目标而选择的教育内容的总和。包括学校所教各门学科和有目的、有计划、有组织的课外活动。"狭义的"课程"是指学科，如心理学、数学等。我们这里探讨的是属于广义的课程范畴。②

明确了以上两个概念，也就明确了我们进行理论探讨的对象和范围。

二、基本矛盾与对策

推进教育领域的课程发展与教学改革，必须在理论上确定一个逻辑起点，并以此作为构建课程目标和结构体系的出发点和依据。普通高等学校成人高等教育课程改革理论思考的逻辑起点，是指课程存在的主要问题即基本矛盾。

我国普通高校成人高等教育课程面临的基本矛盾是：单一、僵化的课程模式及不同程度存在的脱离经济建设和社会发展需要的教学内容同新的时代、新的世纪对人才(劳动力)素质要求之间的矛盾。这一基本矛盾，就是我们思考课程理论问题的逻辑起点。

现有的课程模式源于20世纪50年代学习苏联的教育课程，是计划经济体制下的产物。随着社会主义市场经济体制的建立，其弊端越来越明显，与我国经济和社会发展不相适应的矛盾越来越突出，而且在教学领域整体改革中，课程改革的难度最大。这是因为诸多因素影响和制约着课程改革，主要有以下几个方面：

传统教育思想的封闭性、保守性同建立开放性、现代化的课程模式之间的矛盾；单一而又过于原则、空泛的教育目标难以指导、驾驭课程设计，导致课程设计的随意性，有的实际上不是"设计"，而是随意拼凑；专业设置偏窄无法保证课程设计的适应性；课程设

---

① 施良方. 课程理论[M]. 北京：教育科学出版社，1996：3.

② 朱九思，姚启和. 高等教育辞典[M]. 武汉：湖北教育出版社，1993：163.

计人员闭门造车，不注意研究时代背景、经济与社会发展对人才素质的要求；经济发展水平及教育经费投入不足，制约了课程的改革与发展；文化建设和科技发展的新成果及时转化为课程和教学内容的机制尚未形成；一些教师固守已有的知识结构和教学经验影响了课程改革和发展；课程管理人员缺乏相应的专业知识也影响了课程开发与设计；普通高教的课程模式对成人高教的影响和制约，有的甚至照搬前者，不能体现成人高教的特点。

为了解决普通高校成人高等教育课程面临的基本矛盾，需要做好以下几个方面的工作：

(1)转变教育思想，更新教育观念。这是整个教育、教学改革的先导，也是课程改革取得成效的先决条件。没有教育思想的变革，教育改革只能落空，课程改革也不例外。教育思想的更新最重要的是要联系教育改革的实践，认真学习邓小平教育思想，特别是关于教育要三个面向的思想。同时还要学习“终身教育”理论，这种理论主张学校教育、家庭教育和社会教育一体化，学习要贯穿人的一生，即所谓“横向一体化”与“纵向一体化”①。只有深刻领会上述教育思想，以现代教育思想武装我们的头脑，才能促进思想的大解放，从而有效地促进课程改革和发展。

(2)科学地确定教育目标。教育的根本问题是培养什么人的问题，而培养什么样的人又集中体现在教育目标上。教育目标必须能有效地统帅和驾驭课程设计、实施与评估。为此，在确定教育目标时，既要重视社会的需求，又要重视人的发展，把两者结合起来，克服“社会本位论”和“个人本位论”两种片面性。教育目标的表述既要体现国家的教育方针和总的培养目标，又要有具体的基本素质和专业素质的要求，为课程设计指出明确的思路。其中，专业培养目标的设定，是课程设计的核心工作；课程结构设计是课程设计的主体。如果专业培养目标偏窄，专业素质要求不具体，势必影响整个课程设计的质量。

---

① [加]阿瑟·克罗普利. 终身教育——心理学分析[M]. 沈金荣，等，译. 北京：职工教育出版社，1990：1-10.

(3)要保证经费投入来保证培养目标的实现，也就是要为课程设计与实施提供必需的经费保障。我们常常听到这样的抱怨：由于经费有限，有些应当开发和开设的课程未列入计划，或列入了计划而又无法实施。课程设计和管理人员必须有这样一个明确的概念：严格地按照培养目标来构建合理的课程结构体系，不要因经费的原因而损害课程体系。教学工作是学校的中心工作，学校在筹集经费和编制经费预算时应向教学倾斜，从财力上保证课程目标的实现。

(4)课程开发与设计要重视吸收文化建设和科技发展的新成果，这是课程现代化的最重要的标志。“吸收”就是将人类创造的精神文明和物质文明的新成果转化为教学内容，而“吸收”和“转化”的重任自然是落在教师身上。因此，师资队伍建设是课程改革、课程开发和课程设计的关键。要鼓励教师重视科学研究，不断更新、调整自身的知识结构，并将科研与教学紧密结合起来，实现二者的良性循环。课程设计既是阶段性的工作，又是长期的任务。要建立相应的规程来确立课程工作的重要地位，并使“立项、调查研究、课程设计与实施、课程评价”诸环节的工作制度化和程序化。做好以上两方面的工作，也就形成了“文化建设和科技发展的新成果及时转化为课程和教学内容”的有效机制。

(5)要重视成人高等教育的特点。普通高等学校既有普通高等教育，又有成人高等教育。前者的课程模式必然对后者的课程设计产生影响。这既有积极的影响，也有消极的影响。积极的影响主要表现在可以直接利用或借鉴普通高教课程开发、课程设计和课程管理的经验和成果，可以利用学校教育资源优势进行不同层次和众多专业的课程设计与课程建设。消极影响主要是有可能忽视成人高等教育的特点，照搬或简单套用普通高教课程模式和教学模式。这种消极影响同人们对成人高教培养目标的意见分歧有关。有的强调成人教育的特点，主张建立独立的成人高等教育目标体系；有的主张成人高教与普通高教并轨，培养目标完全相同。成人高等学历教育的培养目标，既要体现高等教育的共性，又要体现成人教育的个性。明确这一点，对普通高等学校成人高等教育的课程设计是十分必要的。

(6)要学习和研究课程理论，促进课程管理人员专业化。课程研究已经成为教育科学中的一个专门领域。研究的范围包括课程的本质、课程的结构、课程内容等有关课程的基本理论、课程设计理论、课程发展理论、课程评价理论和课程管理理论。不仅教师要有课程基本理论素养，课程管理人员更要注意研究课程问题，熟悉课程理论，能科学地指导课程设计，提高课程管理水平。学校可以通过立项开展课程问题的研究和组织培训等形式，普及课程理论知识，提高课程理论水平，造就课程管理的专门人才，促进课程管理人员的专业化。

三、时代的呼唤

普通高校成人高等教育课程面临的基本矛盾的另一方面是课程设计人员和课程管理人员不注意研究时代背景、社会和受教育者个人对人才素质的要求，这样构建的课程模式不能适应国家经济建设和社会发展的需要，也无法满足受教育者个人发展的要求。可喜的是，教育工作者和研究人员已经开始重视研究新世纪的时代特征及其对人才素质的要求。

可以预期，即将来临的新世纪的主题仍然是和平与发展。和平是发展的政治保证，发展又能促进持久的和平。和平并不是太平，世界范围的经济竞争、综合国力竞争，实质上是科学技术的竞争和民族素质的竞争。科学技术是第一生产力。所谓知识经济是以智力资源的占有、配置，以科学技术为主的知识的生产、分配和使用(消费)为最重要因素的经济。国际经济竞争，已经不是传统意义上的经济竞争，而是知识经济的竞争。同以土地为基础的农业经济和以原材料、能源为基础的工业经济不同，知识经济是以知识和技术为基础的经济。知识经济的推动力是掌握了现代科学知识和技术的人。当代的国际经济竞争说到底是国民素质的竞争，而国民素质的提高又有赖于教育。因此，教育的改革和发展面临空前未有的机遇与挑战。教育工作者的一项重要任务，就是要认真研究新的经济形态对国民素质的要求。从事成人高等教育的教师与管理人员要认真研究新的经济形态对劳动者素质的要求和对高级专门人才的素质要求。

在以知识经济为标志的新的时代，国际竞争力包括三个要素：科学技术、人才和国民整体的科学文化素质，而后者又是根本。因为创造新知识、发展知识经济，需要一支庞大的知识分子队伍，而这又必须以国民整体的科学文化素质为基础，形成人才成长和发展的必要环境。尤其是对知识的吸收、消化和运用，更有赖于造就规模宏大的知识劳动大军，有赖于国民整体文化素质的提高。由于新的科学技术层出无穷，据 1970 年统计，世界上科技文献每年以大约 6 千万页的速度不断增加。另据美国施瓦布的统计，人类知识是按几何级数增长的。如把公元以前人类积累的知识量视为 1，1750 年时增长到原来的 2 倍，1900 年时增长原来的 4 倍，1950 年为原来的 8 倍，1960 年更是 16 倍。知识量的高速增长大大缩短了知识陈旧的周期，19 世纪到 20 世纪初为 30 年，以后的 50 年缩短为 15 年，近些年来又缩短为 10 年左右。这种情况决定了国民整体的科学文化素质提高是一个持续动态的过程，进而从根本上决定了教育的战略地位。为了发展知识经济，不断增强竞争的势力，国家不但要抓好基础教育和高等教育，还要大力发展职业教育和成人教育，建立终身教育体系来保证国民整体的科学文化素质的不断提高。

面临知识经济浪潮汹涌而来的国家，不仅必须构建有层次的知识劳动大军，而且各层次都应拥有一批优秀的人才。普通高等教育和成人高等教育都要为国家培养各类高级人才多作贡献。这里重要的是要研究新世纪“人才”概念内涵的变化。

“人才”这一概念古已有之。“年事推兄忝，人才觉弟优。”①杜甫笔下的“人才”是指才学。传统教育重在传授知识，学生的任务就是吸收知识和储备知识，培养的人才是“仓库型”的，与新的时代及其知识经济的发展极不适应。这种陈旧的教育观念与人才培养模式成了教育改革和课程变革的最大障碍。“全面贯彻国家的教育方针”，这句话口头的和书面的不知道说了多少、写了多少，就是落实不了，步入了“应试教育”培养“仓库型”人才的误区。这不是

① （唐）杜甫：《重送刘十弟判官》。

“教育方针”的错误，恰恰是背离教育方针的后果。

要形成合理的新世纪的人才素质结构，用一句老话来说，就是要切实贯彻德智体全面发展的教育方针，再不能把教育方针当做口号挂在嘴上去走老路。因为以知识经济为主导的市场经济对人才素质的要求是过硬的。我们培养的毕业生如果没有过硬的素质，在人才市场上就没有竞争力，就很难有所作为。

四、现代人的塑造

全面贯彻国家的教育方针，就是要使受教育者的心智与心身全面而和谐发展，成为适应现代社会并能推动现代社会前进的现代人。有的学者将现代人的素质类型分为开拓创新型、外向型和国际通用型、复合型、应用型四类①，这四类完全不同于“仓库型”，其共同点是具有现代意识、现代智能、现代行为方式。而这三个“现代”又集中体现在四种能力上：

(一)道德判断能力

将德育放在首位，是教育取得成功的关键，这是教育的普遍规律，只是世界各国德育的内涵与侧重点有所不同。

我国是社会主义国家。学校思想政治和品德教育的根本任务是用马列主义、毛泽东思想和邓小平理论教育学生，把坚定正确的政治方向摆在首位，培养有理想、有道德、有文化、有纪律的社会主义新人。

美国的大学一般设有管学生工作的学生事务院长，其职责是配合学生发展(Student Development)项目，关心学生生活、情绪、体育和社交，使学生树立正确的价值观和世界观。著名的哈佛大学校门上书写着一句名言：“为增长智慧走进来，为更好地为祖国和同胞服务走出去。”前一句不是讲增长“知识”，而是讲增长“智慧”，是智育的目标；后一句是讲增强“为祖国和同胞服务”的意识，是

① 叶忠海. 成人高校发展趋势与师资队伍建设[J]. 上海高教研究，1998，(2)：74.

德育的目标。该校还将赴美女留学生袁和身患癌症与命运和病魔抗争最终获得硕士学位的感人事迹，用来激励学生。《哈佛学报》评论说："袁和的一生是人类关于勇气的一课，关于理想追求的一课。我们的校训所提倡的，正是这样一种精神。……那些以为进哈佛学习就是为以后发财、腾达、捞取资本的同学不知在听了袁和的故事后有何感受。"①可见，哈佛大学十分重视学生人格的塑造和道德的完善。

道德是社会系统中精神文化价值系统的一个重要方面，是调整人与人之间以及个人与社会关系的行为规范。所谓道德判断能力，就是要帮助受教育者增强道德意识，能够区分真与假、善与恶、美与丑、正义与非正义、公证与偏私、幸和不幸等，有明确的和正确的道德价值取向和判断能力。

(二)获取知识的能力

由雅克·德洛尔任主席的国际21世纪教育委员会向联合国教科文组织提交的报告《教育——财富蕴藏其中》确认的教育的四个支柱是：学会认知、学会做事、学会共同生活、学会生存。终身教育正是建立在四个支柱的基础上。其中学会认知，也就是学会学习，即提高获取知识的能力。

认知的过程或获取知识的能力的提高过程，是受教育者的心理过程和智力开发过程的结合。从终身教育观点来看，这一过程贯穿于人的一生。有效地提高受教育者获取知识的能力，就要研究受教育者的心理特点和学习规律。成人高等教育工作者(包括教师与管理人员)要重视受教育者的成人心理特点和学习规律的研究。研究成人学习的心理规律，主要指成人记忆的特点和规律、成人的思维发展规律、成人的情绪发展规律、成人的智力发展规律、成人的人格发展规律和成人的学习动机等。

成人学习的规律与成人的心理特点有着密切的联系。指导成人学员学会学习，提高其获取知识的能力，不能违背成人学习的心理

① 禹宏，鲁原. 哈佛不败[M]. 北京：民主与建设出版社，1996：29.

规律。例如：学会学习首先要有学习的自觉性和积极性，这与学习的动机有关。台湾学者黄富顺经过研究，将成人参与学习的动机分为六类①：

①认知兴趣(cognitive interest)；

②职业进取(professional advancement)；

③社会服务(social welfare)；

④社交关系(social relation)；

⑤逃避或刺激(escape/stimulation)；

⑥外界期望(external expectation)。

这六类不可能概括所有成人参与学习的动机，但这六类确系客观存在。我国成人高等学历教育受教育者的学习动机主要是"职业进取"和"社会服务"的需要。如果我们的教育不能满足这种需求，就不可能有学习的积极性，也就无从提高受教育者获取知识的能力。又如成人思维发展的特点，虽然仍保留着青少年时期丰富的探究欲望和好奇心；然而，这种探究与好奇是以丰富的实践经验为基础的，体现了高度的自主性、能动性、批判性和创造性。这同青少年时期的"探究"与"好奇"有着本质区别。根据以上特点，成人高等教育的教学内容与教学模式，应当有利于受教育者对问题的探究，鼓励他们的创造性发现。一般不宜将学习内容作为定论和绝对真理来灌输。

培养学生获取知识的能力，在所谓"知识爆炸"的时代，在知识经济浪潮汹涌而来的新的世纪里，有着特殊的意义。而落实这一能力的培养关键是要转变教育观念和教学思想，具体的途径和方法是多种多样的。

(三)运用知识的能力

获取知识不是为了储存，而是为了运用。培养、训练运用知识的能力，也就是当代教育四个支柱之一的"学会做事"。以发达国家为主要成员国的"经济合作与发展组织"(OECD)将知识分为四大

① 黄富顺．成人心理与学习[M]．台北：师大书苑有限公司，1996：246.

类：知道是什么(Know-what)，知道为什么(Know-why)，知道怎样做(Know-how)和知道谁有知识(Know-who)。① 其中“知道怎样做”既是指一种知识，也是指知识的运用。运用知识的能力，是知识经济发展对劳动者素质普遍的和基本的要求。因为知识经济的效益要靠技术创新，要靠知识应用于生产过程。这就必然促使劳动力市场偏爱那些运用知识的能力强的人，例如那些掌握编码知识的有综合能力的人员会受到重视，而对低技能的劳动者的需求会产生负面的影响。

知识的广泛性决定了运用知识能力的多样性。多方面的能力可归纳为四类：(1)运用知识于技术进步。主要指运用知识从事科技开发，将科学技术转化为生产力，使科技进步与经济发展紧密结合起来。(2)运用知识于信息交流。由于知识在经济发展中的主导作用越来越突出，而知识又是以信息为基础。因此，以发展知识经济为特征的现代化建设，对人才智能素质的基本要求之一，就是要掌握新信息技术，选择信息，综合分析信息并分类、加工信息，善于利用信息资源为现代化建设服务。(3)运用知识于加强公共文明基础。主要指弘扬中华民族优秀的人文传统，激励人们积极进取，塑造健全的人格，提升精神境界，促进社会主义精神文明建设，推动社会的健康发展。(4)运用知识于管理。美国未来学家托夫勒在《权力转移》一书中预言：“高质量的权力来源于知识。”权力即管理；高水平的管理必须是包含着丰富知识量的管理，其模式是创造、使用、保存、提升并转让知识和智力。现在和未来的管理人员，必然是善于运用知识于管理行为的管理者。

(四)创造知识的能力

知识是人类生产和社会实践经验的总结，更是用于解决问题的结构化信息，是人类利用自然、改造社会的能力的结晶，能力寓于知识之中。知识和能力互为前提、互相依存，并在一定条件下互相

① 参见国际经济合作与发展组织 1996 年作的报告——《以知识为基础的经济》。

转化。根据知识与能力的辩证关系，创造知识的能力本身就属于知识范畴，而这种能力又能创造新的知识，在新的层面上形成新的能力。知识和创造知识的能力的这种良性互动，正是发展知识经济对人才素质提出的要求。

创造知识的能力，包括理论上的创新、实验手段和方法的革新、科学技术的发现与发明、新的管理模式的创造以及消化引进技术等。智能是人类最本质的特征，创造是人的本性，是人类社会赖以存在和发展的根基。创造力是每一个正常的人都具有的能力。但是，当人们论及创造力时，心目中往往只有爱因斯坦、爱迪生、居里夫妇、毕加索、牛顿等举世闻名的科学家，忽视普通劳动者创造潜能的开发。反映在教育领域，只注重精英的天才教育，忽视大众教育，且两种教育都忽视创造力的培养和训练。这正是我国的教育同发达国家教育的最大差距。我们承认人的创造潜能的开发是有层次和程度上的区别的。国家的发展既要有一批创造潜能得到深度开发的杰出的科学家和各方面的专门人才，更要注重国民整体创新素质的提高。

五、结论

解决我国的国民素质、劳动力素质与经济和社会发展的矛盾，是一项复杂而庞大的系统工程，属于国家的战略性决策。中共十五大的报告明确提出了“科教兴国”的发展战略，指出：“培养同现代化要求相适应的数以亿计高素质的劳动者和数以千万计的专门人才，发挥我国人力资源优势，关系21世纪社会主义事业的全局。要切实把教育摆在优先发展的战略地位。”我们必须全面、完整地理解这一段话，“优先发展”既包括发展规模，大力普及九年义务教育，积极发展各种形式的职业教育、成人教育和高等教育；又有质的规定——开发人力资源，提高劳动者的素质。为此，必须转变教育观念，改革教育体制。而真正落实素质教育，关键是推进教学改革，核心是课程改革和与之相应的教学模式的改革。

提高国民的整体素质要靠教育，而在教育内部起决定作用的是选择满足素质教育的教学内容。因此，课程改革与课程设计是整个教学改革的“牛鼻子”，是形成人才的整体素质，提高人才培养质量的主导性环节。

我国普通高校成人高等教育的课程，既不能照搬外国的，也不能照搬普通高等教育的模式，而是要认真研究社会发展对人才素质的需求和受教育者自身素质提高的要求，还要分析受教育者的现状，以此作为我国普通高校成人高等教育课程改革和课程设计的最根本的依据，也是普通高校成人高等教育课程问题理论思考的逻辑起点。

普通高校成人高等教育课程问题的价值论思考

课程改革是教学改革的核心。课程的重要性是由课程价值决定的。在中华人民共和国成立以来的半个世纪里，我们的教育方针是正确的，但在课程结构上，“文化大革命”前后的学科中心主义与“文化大革命”中的“经验主义”这两个极端，说明我们的课程价值观同我们的教育目标是不一致的。长期以来，不重视课程价值的研究，导致教育方针的全面贯彻难以落实。普通高校成人高等教育课程发展的历史更说明了这一点。因此，探讨课程价值问题有着重要的理论意义和实践意义。

一、课程价值的概念

“价值”在经济学中的含义，是指凝结在商品中的一般的、无差别的人类劳动。劳动量的大小体现商品价值的高低。作为哲学范畴的“价值”概念，马克思有过精辟的界说，他指出：“‘价值’这个普遍的概念是从人们对待满足他们需要的外界物的关系中产生的……”①这里的“人们”是主体，“外界物”是客体。价值是体现主体与客体之间需要与满足的一种特定关系。对这种关系的认识和评价，就是我们通常说的价值观。

课程价值属于教育价值范畴。根据一般价值概念，教育价值是指教育现象的属性这一客体与作为主体的人和社会需要之间的特定关系。换言之，教育价值是指教育对人和社会发展的意义和作用。

---

① 马克思恩格斯全集(第19卷)[M]. 北京：人民出版社，1965：406.

教育促进人的全面发展，这是内在的教育价值；教育促进社会的发展，这是外在的教育价值。教育价值具有客观性、发展性和社会历史性。在阶级社会里，教育价值又具有阶级性。了解教育价值的特性，是获得正确的教育价值观所必需的。

教育价值的形成，既有外部环境因素，又有赖于教育内部合理组织全部教育活动。包括课程设计以及组织教学内容，选择教学方法，加强教育管理等。

课程是指为实现学校教育目标而选择的教育内容的总和。

课程价值是指作为客体的课程的属性和作为主体的人类社会和受教育者需要之间的特定关系。换言之，课程价值是指课程(即教育内容)对受教育者和社会发展的意义和作用。在课程和主体需要之间的价值关系中，主体需要起着主导作用，符合主体需要的课程，被认为好的课程。如果不符合主体的需要，就不存在价值属性，也就无从进行价值判断。因此，在课程设计中，研究主体的需要是第一位的工作。

二、两类高等教育课程的共同价值

普通高校成人高等教育的课程，过去只强调参照普通高等教育课程，并结合办学形式进行设计，不重视对受教育者和社会需求的研究，成人高等教育的特点被忽视，课程价值难以得到充分体现。普通高校成人高等教育课程发展的历史启示我们，普通高等教育与成人高等教育的课程价值既有共性，又有个性，是共性与个性的辩证统一。明确两类高等教育课程价值的共性与个性及其辩证关系，对科学地进行课程设计和课程评价、充分体现课程价值是十分必要的。

普通高等教育和成人高等教育课程的共性价值是多方面的，概括起来又分为导向价值、认知价值、创造价值、物质价值、文化价值五个方面。

(一)导向价值

导向价值指课程在政治方向、思想品德修养方面有明显的导向作用。这种导向作用是任何时代、任何国家的教育课程都具有的，只是具体内容有变化。孔子以“诗”“书”“礼”“乐”为基本科目，教育学生在政治和道德实践中做到“礼”与“仁”的统一。宋代程朱理学(又称宋学)的课程目标是对受教育者进行封建纲常伦理的教育。古希腊哲学家、教育家柏拉图主张教育内容能“改造人性”，使其成为具有健全性格的人，成为勇敢的军人和执政者。人性既是柏拉图教育理想的起点，又是终点。美国实用主义教育创始人杜威主张，课程应为建立民主主义社会培养具有首创精神和适应能力的人才。我国是社会主义国家，各级各类学校要认真贯彻“教育必须为社会主义现代化建设服务，必须与生产劳动相结合，培养德、智、体全面发展的建设者和接班人”的方针，要用马列主义、毛泽东思想和邓小平理论教育学生，把坚定正确的政治方向摆在首位，培养有理想、有道德，有文化，有纪律的社会主义新人。

为什么跨越历史、跨越国界的所有教育领域的课程都具备政治、思想、道德方面的导向价值？这是因为教育作为人类社会的特有活动，其最本质的特点就是对人的培养，通过培养人来为社会服务。这一特点贯穿于古今中外以至未来一切教育之中，且集中反映在课程上。

(二)认知价值

认知是指人们解释、储存、恢复和使用从各种渠道得到的信息的心理过程。由感觉、记忆、思维和想象能力构成一个复杂的系统，认知价值就是该系统表现出来的整体功能，也就是人的基本认知能力。“学会认知”是现代教育的四大支柱之一。学会认知是从心理学的角度强调学会学习、提高学习能力。在知识更新与知识量增长速度空前加快的当代社会里，在智力资源起主导作用的知识经济浪潮迎面而来的时代，人们面临的已知与未知的矛盾越来越尖锐。学会认知、提高学习能力，有着特殊的必要性和重要性。

从终身教育的观点来看，学会认知，不单是青少年的任务，也是成年劳动者持续不断的需要。对成人学习能力的研究，比较著名的有桑代克的“年龄与学习能力关系的曲线及智力对该曲线的影响”，其研究结果如图1所示：

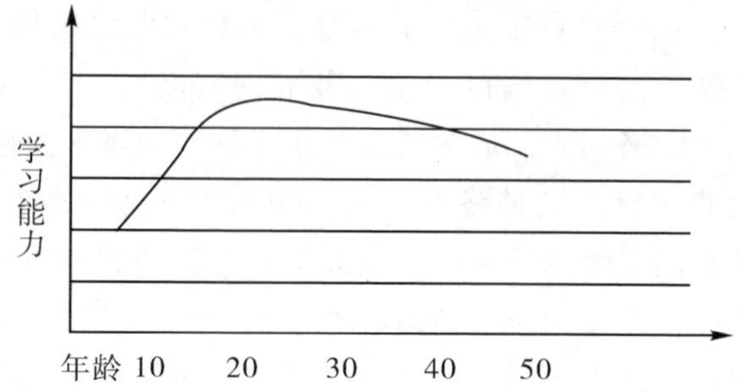

图1　各年龄与学习能力的关系曲线

桑代克的研究表明，人在学习能力发展的高峰(约22岁)至45岁之间的20余年内，其学习能力总量约降低15%，平均每年降低1%。① 这说明成人学习能力的增长不因生理成熟而终止，不随年龄的增长而相应下降。如果勤于学习、善于思考，则可终生保持很高的学习能力。

因此，成人教育的课程设计与实施，对保持受教育者的认知能力是十分重要的。这就不仅要求教师与管理人员懂得成人的学习心理，而且在课程设计和课程实施过程中，要充分考虑到保持和发展受教育者的感知、记忆、思维和想象等认知能力的需要，要注重介绍科学进步和当代思维模式及其所提供的各种手段、概念和参照方法。

(三)创造价值

“创造”这个词汇我们已大量地、经常地使用，而且大多使用得当，说明大家对这个概念的内涵是清楚的。但是，对这一概念作

① 高志敏，等. 成人教育心理学[M]. 上海：上海科技教育出版社，1997：50-51.

出确切的、完整的语言描述，又是一件很困难的事。例如，将创造定义为“首创前所未有的事物”，那我们的第一颗原子弹在美、苏之后爆炸的，算不算创造？这类情况是很多的。为此，我们倾向于采用以下的定义：“创造就是把已知的材料重新组合，产生出新的事物或思想。”①创造活动的主要特点：其一，活动的方式或结果至少对于创造者来说是新颖的、独特的、前所未有的，尽管对于其他人或整个人类来说可能并非如此。其二，创造活动是在具有一定的知识经验的基础上进行的。将已有的知识经验重新组合是进行创造的主要途径。其三，创造过程是艰苦的，需要付出坚毅顽强的劳动，并常有灵感的参与。其四，活动的结果具有相当的社会价值。创造既然是以知识经验为基础的，是知识经验重新组合的结果，获得创造成果又需要有创新意识、毅力和创造性思维能力等个性品质，这就要靠教育来提供创造的知识基础和培养创造主体的个性品质，而这正是普通高等教育和成人高等教育课程设计的共同目标之一。

课程创造价值，是指课程结构及教学内容对培养学生创造力的作用。创造价值高的课程能够激发受教育者的创造欲望，培养创造发明所需要的个性品质，开发智力，培养和训练创造性思维能力。

课程的创造价值，就课程本身而言，具体体现在课程目标、课程结构、课程内容中，这是课程创造价值实现的基础。

（四）物质价值

课程的物质价值是指课程在物质生产中的作用。教育的职能是根据社会的要求，传递社会生产和生活经验，促进人的全面发展，培养社会所需要的人才。教育既具有上层建筑属性，又具有生产力属性。马克思主义政治经济学认为，生产力包括三个要素，即劳动对象、劳动工具和劳动者，其中劳动者起着决定作用。培养人、提高劳动者的素质，是教育活动的本质特点，而课程设计与实施是学

① 胡贵伦，等. 人的终极能量开发——创造性思维及训练[M]. 北京：中国工人出版社，1997：17.

校教育培养人才的主要途径。课程的物质价值主要体现在借助课程开发人力资源，促进社会生产力的提高。一般说来，教育的生产力属性决定了课程的物质价值。但是，课程物质价值的高低又取决于课程的设计与课程的实施。只有以人力资源开发为目标，科学地设计课程和实施课程计划，才能充分体现课程的物质价值。

课程的物质价值包括环境价值和经济价值。

环境价值是指课程在保护和改善人类生存环境中的作用。在过去的几十年中，人类通过改造自然、改变环境，使自身得到发展，同时又造成了自然平衡的急剧变化。据统计，全世界每年损失耕地2100万公顷，损失森林面积1100万公顷，沙漠化土地600万公顷，流入大海的泥沙250亿吨，污水排放量4500亿吨。每年有1500万人死于环境污染。① 环境恶化成了国际社会普遍关注的问题。1972年在斯德哥尔摩召开的“联合国人类环境大会”通过的《人类环境宣言》宣称：“为今世后代保护和改善环境已经成为人类的一项紧迫目标。”1992年在巴西里约热内卢召开的联合国环境与发展大会，又进一步提出：“人类应与自然和谐一致，可持续地发展并为后代提供良好的生存发展空间；人类应珍惜共有的资源环境，有偿地向大自然索取……”中国政府在环境大会后不久即提出了促进中国环境与发展的“十大对策”，其中对策8为“加强环境教育，不断提高全民族的环境意识”，并在1994年公布了《中国21世纪议程》，其中第6章为“教育与可持续发展能力建设”，要求加强对受教育者的可持续发展思想的灌输，将可持续发展思想贯穿于从初等到高等的整个教育过程中。

现代课程十分重视环境保护和生态平衡问题，环境科学已成为高等教育的重要学科，不少专业开设了与环保有关的课程，在整个教育领域加强了环保意识和普及环保知识的教育。课程的环境价值越来越受到人们的关注。

课程的经济价值更是其物质价值的一个重要方面。课程经济价值又包括两个方面：其一是在课程设计与实施过程中实行教学、科

---

① 根据《人民日报》1994年数据。

研与生产劳动相结合，既可出人才，又可直接生产物质财富。其二的是将开发人力资源、提高劳动者的素质作为课程目标予以落实。而当代的经济发展受劳动者的文化程度和素质的制约越来越明显，并已成为人们的共识。世界上农产品出口大国几乎都是发达国家。在这些国家中，决定农产品竞争能力的是农业科学技术的发展水平和农民的文化技术程度。例如，美国农业人口占总人口的2.4%；每一个农业劳动力所提供的农产品足以供养49人，平均28个农民就有一个专家。而我国农业人口占总人口的80%；每一个农业劳动力所提供的农产品只供养2~3人；平均每万名农业人口中只有专门人才6.6人。另据调查，1996年与1990年相比，文化程度对收入差距的影响呈扩大趋势。1990年小学文化程度就业者与大专以上文化程度就业者的人均收入之比为1∶1.2；1996年为1∶1.5；与大学本科就业者收入的比例为1∶1.7。文化程度的层次性差别主要是由课程体现的。在当今世界，知识是经济增长的动力，科学技术是第一生产力。科学技术成就促使劳动生产率成倍地增长。在20世纪20年代初，世界工业生产率的提高，有22%是依靠采用科学而取得的。70年代以来，这一比例上升到60%~80%。科学技术的发展教育是基础。而课程在这一基础中发挥着核心作用。随着知识经济的发展，作为知识载体的课程的经济价值越来越重要。

(五)文化价值

有些人非常熟悉、频繁使用的概念，却被定义所困扰。“文化”这一概念就是如此。自从1871年英国人类学家爱德华·泰勒在其著名的《原始文化》一书中第一次给“文化”下了明确的定义到现在，有关文化的定义已达200多种。按照泰勒的定义：“文化是一个综合体，其中包括知识、信仰、艺术、法律、道德、习俗，以及作为社会成员的人所掌握的其他能力和形成的习惯。”①这一定义，着重揭示文化本质内涵的多样性、复杂性和综合性。后来的众说纷

① [英]E·B·泰勒. 原始文化(第1卷)[M]. 连树声，译. 上海：上海文艺出版社，1992：1.

纭，说明人们对这一定义有保留的看法，主要是对文化的本质内涵尚未明确。以至于《简明不列颠百科全书》有关文化的22个条目竟无“文化”这一条目。

马克思主义经典作家虽然未给“文化”下定义，却深刻地揭示了“文化”的本质属性：(1)文化及其传统是人的生命的表现和人的生命的存在形式。马克思主义认为，人的生产方式“不仅应当从它是个人肉体存在的再生产这方面加以考察。它在更大程度上是这些个人的一定的活动方式、表现他们生活的一定形式、他们的一定的生活方式。个人怎样表现自己的生活，他们自己也就怎样”①。马克思强调广义的文化，是植根于人内在生命的人类群体相对稳定的行为方式。(2)狭义的文化是指社会意识形态以及与之相适应的制度和组织机构。毛泽东指出：“一定的文化是一定社会的政治和经济在观念形态上的反映……一定形态的政治和经济是首先决定那一定形态的文化的；然后，那一定形态的文化又才给予影响和作用于一定形态的政治和经济。”②用辩证唯物主义审视文化，也就逻辑地说明了文化的历史性、民族性以及阶级社会里文化的阶级性。说明一切文化现象都从不同角度折射着人类的历史与未来。

在历史的长河中，文化的内涵与外延会有变化，而文化的价值却是永恒的。在教育领域，课程的文化价值具有客观性和基础性。从一般的意义讲，课程价值就是文化价值的体现。从特殊的意义(相对于物质价值而言)讲，课程的文化价值包括文化启蒙价值、文化承传价值、文化的精神生活价值和文化的社会价值。

文化启蒙价值。从终身教育的观点来看，既包括文化的普及，又包括文化的提高；既包括从无知到有知，又包括从已知到未知。由于已知与未知的矛盾永远存在，故课程的文化启蒙价值是永恒的价值。

文化的承传价值。它是指课程对文化的继承、传播和发展的作用。文化产生于人的物质与精神需要，而人的这种需要是无止境

① 马克思恩格斯全集(第3卷)[M]. 北京：人民出版社，1960：24.
② 毛泽东选集(第2卷)[M]. 北京：人民出版社，1991：663-664.

的。人的需要是人和社会发展的无穷的动力。因此，没有文化的继承、传播与发展，也就不可能有人和自然的和谐发展，也不可能有社会的进步；而课程则是继承、传播和发展文化的主渠道。

文化的精神生活价值。正常人的生活总是包括物质生活和精神生活两个部分。各级各类学校课程一般能在一定程度上满足社会和个人精神需要。前面讲的政治方向与品德修养方面的"导向价值"属于精神支柱价值；这里的精神生活价值主要指心理调适价值、精神享受价值和审美价值等。

文化的社会价值。文化渗透到社会生活各个领域，文化的社会价值是巨大的、无可估量的。马克思在谈到人类艺术同自然和社会的关系时指出："必须对于任何自然力实行社会的管理，为了经济活动的利益把它加以支配，借助于人类艺术对它进行大规模的掌握，——就是这些在工业历史上起着决定性的作用。"①马克思的《资本论》中的这段话，说的是艺术的作用，实际上包括艺术在内的文化的作用更是如此。

普通高等教育和成人高等教育的课程都是为培养高级专门人才服务的。两类高等教育课程的共性价值都是在造就高级专门人才的过程中体现的。在设计和实施普通高校成人高等教育课程时，不能忽视两类高教的课程，都是同层次教育课程。同时，又应该重视成人高等教育特点及其课程的个性价值。

三、成人高等教育课程的特殊价值

普通高校成人高等教育课程的特殊价值是由成人高教的特点决定的。

(一)成人教育的基本特点

关于成人教育的特点，人们发表了许多看法，笔者查阅了 9 部专著共有 20 种不同的说法。我们认为最基本的特点是：受教育者为已步入社会、承担社会责任、充当社会角色的成人，其主体是从

① 马克思恩格斯论艺术(一)[M]. 北京：人民文学出版社，1960：14.

业人员。成人教育对象的职业性又派生出开放性和直接有效性的基本特点。这“三性”是成人教育区别其他教育的本质属性。

(1)教育对象的职业性是成人教育与普通教育最根本的区别。普通教育的对象是劳动后备力量的青少年，成人教育对象的主体是成年从业人员(包括结构性流动过程中的待业人员)。成人教育的其他特点都是由成人教育对象特点决定的。

(2)开放性是成人高等教育的显著特点。具体表现为：①招生对象的广泛性。面向社会办学，招生对象包括各行各业、各年龄段的从业人员，而普通高等教育招生对象主要是高中毕业生。②办学形式的灵活性。可视教育对象的特点与要求选择办学形式，包括全日制教育(少量)、业余教育(主体)、近距离教育、CAI 网络教学等远程教育模式。③教育管理的社会化。成人教育系统寓于社会大系统中，社会通过函授站或培训中心等组织参与成人教育管理，突破传统大学教育模式，实行网络化管理。

(3)直接有效性。《国家教育委员会关于改革和发展成人教育的决定》，要求“成人教育要从我国的国情出发，坚持直接有效地为社会主义建设服务的方向，把全面提高劳动者的素质作为根本目的，贯彻学习与工作、生产的实际需要结合，讲求实效的原则”。这一规定既指明了成人教育的发展方向，又体现了成人教育的特点。由于成人教育对象主要是从业人员，成人教育的专业设置和课程设计必须紧密结合受教育者的工作、生产和生活的实际需要，及至形成“学习—工作—再学习—再工作”的循环上升的工作与学习的互动过程，劳动力再生产的直接效果——劳动者素质的提高，能及时转化为经济效益。这同面向未来培养后备人才与劳动大军的普通教育存在着相当大的时差是不同的。

(二)成人高等教育课程的特殊价值

成人高等教育的课程设计与实施只有体现成人高教的特点，才能使课程具有特殊价值，并使其课程价值得到充分体现，成人高等教育课程的特殊价值主要体现在以下两个方面：(1)人力资源连续开发价值。人力资源开发是一项社会系统工程，而教育与培训是人力资源开发的主渠道，其中课程起关键作用。普通教育课程对人力资源进行基础性开发，成人高等教育课程是在对人力资源进行基础性开发之后的再度开发，大学后的继续教育课程是对人力资源的深度开发。由于成人高等教育对象是从业人员这一复杂的群体，其课程的动态适应性比普通高等教育更突出，并使其具有人力资源的连续开发价值。(2)课程的教育高效价值。一般说来，各类教育的课程都有其自身的价值。符合成人教育特点、为成人高教设计的课程的教育效益更高。主要表现在两个方面：①特有的规模效益。根据成人教育开放性特点，成人高等教育的课程模式要着眼于认知技能的发展，着眼于教学手段现代化和教学媒体的多元化，着眼于学习者的自我实现，着眼于社会的需要和促进社会的发展。① 这样的课程模式，能够适应和满足各类成人高等教育，尤其是远程成人高等教育的需要，极大地提高办学效益。②相对速效性。成人高等教育的课程是在受教育者原有的文化专业技术基础之上设计的，筛选出的教学内容是最需要最适用的。因此，受教育者通过学习掌握的知识和技能，能直接、迅速、有效地提高生产和工作效率。这同普通教育课程效益的滞后性是不同的。

普通高教与成人高教的课程既有共性价值，又有个性价值，我们分别加以论述，是为了更深入地了解课程价值。实际上共性价值与个性价值并不是孤立存在的两类价值，二者之间有着内在的联系：共性中有个性，共性是通过个性体现的。

四、课程价值的实现

课程价值的实现，是将设计好的课程的潜在价值转化为现实的社会价值，而这是需要一定条件的。

首先，社会生产力、政治经济制度及社会意识形态制约着课程的设计与实施。良好的社会环境是课程潜在价值外化为社会价值的沃野。《中华人民共和国教育法》规定：“教育是社会主义现代化建

① 教育大辞典编纂委员会. 教育大辞典(第1卷)[M]. 上海：上海教育出版社，1990：263，288.

设的基础，国家保障教育事业优先发展。”教育战略地位的落实，是实现课程价值的强力催化剂。

其次，学校要重视教学工作。市场经济的发展，一方面增强了校长们应有的危机感、竞争意识和学校的“品牌意识”；另一方面却又把他们卷入了商品经济的汪洋大海中，不得不去搞“创收”，分散了抓教学的精力。如果教学工作在学校工作中的中心地位不能确保，课程价值是很难实现的。抓教学除了抓好课程模式的变革外，还要探索新的教学模式。不变革教学模式，课程价值就很难实现。新的教学模式应充分体现现代教育思想，实现三个转变：由单纯知识传授向以智力开发转变；由“三中心”(课堂、书本、教师)向受教育者真正成为教育的主体转变；由单一的课堂授课形式向多样化、现代化教学手段转变。与之相适应，还要改革教学管理模式。

再次，进行课程评价。课程评价是课程研制的步骤之一。在编制新的课程之前，需要对已有的课程目标、编订和实施是否实现了教育目的，实现的程度如何，以判定课程设计的效果，并以此作为研制新课程的依据之一。课程评价可以采用定量与定性相结合的方法。量的评价有“目标模式”，即根据教育目标评价课程。质的评价有“外观模式”(重在对教学过程各环节的描述与判断)、“说明模式”和“鉴定模式”①等。

课程评价要注意对课程各类价值的判断，防止注重某种价值而忽视其他的价值，例如可能出现的重视物质价值而忽视文化价值或精神价值等。同时，还要区别课程的内在价值和外在价值。即一定要将课程在教育内部直接实现的育人价值和课程通过育人而在教育外部间接实现的各种社会价值严格区分开来，并研究二者之间的内在联系和相互转化的规律。其所以要严格区分二者，最主要的是外在价值的实现虽然与课程实施的内在的育人效果有关，但还受到各方面社会环境和人事制度、人才市场影响和制约。如果不注意二者

① 桑新民，等. 呼唤新世纪的教育哲学——人类自身生产探秘[M]. 北京：教育科学出版社，1993：183.

的区别，就有可能将各类社会价值视为课程价值，导致夸大课程价值而误导人们对课程期望值过高。也可能因客观环境因素无法体现育人价值而对课程价值估计不足。因此，只有严格区分课程的内在价值和外在价值，才能更准确地判断课程价值。

科学的课程评价结果，既可促进课程发展的良性循环，又可促进课程价值的实现。

2002 年 1 月

对我国成人高等教育课程结构和教学模式的探讨

我国普通高校成人高等教育长期以来忽视课程问题的研究和课程管理，以致课程计划存在着两个突出的问题：一是在“计划教育”管理模式中的课程结构，既是高度统一的，又是单一的，不能适应社会和受教育者个人多样化的需求；一是各个时期的课程变革，又大多缺乏课程理论指导，常常违背教育规律，随意性很大。这两个问题说明我们缺乏有针对性的课程设计，而课程改革是教学改革的重点和难点。因此，很有必要确立和阐明课程设计模式、课程结构模式和教学模式等基本概念。任何事物的发展和变革总是有规律可循的，课程的变革也莫不如此。而概念这一思维形式正是反映对象的本质属性的。确立和阐述课程设计模式、课程结构模式和教学模式等基本概念，就是为了揭示课程设计和课程结构以及教学模式的本质属性，将课程设计和管理以及教学模式的变革纳入科学的轨道。

一、课程结构模式的概念及其内涵

课程结构模式是指依据一定的教育目标和原则而设计的各类课程的相对稳定的组合形式。这一界定包含以下意思：(1)课程结构是由一定类型的课程组成的。众多的课程，按教育目标分，有德育课程、智育课程、体育课程、美育课程等；按学科种类分，有自然科学课程、社会科学课程、人文科学课程、思维科学课程等；按学科功能分，有基础课程、专业课程等；按培养要求分，有必修课程、选修课程等。课程结构模式便是课程设计时选入课程计划的各类课程的组合形式。(2)由于教育目标是有层次的，而且是多样化的，因而课程的结构模式也是有层次的和多样化的。(3)不同的专业课程结构模式也有差别。(4)课程结构模式反映了一般课程结构的组合规律，因而具有相对稳定性的特点。课程结构模式的多样化如表1所示：

表1 一般课程结构模式及特点

课程类别	课程结构模式	特点
按培养目标分	专业性课程结构模式	专业目标明确 专业基础与专业技能课程比例大
	职业性课程结构模式	职业目标明确 职业训练课程比例大
	通才专才结合课程结构模式	培养目标特点为宽口径 通识课程比例大
	自导式课程结构模式	学习者自主确认学习需求，建立学习目标 开放性菜单式课程指导
按学科门类分	人文社会科学课程结构模式	注重人文精神与社会实践能力培养 开设一定的基础性自然科学课程
	自然科学课程结构模式	注重科学精神和创新能力的培养 开设一定的基础性人文科学课程

专科起点本科教育是我国特有的学制，课程结构模式大体上可分为两类，如表2所示：

表2 “专升本”课程结构模式及特点

课程模式类别	特点
专升本课程结构模式	深井型专业培养目标 是对原有专科专业的提升
专业嫁接课程结构模式	复合型培养目标 以原有专科基础课程为依托嫁接相近专业

以上将课程结构模式概括为八大类，其中按培养目标分类未区分层次，实际上本科与专科不同层次的课程结构模式也不会相同。按学科分类也只分人文社会科学和自然科学两大类，是列举性的，实际上教育部于 1998 年公布的专业目录，1 级学科门类 11 个，2 级学科 71 个，按各门类各学科设置专业，各专业的课程结构模式都会有各自的特点。各种近距离教育和现代远程教育等办学形式不同，其课程结构模式也会有差别。总之，课程结构模式是社会对人才的知识与素质结构及受教育者对自身的知识与素质结构需求的反映，而这种需求是多样化的，与之相应的课程结构模式也必然是多样化的。

二、对课程结构模式的评析与选择

课程结构模式既是多样化的，又是相对稳定的。因此，在成人高等教育实践中，不但有必要而且有可能选择所需的课程结构模式。

(一)对“通才与专才结合课程结构模式”的评析与选择

创新是不断发展的动力。如果不去创新，一个民族、一个国家就难以发展起来，难以屹立于世界民族之林。而创新，最根本的一条就是要靠教育、靠人才。因此，教育必须以人为本，培养创造性人才是教育的根本任务。在高等教育领域，尤其是本科阶段的教育，培养创造性人才，主要是选择和实施“通才与专才教育相结合”的课程结构模式。高中起点的成人高等本科教育一般也应采用这种模式。这种课程模式的特点和优势是：①培养目标与规格是宽口径的；②通识课程(包括通常说的公共基础课和专业基础课)成为课程结构的主体；③专业课主要开设专业核心课程。总结我国普通高校成人高等教育课程变革的历史经验，借鉴外国尤其是美国与日本的高等教育课程模式，可发现，实施通才与专才教育相结合的课程模式，一般由四个部分组成：①普通通识课程(即公共基础课)；②专业基础课；③专业课；④跨学科课。各类课程的大体分布如表 3 所示：

表 3　通才与专才结合各类课程比例

课程类别	比例(%)
普通通识课程	35
专业基础课程	35
专业课程	25
跨学科课程	5

重视通识课程，将专才教育寓于通才教育之中的课程模式，有利于开拓学生的视野，有利于发展思维能力和创造能力，获得较强的适应能力和应变能力。

(二)对专业性课程结构模式的评析与选择

中华人民共和国成立以后至 1998 年专业目录调整之前，我国普通高等教育与成人高等教育最基本的课程模式是“专业性课程结构模式”。这种模式的特点是培养目标很“专”、很明确，课程结构一般分为基础课、专业基础课和专业课三类，而以专业课为主体，各类课程分布比例一般如表 4 所示：

表 4　专业性课程结构各类课程比例

课程类别	比例(%)
基础课	25
专业基础课	40
专业课	35

这种课程结构模式培养的学生，对本专业的基本理论与技能学得系统而扎实，能较快地适应本专业范围内的岗位工作，系统部门或大型企业委托培养急需的人才，仍可采用这种课程结构模式，但需对传统的教学思想和教学模式进行改革。这种模式的主要缺陷是

培养目标太专、口径太窄，创造性思维能力的培养受到局限，不宜广泛采用。课程变革的历史说明：设计新的课程结构模式，通常不是对原有课程结构的简单否定，而是促使课程结构模式多样化。

(三)对职业性课程结构模式的评析与选择

随着我国经济的高速发展，需要大力发展职业教育，包括发展普通高等职业教育和成人高等职业教育。原有的成人高等专科学校将主要承担高等职业技术教育；同时还将建设一批高等职业技术院校；正在发展的社区教育也以职业教育为主；一些普通高等学校也在发展成人高等职业教育。职业性课程结构模式主要是为实施高等职业教育设计的。这种课程结构的特点是：职业针对性、职业岗位的适应性强，职业目标十分明确；课程结构包括普通文化课程、专业基础课程和职业训练课程，后两者可作为职业证书课程。各类课程分布比例见表 5 所示：

表 5　职业性课程结构各类课程比例

课程类别	比例(%)
普通文化课	25
专业基础课	40
职业技能训练课	35

这种课程结构模式以理论知识的应用和职业技能训练为贯穿教学全过程的主线，学习与实践分阶段交叉递进，可实行“学历证书”(毕业证)和“职业资格证书”两种证书制度。

(四)对自导式课程结构模式的评析与选择

随着人才市场的形成和发展，人才竞争加剧，受教育者越来越关注人才市场的走向和自身的知识与素质结构的合理性与优势，于是，主动考虑自身的学习需求，建立学习目标，选择及执行相应的学习策略，评价学习结果。自导式课程结构模式是最为开放、最能满足学习者的个性化需求的课程模式。其特点是，主办学校不提供现成的专业课程计划，而是打破专业界限，开列课程“菜单”，由学生自主选择学习的课程；但需提供课程指南，内容包括：①课程(科目)名称；②课程目标及内容简介；③规定各门课程的学分值及毕业时应达到的学分数；④指明必修的核心基础课程和核心专业课程，并作为确认毕业专业的依据。这种课程结构整体上是动态的，呈网状，如图2所示：

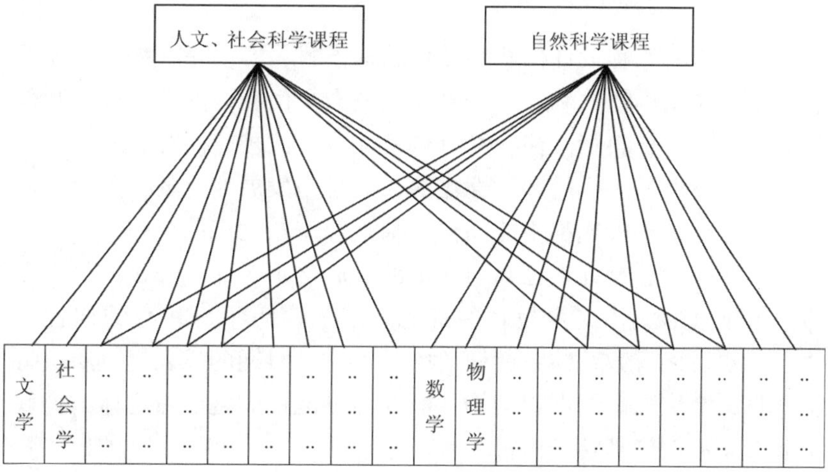

图2　自导式课程结构模式图

自导式课程结构模式的优势是：①能充分尊重和发展受教育者的个性，有利于创造能力的培养；②有利于成人学生已有的实践经验介入学习，提高学习效率；③这种开放式的课程模式对人才市场需求的反映更为灵敏，更贴近市场经济的要求；④是在职人员接受现代远程教育的最佳选择。

(五)关于专升本课程结构模式的选择

我国在未发展基础学院之前，原有的专科起点本科教育模式还会存在，但课程结构必须改革。过去只认同“专续本课程结构模式”(又称“专业直通模式”)，报考时特别强调专业对口，否则不准报考。这种规定的弊端是明显的：①我国的专科教育是独立的学历层次教育，在实践中，其课程结构又大多向本科靠，而且是终结性的，而非转学性的，导致“专业直通”至本科段时的课程，不少是重复的；②原有专科专业的培养口径本来就窄，一般不宜简单直升。因此，应当认同“专业嫁接”及其相应的课程结构模式。合理的“嫁接”有利于拓宽培养口径或培养复合型人才。

四、课程结构模式与教学模式

我们研究课程设计模式和课程结构模式，实质是在探讨人才的知识与素质结构模式和人才培养模式，力求使我们的课程设计和课程结构，既符合教育规律，又符合人才成长的规律。社会对人才素质的要求不但是多样的和个性化的，而且是发展变化的。因此，任何一种课程结构模式都不能僵化，都是静态与动态的统一。

人的一生总是处在已知与未知的矛盾之中，而未知领域是无限的，于是就形成了终身教育的理念。成人高等学历教育的课程设计，必须在终身教育体系的框架内，为这一时期的成人提供层次特点鲜明、定位准确的课程结构，既要尽可能地满足学习主体的合理要求，又不能毕其功于一役。

科学的课程设计和好的课程结构模式，要内化为学习者的素质，还必须设计和选择相应的教学模式。如果课程结构和教学内容都是好的，而课程的实施即教学过程仍沿用传统的模式，仍然不可能收到好的效果。因此，随着课程结构模式的变更，教学模式也必须进行相应的改革。

所谓教学模式，是指在教学实践中形成的一种设计和组织教学的理论，这种理论以简化的形式表现出来。一般包括以下要素：教学思想或教学目标、教学手段、教学过程发展的逻辑步骤、教学评价的方法与标准等。好的教学模式具有个性化、可操作性、开放性和优效性等特点，能有效地开发受教育者的创造性思维能力，造就高素质人才，提高办学效益。

在我国的成人高等教育在计划经济体制下，各专业对所有的学生采用统一的课程模式、教学要求和教学模式。传统的教学模式，在教学内容上，表现为“知识继承型”教育；在教学方法上，表现为“单向注入式”教学。许多课程的教学内容和教学方法，越教越专，越教越深，越教越细，大量宝贵的课堂教学时间，用在对微观具体的知识及现象细节的陈述，而对宏观的、战略的、谋略的思想传播却很少受到关注，成人教育的特点被忽视。近些年来，以信息化为标志的现代教育技术正在迅速进入教学领域，传统的“单向注入式”教学模式面临着巨大挑战。同课程与教学内容改革一样，教学模式的变革是深化教学改革的又一个重点和难点，因为它不仅需要对现代化教学设施给予必要的投入，更重要的是需要教育观念和教学思想的变革作为先导。教学模式的变革不是简单的教学方法的改革，而是教育领域中的深层次变革。

我国普通高校成人高等教育教学模式改革总的思路是，以教学思想的变革为先导，以提高受教育者的综合素质并使其适应社会和个人的需要为目标，促进教学模式的现代化和多样化。

教学模式的现代化，需要实现以下三个转变：在教学思想上，从传统的以教师为中心的“传道、授业、解惑”向发展学生的智力和创新精神、进行人力资源开发转变。在教学内容上，从过分专业化向基础性、综合性和实践性的统一转变。在教学方法和手段上，由传统的面授或书本为主向主要采用各种现代教育技术等灵活多样的教学形式转变。

关于教学模式多样化问题，人们正在探讨。一般说来，凡是在正确的教学思想指导下，能有效地实现课程目标的教学模式都是可取的。从已有的实践和发展趋势来看，以下的教学模式更能体现现代教育思想，更符合新的人才培养模式的要求。

（一）“讲思路、讲方法、讲要点”的“三讲模式”

这种教学模式是对“单向注入式教学模式”的根本改革，克服了“以教师为中心”的弊端，立足于发展学生的创造性思维能力和自学能力，体现了主体性教育思想。思路、方法、要点三者同样重要，构成等边三角关系。例如在美国的大学讲狄更斯，教师只讲一刻钟，然后出三道题：狄更斯的时代背景、狄更斯的作品以及他的生平。一个半小时后，学生便写出了一批文章，其中有些材料连教师都不知道。

(二)教学、科研、生产三结合的教学模式，简称“学、研、产”教学模式

这种教学模式设想于20世纪50年代后期。但在相当长的历史时期内，我国的教学、科研、生产这三大社会活动是相互独立的。然而，我们如果从教学、科研、生产发展的规律来考察，三者却有着内在的联系。教学是知识的传播，科研是知识的发现，生产是知识的物化。教学、科研、生产三者互相影响、互相促进，如图3所示：

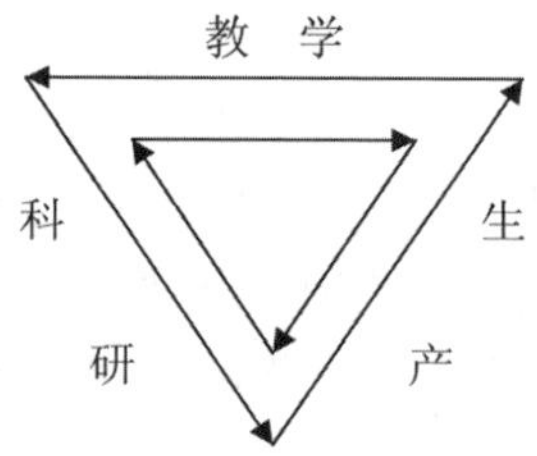

图3　“学、研、产”教学模式图示

由于现代科学转化为技术、技术物化为产品的周期大大缩短，从而增强了生产对于科技研究和教育的依赖。这是建立“学、研、产相结合”教学模式的客观依据。对以从业人员为主要对象的成人高等教育、特别是成人高等工程教育，采用这种教学模式更为便捷，更具有优势。

(三)信息化教学模式

这是现代信息技术引入教学过程建立起来的全新的教学模式。如CAI网络(计算机辅助学习系统)由于运用了计算机的存储技术，网络中的教材库教学内容十分丰富，随着多媒体计算机教学网络的

出现，学习者可以随机调用任何一部分教学内容，并可调整学习速度，它不受时空限制，是教学个别化的最佳形式。如采用卫星传输与网络教学相结合远程教育的技术模式。随着 Internet 教育网络的发展，实时(同步)与非实时(非同步)的教学方式将被普遍采用，这是已经充当社会角色的成教学生的最佳选择，是我国高等教育实现大众化的主要途径，也是教育现代化的重要标志之一。这种教学模式的效果取决于课件的开发。因为只有内容丰富、新颖、形象、生动、直观的课件，才能充分发挥多媒体网络技术的优势，从而避免传统的注入式课堂教学模式照搬上网。

(四)整合式教学模式

这是将传统的、现代的、行之有效的多种教学方法、手段与途径整合而成的教学模式。教育活动是一种丰富多彩的实践活动。各种教学方法、手段和途径以及赖以建立的教学模式，往往具有其独特的作用和优势，也具有局限性。它们之间并非是非此即彼的互相对立或排斥。例如，我国传统的函授教育是以分散自学为主的远距离教育形式同集中面授、实验等近距离教育形式相结合的模式，如果将"注入式"的面授教学改革为"三讲"模式，并引入计算机辅助教学系统，就能建立极具生命力的整合式教学模式。这种极富启发性的教学模式值得大力提倡。

上述四种教学模式的功能也是多样的。既可传授知识，又可传授技能；既能发展学生人格，又能发展学生的思维能力；既能满足学生群体的共性需要，又能满足学生的个性发展。因此，这四种教学模式，将是我国成人高等教育中起主导作用的基本教学模式。

(本文原载《湖南师范大学教育科学学报》2002 年第 1 卷第 2 期)

我国普通高校成人高等教育人文科学课程变革的启示

一

人文科学是研究人类的信仰、情感、道德和美感等的各门科学的总称，它包括哲学、语言学、文学、史学、艺术史、艺术理论、经济学、法学、政治学、社会学、伦理学、教育学、宗教学、民族学以及具有人文主义内容和运用人文主义方法的其他社会科学等。

人文科学一词来源于拉丁文 Humanitas，是人性与教养的意思。而作为一门综合性的学科名称，始于 12、13 世纪出现的意大利的世俗性学校。14—16 世纪欧洲文艺复兴时期，新兴资产阶级为了摆脱教会对于人们思想的束缚，与当时处于主导地位的神学研究相对立，重视人文研究，提出了人是宇宙的主宰、是万物之本、是一切文化科学的中心的世界观。19 世纪，人文科学成为英美学院和欧洲大陆大学预科的基础教育学科。进入 20 世纪以后，西方各国如同重视自然科学那样重视人文科学。例如美国高等学校本科生课程一般由三部分构成：普通教育课程、主修课程和选修课程。根据密芝根大学的研究统计，这三类课程分别占学生所学课程总量的 33%、34%、33%左右。其中普通教育课程又被称为文理教育课程，其目的是保证本科生的知识广度。麻省理工学院要求每个本科生必须完成人文、艺术和社会科学课程计划中的八门课程，每门 9 个学分，共计 72 学分，占获得学士学位所要求的学分总额的 20%。哈佛大学 1978 年公布的《公共基础课方案》，规定全体学生都要学习文学艺术、历史、社会哲学分析、外国语言文化等领域的基础理论知识。第二次世界大战前，日本大学的专业结构重文轻理。战后对专业结构进行了调整，发展了理工科专业。但直到1950年文科生比例仍在70%以上，在私立大学和短期大学里甚至达80%以上。

为了适应当代科技和经济的发展，世界各国的高等教育，正在朝着培养的人能够得到全面而和谐的发展这一目标进行改革，体现在专业结构和课程设计上，是文理之间的渗透和科技教育与人文教育并重。成人教育也是如此。

Krathwohl(1965)将成人教育目标分为三个层次：普通层次、中间层次和特殊层次。Kappa(1973)针对成人教育课程的普通层次，提出16个一般性成人教育目标，列举如下：

(1)发展民主之认知和好公民之责任和义务。

(2)发展社会需求和知觉适应能力。

(3)发展读、写、说和听的技巧。

(4)发展使用资料去思考、推理和解决适切的问题的能力。

(5)发展对家庭责任和生活之理解力和技巧。

(6)发展个人对周遭事物之价值和尊严之赞赏与尊敬。

(7)发展某一特殊行业之技能，且提供相关行业的知识。

(8)发展具有理财和资源管理者的理解力和技巧。

(9)发展对现在与将来学习，以及成为一个持续且独立学习者的欲望。

(10)发展有效利用时间、空间的能力和技巧。

(11)发展对个人和其家庭健康身体和安全习惯的理解力。

(12)发展对艺术文化欣赏和有效表达思想和艺术的能力。

(13)发展获得工作所需的资讯，以及利用资讯作咨询服务的能力。

(14)发展自知、自重和积极人生观。

(15)发展使用数字、自然科学、数学和社会科学的知识，作为个人生活和工作必须知识。

(16)发展继续就业，且具有持续的接受新的技巧的机会。

以上16个普通目标，涵盖了认知、情意和技能三大目标领域。

中间层次和特殊层次的课程目标，也涵盖了这三大目标领域。① 从整体上看，这 16 项课程目标充分体现了对人文素质的关注，体现了文理之间的渗透和科技教育与人文教育并重的原则。

二

中国以“人文学术之邦”著称于世。一般认为中国的高等教育始于殷的“右学”或西周的“辟雍”和“泮宫”。随后，战国时期的“稷下学宫”、西汉的“太学”、晋代的“国子学”、唐代的“六学二馆”及始于五代兴于宋代的“书院”都是高等教育机构。中国古代高等教育的内容，主要是“祖述尧舜，宪章(效法)文武”，崇尚“礼乐”和“仁义”的儒家学说。近代高等教育始于清末洋务运动和维新运动时期。1902 年(清光绪二十八年)颁布的《钦定高等学堂章程》，规定高等学堂开办的预科班分政、艺两科。政科为入大学堂政治、文学、商务 3 科的预备。开设的课程有伦理、经学(训解或阐述儒家经典之学)、诸子、辞章、算学、中外史学、中外舆地、外国文、物理、名学(逻辑学)、法学、理财、体操 13 门。艺科为入格致(自然科学)、农业、工艺、医术 4 科的预备。开设的课程为伦理、中外史学、外国文、算学、物理、化学、动植物学、地质及矿产学、图画、体操等。从以上课程和专业设置情况来看，我国近代高等教育是重视人文教育的。

民国时期的高等教育“文史不分家”，还注意开设文理交叉课程，一定程度上体现了“博雅教育”的特点。例如华中大学在 20 世纪 40 年代的课程设置，各专业普遍开设了哲学概论、伦理学、科学和写作等必修课程。社会科学和自然科学为文理各专业交叉开设的必修课。文学院开设中国通史和西洋通史。历史社会学系三、四年级分两组，一组主修社会学，一组主修历史学。该时期的高等教育一般重视“国学”和其他基础课程以及交叉课程的开设，重视人文素质

① 邓运林. 成人教育课程发展模式初探[M]. 台北：台湾书店，1990：58.

的培养。

三

20世纪50年代前期，我国高等学校普遍重视以马列主义基础与思想政治教育为主要内容的人文教育。有的高校如中国人民大学等，其主要任务是开设人文专业，进行人文教育。综合性大学大多设有人文专业，部分理工科院校也开设了人文课程。这个时期的人文教育，促进了我国上层建筑领域的革命性变革，激发了学生乃至全国人民的爱国热情和社会主义精神，推动了我国国民经济的恢复和发展。

随着社会现代化的进程，带来了高等教育的专业化和职业化倾向。片面强调专业化和职业化的结果，导致了一种片面的教育意识和教育行为，以为理工科教育以自然科学为基础，文科教育以人文科学为基础，并由此造成文、理分割以及科技教育与人文教育的对立。

为了适应计划经济的需要，1952—1954年，根据“以培养工业建设人才和师资为重点，发展专门学院，整顿和加强综合大学”的方针，对院系进行了调整，建立了大量单科性的专门院校，连当时颇有影响的清华大学、浙江大学等综合大学，也被调整为单一的高等工业学校，实际上不但削弱了综合大学，而且也削弱了整个人文教育。与此同时，为了改造旧中国的高等教育，创造新型的社会主义的高等教育，在当时的历史条件下，引入了苏联的高等教育模式。苏联高校的教学计划、教学大纲、教材大量译介到中国。据统计，1952—1955年，我国仿效苏联先后制订、颁发的各类高等学校统一的教学计划193个，修订统一的教学大纲348种，统一采用苏联教材628种。① 苏联50年代的教学模式和管理办法通过各种渠道移到了我国。中华人民共和国成立后，国内面临深刻的社会变

① 中央教育科学研究所. 中华人民共和国教育大事记(1949—1982)[M]. 北京：教育科学出版社，1984：129，154.

革，国际上帝国主义对我们全面进行封锁，当时强调学习苏联是历史的必然。在高等教育领域，通过学习苏联来改造旧中国高等教育，创建新型的社会主义的高等教育发挥了重要的作用。但是，苏联高等教育长时期来存在的问题是专业划分过细过窄过分专业化。自50年代后期，特别是60年代以来，苏联教育界认为老的培养青年专家的办法，无法适应以知识和技术更新速度加快为特点的新的时代需要，于是对专业进行了调整，由原来的600多种减少归并为270种，扩大了专业培养的口径，并相应地降低了专业课的比重，增加了基础课的时数，重视通识课程，强调打好基础。开设选修课，加强了文理科之间的联系与渗透，实现了"人文学科数学化，自然学科人文科学化"①。由于长达10年之久的"文化大革命"的干扰，我国高等教育未能及时学习和借鉴苏联高等教育改革的经验，以致在粉碎"四人帮"之后，通过否定"两个估计"和拨乱反正，我国高等教育基本上只是恢复到50年代苏联"对口深井式"的专业教育模式。

1966年5月至1976年7月的"文化大革命"，使党、国家和人民遭到中华人民共和国成立以来最严重的挫折和损失。教育领域尤甚，人文课程及教材被作为封、资、修的东西彻底否定。因此，有人提出"文科不一定要教材"，要"取消教材"，或只"以毛主席著作为基本教材"。学习毛主席著作又不引导学生全面理解和把握毛泽东思想的科学体系，而是根据"阶级斗争是一门主课"的观点，重点学习反映毛泽东同志晚年"左"倾错误论点的所谓"无产阶级专政下继续革命的理论"。这是在"左"倾路线影响下实用主义的课程理论与实践的典型体现。

党的十一届三中全会以后，随着我国经济与社会发展对人文科学人才需求的变化，人文科学中的应用学科专业得到了较大的发展。1983年12月，教育部在北京召开了高校文科教育座谈会。会议指出：高校文科要按照"三个面向"的方针，在专业设置、教学计划、课程设置、教学内容、教学方法等方面都要充实新内容，积

① 符娟明. 比较高等教育[M]. 北京：北京师范大学出版社，1988：204.

极进行改革。首先要对专业培养目标进行调整。过去高校人文科学本科专业强调培养高校师资和科研人员，兼及与专业有关的实际工作者。自1985年5月，《中共中央关于教育体制改革的决定》发布之后，随着研究生教育的发展，人文科学本科专业的培养目标调整为以培养国家经济建设与社会发展需要的实际工作者为主。与之相适应，对教学计划进行了修改。本科强调加强基础教育和实践环节的教育。1986年，全国许多高校开展了关于教育思想的讨论。通过讨论，进一步明确了人文科学的根本任务是培养具有坚定正确的政治方向、坚持“四项基本原则”、坚持党的基本路线、为建设具有中国特色的社会主义献身的德、智、体全面发展的各类人才，进一步明确了人文科学本科教育应以培养实际工作人才为主。1988年，国家教委印发的《关于加强和改革高等文科教育的意见》中指出：文科的专业培养目标也应根据社会需求变化加以适当调整。应用文科专业主要培养实际工作者；基础学科专业除了培养教学、研究人员以外，也应该注意培养实际工作者；教学、研究人员也要重视和学会做实际工作。

改革开放以来，我国高等教育根据变化了的现实作了若干改革，专业培养目标、专业结构和课程结构均作了调整。基础学科专业得到加强，应用学科专业有了较大发展。“文革”中被砍掉的政治学、社会学，心理学等人文社会科学专业得到恢复和重建。但是，我国高等教育的改革并未跳出20世纪50年代初期从苏联学来的高等教育框架。苏联早已解决了的专业划分过细、培养口径过窄的问题，我们仍在延续，甚至有过之而无不及。例如我国高校人文社会科学本科专业1963年为101种，1989年发展到398种，同年经调整后于12月正式公布的目录压缩为193种，又新增加21种，共214种。专业划分越来越细，专业种类越来越多，只是反映了过于专业化的一种教育理念，并不表明对人文社会科学的重视。1931年苏联曾经提出一个口号：“技术决定一切”，于是大力发展理工类专业，比较忽视人文社会科学专业。而我国高等教育中的重理轻文比那时的苏联走得更远。我国教育部于1998年7月公布了普通高校本科专业目录。新的专业目录分设了哲学、经济学、法学、教育学、文学、历史学、理学、工学、农学、医学和管理学11个学科门类，下设二级学科71个。专业数由504种减少至249种。其中人文社会科学(含经济学和管理学)专业数为117种，约占专业总数的47%。新的专业目录基本解决了专业过窄的问题，并正在带动课程变革。

四

我国成人高等教育的课程发展受制于普通高教的课程发展。成人高等学历教育以函授与夜大教育为主，培养对象一般为已有一定的实践经验的从业人员，另有少量脱产班。20世纪80年代主要是干部专修科，90年代以来一般招收往届或应届高中毕业生，属于职前教育。这里研究的是业余高等教育的课程变革，重点是人文社会科学的课程变革。

“文革”期间的所谓“教育大革命”实为“大破坏”，人文社会科学更是首当其冲。中华人民共和国的人文社会科学建设已有17年的历史，却又提出“彻底改革旧文科”，“文科要把整个社会作为自己的工厂”，“要以阶级斗争为主课”，“以社会为课堂”，要“用革命大批判改造文科大学”，等等，彻底否定了十七年来我国人文社会科学建设取得的成绩。1966—1970年高等学校停止招生5年。1970年以后各校相继恢复办学，招收初中以上毕业的工农兵学员，保送入学学习。当时的人文社会科学的培养目标是“三忠于”的“反帝反修”和“批判资产阶级”的“战士”与“劳动者”。招生对象是“有实践经验”的从业学员。学制一般为两年或两年半。开设的课程少而且很不规范。例如1970年编制的综合大学中文系教学计划开设的课程是：思想政治教育和形势任务教育、毛主席哲学思想、党内两条路线斗争史、毛主席文艺思想、毛主席诗词、写作、无产阶级革命文艺(革命样板戏)、鲁迅、文学专题、军体课、劳动课。语言文学方面的基础理论和专业课程被取消。历史系的课程设置是：政治课(包括形势与任务教育、阶级教育、党的方针政策和战备形势教育)、历史唯物主义(包括辩证唯物主义)、革命史(中共党史、国际共产主义运动史、中国人民反帝斗争史、中国农民战争史)、社会调查与写作、军事体育。中国史被割裂，中国通史与世界史被取消。哲学系也只开设毛主席哲学思想、党内两条路线斗争史、国际共产主义运动史、“马恩列斯”哲学著作选读、反动哲学批判、政治经济学等六门课程。在“文革”期间“左”的政治路线支配下的人文社会科学各专业课程模式的共同特点是：起点低，培养口径窄，内容空，无系统的学科基础知识教学，传递人类文化遗产的课程功能被否定了，是实用主义课程理论的极端表现。自 1973 年以后，一部分普通高校陆续恢复的函授教育，其人文社会科学课程设置的上述特点更为突出，直至中共十一届三中全会以前的函授教育，国家不承认学历。

以 1978 年 12 月 18—22 日召开的中共十一届三中全会为标志，我国的历史进入了以经济建设为中心与改革开放为特点的新的发展时期。为了适应我国经济与社会发展的需要，党和政府确立了教育优先发展的战略地位。高等教育贯彻“两条腿走路”的方针，既发展普通高等教育，又发展成人高等教育，普通高校举办的函授和夜大教育迅速得到了恢复和发展。

1980 年 8 月 26 日《教育部关于大力发展高等学校函授教育和夜大学的意见》，要求“高等学校举办的函授教育和夜大学，要参照全日制高等学校相关的教学计划和教学大纲进行教学，要建立严格的考试制度，保证毕业生达到相当于全日制高等学校同类专业的水平”。一个“参照”，一个“水平相当”，这是改革开放以来我国普通高校成人高等学历教育课程设计的基本指导原则。依据这一原则，80 年代初期一部分普通高校(以师范院校为主)制定的人文社会科学各专业五年制本科函授与夜大的课程设置同四年制本科全日制课程相比，除了未开设或减少政治课(因学员参加任职单位组织的政治理论学习)等公共基础课之外，专业课程几乎照搬全日制的。三年制函授、夜大专科课程与二年制普通专科课程相比，也主要是减少了公共基础课，而专业课程设置也大体一致。从 80 年代后期，尤其是 1992 年邓小平“南方谈话”和党的十四大明确“我国经济体制改革的目标是建立社会主义市场经济体制”以来，成人高等教育课程的发展有了如下特征：(1)为了适应社会主义市场经济和社会发展对人才素质的要求，不断开发和设计新的课程，课程门类增多，每门课程的教学时数减少。综合大学函授与夜大学的人文社会科学各专业专科，在“文革”前一般开设12~15门课程，20世纪90年代以来一般开设18~20门课程。师范院校在20世纪80年代初期的五年制本科中文与历史专业的函授和夜大学教学计划一般开设必修课8~10门，没有选修课。90年代以来，各校大多停办了五年制本科业余教育，发展了专科起点的三年制本科业余教育，中文、历史等专业开设的课程必修课一般8~10门，选修课3~5门。与五年制教学计划相比，因起点不同，学制短了，而课程门类却增加了。(2)教学内容的更新。逐步实现从传统的教学内容到反映当代社会生活的教学内容的转变，办法是更新课程门类，调整课程结构，修改或重新编写传统课程的教材。许多课程注意把四化建设的新经验和科研中的新成果吸收到教学中来。有的进行文理渗透，增加了新材料、新观点。(3)在整个80年代，课程发展的趋势是越来越专业化，实践性课程被忽视。这种倾向近几年开始有所改变。

五

我国成人高等学历教育的人才培养模式、课程体系和教学内容，主要形成于20世纪50年代前期学习苏联。1958年的“教育大革命”对“苏式高教模式”进行了冲击。60年代初，经过调整，又恢复了“苏式高教模式”并有所发展。“文化大革命”中的所谓“两个估计”①全盘否定了中华人民共和国成立以来17年的教育工作，经过拨乱反正，否定了“两个估计”，肯定了“文革”前17年教育战线

① 1971年4月15日至7月31日，国务院在北京召开全国教育工作会议通过的“纪要”，对“文化大革命”前17年的教育作了“两个估计”，即教育战线是资产阶级专了无产阶级的政，是黑线专政；大多数教师和所培养的大批学生的世界观基本上是资产阶级的，是资产阶级知识分子。粉碎“四人帮”之后，经过拨乱反正，彻底否定了“两个估计”。

取得的成绩，苏式高教模式，尤其是专业结构与课程结构得到了恢复和更大的发展。我国20世纪50年代初学来的“苏联高教模式”是“十月革命”不久之后的20年代形成的，是在高度集中统一的政治、经济体制下发展并为其服务的。这种高教模式长期以来影响和制约着我国高教的改革和发展，以致我国高等教育目前仍然存在着专业过窄①、人才培养模式单一、人文教育薄弱、教学内容陈旧、教学方法过死等问题。这些问题在成人高等学历教育中同样存在。

回顾我国高等教育课程发展和人文社会科学课程变革的历史，给我们的启示是多方面的。

(一)树立正确的教育观、课程观和人才观

正确的教育观反映了人们对教育本质的认识，集中体现在教育方针上，并制约着课程的发展。近半个世纪以来，我国的教育方针始终是正确的，这是我们的教育事业取得显著成就的根本原因。但是贯彻国家的教育方针不全面、不坚定，又影响了教育改革的深入和发展，首先影响了课程改革和发展，可见更新教育观念，深刻理解和全面把握国家的教育方针，是教育战线面临的既紧迫而又长期的任务。

教育观决定和制约课程观，课程观又是教育观的集中体现。正确的课程观，首先要明确课程在贯彻国家的教育方针、实施教学过程中的基础性地位和核心作用，充分认识课程对社会发展和受教育者个人发展的特殊意义和作用，从而重视课程设计，加强课程管理。其次，要明确课程的价值取向必须同教育目标保持一致。课程本来就是为实现学校教育目标而选择的教育内容的总和，因此，脱离教育目标的课程无价值可言。而我国高等学校教学领域长期存在的一个问题，就是我们的课程价值观同我们所追求的教育目标始终没有取得完全一致。再次，要明确社会发展对人才素质的要求和受教育者对自身素质提高的期望，是课程发展的原动力。因此，教育

① 我国高等学校专业种数最多时达到1400种，经过几次调整，1993年从800多种调到504种，1998年又调到249种。

工作者要重视对人才问题的研究。树立正确的人才观，是获得正确的课程观所必需的。由此可见，正确的人才观与教育观是确立正确的课程观的两个支柱。最后，树立正确的课程观还有赖于课程管理者认真学习课程理论，不断总结课程工作实践经验，探讨课程发展的规律，注意防止和克服课程思想中的片面性。

(二)正确处理政治与人文科学课程的关系

政治这一频繁使用的概念，马克思主义经典作家对其本质、属性、基本内容和特征均有精辟的阐述，为研究政治现象和给政治下定义提供了指导思想。理论界对政治的界说众说纷纭，但至今还没有公认的确切定义。这里采用以下的说法：政治是“上层建筑领域中各种权力主体维护自身利益的特定行为以及由此结成的特定关系。它是人类历史发展到一定时期产生的一种重要社会现象。政治对社会生活各方面都有重大影响和作用”①。毫无疑问，这种“影响和作用”当然也包括教育和课程在内。只要世界上还存在着国家，政治对教育及其课程的影响和作用就不会消失。应当肯定：政治主导教育、教育为政治服务，是教育发展和课程建设自身发展的一条重要规律，其中政治与人文课程的关系更为密切。这是因为人文科学总的说属于意识形态范畴，不少人文专业的课程内容具有鲜明的阶级性和政治倾向性。政治既是权力主体的一种“特定行为”与重要的社会现象，属于实践的范畴；政治又是一门学科，即政治学，作为教学内容，本身属于人文社会科学课程。这里讲的政治与人文课程的关系，“政治”的含义是指前者。

中国共产党领导中国革命和建设的过程中，一贯倡导教育为政治服务，坚持用马克思列宁主义的立场、观点和方法来指导人文科学课程建设，进行人文教育，包括基础教育和成人教育中的人文教育都取得了许多宝贵的经验。但在具体实施过程中，又时有失误，甚至严重失误，及至十年动乱中搞成了“政治冲击一切文化课”，

① 中国大百科全书编辑部. 中国大百科全书(简明版，第 11 卷)[M]. 北京：中国大百科全书出版社，1998：4143.

不但根本否定了人文课程与人文教育，而且政治又是极左的和空洞说教的“政治”，或者走向另一个极端，过分强调教育的独立地位，搞“智育第一”，“分数第一”，甚至认为“好分数可以掩盖坏的品德”，人文教育变成了单纯的知识传授，割裂和损害了人文课程价值。半个世纪以来，我国人文社会科学课程曲折发展的历史说明：只有当人们正确理解政治与教育的辩证关系，既承认政治对教育的支配作用，又尊重教育自身的规律；在人文社会科学课程建设中，既坚持正确的政治方向，又遵循人文课程作为独立学科自身发展的规律，人文教育与人文课程才能显示其勃勃生机，并得到健康发展。

（三）正确处理人文科学与自然科学的关系

作为教育内容的知识，是人们在社会实践中积累起来的经验。人们的社会实践包括两个方面：社会或文化方面的活动和生产活动。人文社会科学与自然科学是这两类实践经验的积累和总结。其中哲学是两类实践的概括。这两类实践及其与之相应的两类学科，就像人类社会历史前进的车轮，缺一不可，且不能偏废，否则就越轨，成为大问题。人文科学与自然科学并重，是体现课程发展客观规律的基本经验之一，最终是由人类社会发展的客观规律决定的。《纽约时报》的老主编哈特写过一本书《历史上最有影响的 100 人》。这 100 人中，37 人为科学家，30 人为政治家、军事家，14 人为哲学家，11 人为宗教领袖，2 人为探险家。可见从事人文社会活动的人占了 60%以上。在上述 100 人中，居前 25 位从事人文社会活动的有 15 人，也占 60%。当然，从事人文活动的人不一定是人文专业出身的人，但一定是具有人文素质的人。然而，哈特的看法，毕竟说明：“人类的精神活动，人类的人文活动对人类社会的推动作用应与物质文明作用并驾齐驱，任何一个社会都是物质文明与精神文明相结合的，没有一个社会可以离开这两者。”①现代自然科学与人文社会科学紧密结合和相互渗透的结果，产生了一系列新的学

① 朱家新，徐亚东．中国教育家展望 21 世纪［M］．太原：山西教育出版社，197：246.

科，从而开辟了新的知识领域，为当代社会经济的发展注入了新的活力。

但是，我国高等教育课程发展存在的一个突出问题是：自然科学与人文社会科学互相割裂和对立，“重理轻文”。“学好数理化，走遍天下都不怕”，这句话流传了几十年，导致学生人文知识欠缺。20世纪50年代末和60年代中，美国受到苏联人造卫星的冲击，感到科学教育落后；随着工业的发展，不仅要学习科学技术知识，培养科学技术人才，而且要重视社会、政治、道德的问题，培养出能按人类目的给科学技术指明发展方向的新一代。这种把科学技术教育和人文主义教育结合起来的课程理论，被称为科学人文主义课程理论，受这种理论的影响，美国的麻省理工学院规定：主修文科的学生必须学习占学位课程16.5%的自然科学课程；主修理工科的学生必须学习人文、艺术和社会科学课程8门，体现了文理结合、相互渗透的原则。我国普通高校的课程正在进行改革，但改革的步子太慢，还并未真正做到自然科学与人文社会科学紧密结合、互相渗透。而成人高等教育，从表面看是“重文轻理”，人文社会科学专业及课程约占90%，自然科学专业及课程不及30%。从整体上看，在一定程度上改善了两类专业及课程的结构。但许多学员选学人文科学，是因为理工科基础太差，又认为文科比较容易过关，并不是真正认识人文科学的重要性。

我们讲素质教育、创造教育，就要重视人文教育，重视人文素质的培养，并在课程建设、课程设计和课程评价中，真正体现人文社会科学与自然科学并重的原则。

(四)正确处理通才教育与专才教育的关系

通才教育培养的人才，发展较全面，知识面较广，活动领域较宽，又称“一(横)型人才”。专才教育培养的人才，专业方向较为集中，只在某一领域或某一领域的某个方面具有专门知识和技能。20世纪50年代以来，现代科学的发展一方面高度分化，一方面又高度综合，这是科学发展的规律。因为科学研究既要向深度进军，又要向广度进军。但是，反映在教育领域，尤其是高等学校的普通本、专科教育和成人本、专科教育领域，长期以来，只看到“分化”，忽视了“综合”。专业种类和课程门类越来越多，专业培养口径越来越窄。重专业课，忽视基础课；重专门知识，不重复合知识。有些部门办的大学从自身需要出发，注重传授本部门、本单位所需要的专门知识，以便学生毕业后能尽快适应所在岗位的工作，专业基础课和专业课占整个课程80%以上。过分专业化的结果是学生的知识结构比较单一，从而造成了人才素质上的缺陷。

通才教育必然要重视基础课程，设置跨学科交叉课程，研究和开发综合化课程。实施通才教育并非不重视专业课和专业技能课，不是否定专才教育，而是如何实施专才教育、培养专才的问题。对这个问题回答，一些名家成长的道路给了我们启示。鲁迅原是学医的，却成了伟大的思想家和文学家。郭沫若原是学医的，却成了杰出的诗人、作家、考古学家、历史学家、古文字学家和社会活动家。钱锺书原修外国(英、法)语言文学，而他却学贯中西，博古通今，融广博的知识和精卓的见解于一体，是国内外享有盛誉的作家和文学研究家。钱学森原本学铁道机械工程，后留学美国获加利福尼亚理工学院航空及数学博士学位，是我国著名的物理学家，中国航天事业的杰出奠基人之一。李四光原攻造船业，后来成了著名的地质学家、古生物学家、冰川学家和政治活动家。陈景润是数学家，但也研究现代经济管理、科学实验和尖端技术。爱因斯坦是物理学家，但并不局限于物理学的某个领域，而是在量子论、分子运动论、相对论等物理学的三个领域推动了物理学的革命。牛顿是物理学家，经典物理学理论体系的创立者，晚年还研究宗教。大量杰出人才成功的事实说明：专才不能局限于某个专业或某个专业的某个方面，专才要以通才为基础。就教育而言，应坚持专才教育与通才教育相结合。专才教育寓于通才教育之中，在博的基础上求精深，这是人才成长和杰出人才成功的普遍规律。

普通高等学校的本科教育应实行通才教育与专才教育相结合，以通才教育为主。也就是说，大学本科主要是打好基础，包括共同的和专业的基本知识、基础理论和基本技能。还有重要的一点就是要学会学习，学会研究问题，发展创造性思维能力，但也要确定专业方向，开设必要的专业课程。而研究生教育则应以专才教育为主，充分发展研究生的创造个性。高中起点的成人高等本科教育，原则上也应该实行通才教育与专才教育相结合。根据受教育者已是从业人员这一特点，应本着“保证基础，注重应用”的原则，尽可能满足从业人员的岗位需要。专科起点的本科教育是具有继续教育特点的学历教育，可以根据“完善基础知识结构，强化专业主干课程和不必拘泥于原专业而合理嫁接”的原则进行课程设计，从而体现通才教育与专才教育相结合的原则。这二者的结合在普通专科和成人专科课程设计中，宜实行基础课(包括共同基础课和专业基础课)和专业课(重点是专业技能课)并重。

人文社会科学各专业实行通才教育与专才教育结合，首先要在人文社会科学大的学科门类中拓宽培养口径，其次是在人文社会科学领域跨学科门类选择部分教学内容，还要实行文理交叉，选择部分自然科学课程。各类课程的比例可因专业不同而有所变化。

当代世界性问题的一个重要方面，就是变化的节奏愈来愈快，这主要是由于科学技术变化所致。我们在教学上要跟上科学技术变化的步伐是十分困难的。于是，需要我们的高等教育担负起提供一个牢固基础的任务。“这一基础是一般文化共同的主干，以后的职业或其他方面的培训均可嫁接其上。这就要求学校不仅能够与变化共存，而且能够培养学生适应变化。这种双重要求促使人们给予未来学校教育内容和结构以足够的灵活性，并注意把学校和外部世界、把学校和国家及国际社会的文化、经济生活持久地结合起来。”①这就是高等教育实行通才教育与专才教育的客观依据。

(五)正确处理批判与继承、借鉴的关系

这是一个如何对待人类文化遗产的问题。马克思说过：“人们创造自己的历史，但是他们的创造并不是随心所欲的，并不是在他们自己所选择的情况下进行的，而是在既有的、直接摆在他们面前

① [伊朗]S. 拉塞克，[罗马尼亚]G. 维迪努. 从现在到2000年教育内容发展的全球展望[M]. 北京：教育科学出版社，1996：274.

的、从过去继承下来的情况下进行的。”①列宁认为对于遗产既不能简单否定，也不能全盘继承。保存遗产，完全不等于还局限于遗产，而是为了发展，因为“只有用人类创造的全部的知识财富来丰富自己的头脑，才能成为共产主义者”②。关于批判继承文化遗产问题，毛泽东更有系统的论述。他说：“中国的长期封建社会中，创造了灿烂的古代文化。清理古代文化的发展过程，剔除其封建性的糟粕，吸收其民主性的精华，是发展民族新文化提高民族自信心的必要条件。”③上述关于批判与继承、借鉴人类文化遗产的论述，概括起来就是“古为今用，洋为中用”。这也是人文社会科学课程改革应遵循的原则之一。

然而，近半个世纪来，我国人文社会科学课程变革并未始终坚持这一原则：或者兼收并蓄，放弃了批判；或者割断历史，盲目排斥外来文化，否定继承和借鉴。后者尤甚。粉碎“四人帮”之后，经过拨乱反正，人文社会科学专业和课程得到了恢复和发展。改革开放的政策为正确处理批判与继承、借鉴的关系，创造了良好的社会环境。但也仍然存在着两种倾向：其一是在知识猛增的时代，把知识更新与继承传统文化对立起来，忽视对传统文化的继承；其二重视外来文化却又缺乏科学的评析与选择。现在从外国搬来许多新概念、新方法，其实有些东西并不新。上述两种倾向的共同特点是对人文课程的价值估计不足，对优秀的传统文化和选择可供借鉴的外来文化在人文素质教育中的重要作用估计不足。北京大学著名学者季羡林老先生认为中国优秀传统的人文精神集中起来就是两点：一是爱国主义，二是有骨气。这种概括可能不够全面，但仅就这两点即可说明人文教育的重要性。如果对人文素质、包括人文精神和人文技能的重要性缺乏足够的认识。就无法正确处理批判与继承、借鉴的关系。

---

① 马克思恩格斯论艺术(一)[M]. 北京：人民文学出版社，1960：187.
② 列宁选集(第4卷)[M]. 北京：人民出版社，1960：348.
③ 毛泽东选集(第2卷)[M]. 北京：人民出版社，1991：707-708.

(六)正确处理理论与实践的关系

如何处理好理论与实践的关系，是教学过程和课程变革经常遇到的问题。

从认识论的角度看，教学过程本质上是一种认识过程，是受教育者在教育情境中的特殊认识过程。作为一种认识过程，它自然接受人类认识活动普遍规律的制约。教学过程之所以成为特殊的认识过程，是因为教师的“教”介入了受教育者的认识活动，使得受教育者的“学”成为可调控的过程，从而指向特定的教育目标，导致预期的效果。而教师的介入，又主要是借助课程和教学内容、教学方法。教学过程贯彻理论联系实际的原则，不单是教学方法问题，首先是课程设计问题。

课程设计贯彻理论联系实际的原则，实际上是如何看待知识与能力及其相互关系的问题。知识本身只是形成能力的潜在的前提和条件，只有当它内化于人的身心时，才能形成能力和素养。着眼点是能力，前提和条件是知识。教学过程是教师引导学生积累知识和形成能力的过程，而二者的结合首先要体现在课程设计中。

纵观中华人民共和国成立以来的课程变革，在处理理论与实践的关系时，“文革”期间“以干代学”，强调实践，否定理论教学。“文革”前及粉碎“四人帮”之后至今，则主要强调理论教学，忽视实践。从整体上看，主要倾向是重理论、轻实践。

任何课程设计总是在一定的课程思想指导下进行的。当今世界课程理论流派很多，上海教育出版社出版的《教育大辞典》就介绍了 29 种。对我国课程设计影响最大的是学科中心主义和实用主义。学科中心主义课程理论又称“知识中心论”，是以教学各学科知识为中心任务的课程理论。这种理论认为，学校教育的目的在于把人类千百年来积累下来的文化科学知识传递给下一代。教师的任务是把各门学科的知识教给学生；学生的任务是掌握预先为他们准备好的各门学科的知识。按照这种理论编制课程，有利于传授系统的科学知识，继承人类文化遗产；但容易忽视学生的兴趣和特长，忽视对学生实践能力的培养。我国古代以六艺为开端的课程主要是以学科为中心的课程；20 世纪 50 年代学习苏联的课程也是学科中心主义课程理论的典型体现。我国课程设计中重理论、轻实践的倾向，其理论根源便是学科中心主义课程理论。实用主义课程理论是以实用主义哲学为基础的课程理论。这种理论认为教育就是经验的改造，决定教育质量的不是教材，而是受教育者本身的社会活动，即“从做中学”，要求把各种社会实践活动列入学校课程，基本技能的学习，也要围绕各种活动来进行。这种课程有利于结合受教育者的工作和社会生活实际，但难以获得系统的科学理论知识，不利于传递人类文化遗产。

现代高等教育的课程设计若要贯彻理论联系实际的原则，需要现代课程理论的指导。这种理论博采众长，特别注重融合上述两种课程观的优点并加以发展。课程设计不应偏离社会要求、学科要求和受教育者的要求，力求三者之间的均衡。

普通高校成人高等教育的人文课程设计贯彻理论联系实际的原则，在具体操作上要注意以下四点：(1)在课程目标设计上，不仅要有基本理论方面的要求，而且要有基本技能和社会实践能力方面的要求，如书面与口头表达能力、组织协调能力、交际能力、审美鉴赏能力、信息吸收与处理能力、应变能力等，都要有明确的要求，尤其要重视创造性思维能力的训练；(2)要区分理论课程与实践课程，并明确二者的比例关系；(3)有的理论课程有实践环节的也必须予以明确；(4)教师对学习方法的指导和学员掌握学习方法的要求也必须是明确的。1995—1996 年，由国家教委组织的对全国普通高校函授与夜大学教育评估中，遇到了一个带普遍性的问题：课程设计不规范；而且上述四个方面没有明确规定，有的明确了并未落实。总之，课程设计与课程实施随意性大，影响了人文社会科学课程的教育质量。

(七)正确处理共性与个性的关系

普通高教与成人高教的人文教育既有共性，又有个性。共同的目标是贯彻国家的教育方针，培养“四有”人才。人文课程教育的任务是造就和提高受教育者的人文素质，具体包括以下几个方面：

1. 提高理论素养

恩格斯有一句名言："一个民族想要站在科学的最高峰，就一刻也不能没有理论思维。"①理论思维离不开良好的素养，提高素养要从两个方面努力：一是增强理论意识，即提高对理论在工作和生活中的重要性的认识；二是具备一定的理论知识和建立合理的理论知识结构。重点是要学习和掌握马列主义、毛泽东思想和邓小平理论，这是理论知识结构的核心和灵魂。

2. 树立正确的人生观、价值观

如何摆正个人与社会的关系，这是基本的人生哲学问题，而人们对理想和现实及其相互关系的理解以及所持的态度，是从人生观的基本问题派生出来的。树立正确的人生观就是要正确理解和处理个人与社会、现实与理想的关系。这里的价值观是指对人生价值的看法，即指作为客体的个人对作为主体的他人、集体和人类社会所作的贡献。人生观价值观的具体体现是多方面的，如是非观、生死观、公私观、苦乐观、荣辱观、美丑观、爱情观、人才观等。因此，树立正确的人生观、价值观，涉及众多的人文社会科学。

3. 提高民族文化素养

民族文化是一个民族的根基。我国的优秀文化传统需要中华儿女世代加以珍惜、继承和发扬，并需要借鉴进步的、有价值的世界各国文化来丰富我们的民族文化。民族文化的强大凝聚力是两个文明建设的重要保证。我国有一个知名企业的领导很注意用优秀文化传统构建现代企业精神，注重用道学智慧精华——"无为"原则来指导管理企业。该企业所制定的一切制度既严格又不伤彼此的感情，渗透着道家的深邃哲理。将传统文化融于现代企业的经营思想，是该企业兴旺发达的绝招之一。提高全民族的民族文化素养，增强民族自豪感，发扬爱国主义精神，推动社会主义现代化建设具有十分重要的意义。

4. 提高品德素质

品德素质包括心理品质、道德品质和思想品质三个层次。心理

---

① 马克思恩格斯选集(第3卷)[M]. 北京：人民出版社，1972：467.

品质包括求知欲、创造欲、专注力、意志力、勤奋、坚韧等心理特征。道德品质“是在对待千象万物的社会生活，对待自己、他人、集体、国家的认知准则和行为规范的‘内化——外化’与‘再内化——再外化’这一过程中逐步形成的，它是评价他人和自己的行为与调整他人和自己的关系的尺度”①。所谓“认知准则和行为规范”的“内化”，主要是通过学习和教育实现的。思想品质主要指政治思想立场和世界观，也包括前面说到的人生观、价值观。在现代人的品德素质中，这是灵魂、是方向、是最基本的素质。提高品德素质需要有良好的大环境的积极影响，但主要靠人文教育。

5. 提高审美素质

随着知识经济的来临，人们越来越重视创造性思维能力的培养。而想象力是创造性思维能力最本质的内涵，审美则是培养和训练想象力的最佳途径，同时又是社会文明的标志。培养和提高受教育者的审美素质，并使其“按照美的规律”来改造世界，建设高度文明的美好社会，这是人文教育特有的功能。

人文素质有着丰富的内涵，基本内容是以上五个方面，这些都是普通高教和成人高教人文课程的共同目标。但是，两类高教人文课程的设计应体现各自的特点。普通高教人文社会科学本专科各专业课程既要系统讲授基本理论，又要重视人文技能训练，包括语言、写作、创作、社会调查和其他社会实践能力的训练。既要妥善安排和切实提高课堂教学质量，又要积极组织专业性、学术性的社团活动，充分发挥第二课堂的人文教育功能和作用。成人高教的学生大多是从业人员，已有一定的社会阅历和实践经验，若要处理好理论与实践的关系，应侧重在理论上的提高，人文技能训练可相对减少。宜多开设综合化课程，适当减少课程门类。远程成人高等教育还需要配套提供自学指导书和参考资料，还要逐步创造条件提供视频磁盘之类的辅导教材。总之，两类高教人文社会科学的课程设计既有共性，又有个性；尤其是成人高教不能照搬普通高教的课程

① 曹福成. 大教育与现代人的培养[M]. 太原：山西教育出版社，1997：31.

模式，要有自己的特色。

半个世纪以来，我国高等教育(包括成人高等教育)人文社会科学专业及课程发展走过曲折的道路，经历了大起大落的过程，既有丰富的经验，又有深刻的教训。无论是经验和教训，作为反馈信息，都是新的课程变革的重要依据。

2003 年 5 月

论普通高校成人高等学历教育教学过程及管理

我国普通高校举办的成人高等学历教育在改革开放以来有了很大的发展，已成为我国高等教育一个重要的、有着广泛影响的组成部分。因此，重视普通高校成人高等学历教育教学过程的管理，特别是重视函授教学过程管理，确保培养规格和质量有着十分重要的意义。

什么是教学过程？从本质上来说，教学过程是一种认识过程，是学习者(即受教育者)在教育情境中的特殊认识过程。这个定义是对一般教学过程的界定，它包括成人教育教学过程。

成人教育教学过程作为一种认识过程，它自然接受人类认识活动普遍规律的制约。人的一般认识过程，“从生动的直观到抽象的思维，并从抽象的思维到实践”①；或者“从感性认识而能动地发展到理性认识，又从理性认识而能动地指导革命实践”②。成人学习者在教学过程中的认识活动，就其整体而言，也体现着这一普遍规律。

但是，教学过程作为学习者在教育情境中的特殊认识过程又有其不同于一般认识过程的特殊性，这表现为两个方面：

(1)在教学情境之下，教学是学习者的“学”与教师的“教”所组成的共同活动，具有“双边”的性质。在这种“双边”活动中，教师的“教”介入了学习者的认识活动，使得学习者的“学”成为可控制的过程，指向特定的目标，并由此导致预期的效果。

---

① 列宁全集(第38卷)[M]. 北京：人民出版社，1959：181.

② 毛泽东选集(第1卷)[M]. 北京：人民出版社，1991：296.

(2)在教学的双边活动中，学习者的“学”是由教材为中介与教师的“教”相联结的，从而使教学活动又成为一种“三体”的关系。“三体”——学习者、教材和教师的交相作用，使得教学过程成为一个复杂的矛盾统一体。在教学过程中，学习者的认识活动，主要是学习和继承编辑在教材之中的人类已有的知识、技能，把他人的认识转化为自己的认识，把人类的认识转化为个体的认识。

“双边”的活动和“三体”的关系，这两个本质特点规定着成人教育教学过程作为一种特殊的认识过程的全部性质和作用。

既然教学过程是一种特殊的认识过程，为了使这个特殊的认识过程获得最佳效果，即保证教学质量，就要重视教学过程的管理。

教学工作是学校的中心工作，教学管理是学校管理工作的核心。成人教育的管理工作千头万绪，必须围绕教学工作展开。成人教育管理工作者任何时候都不要忘了管好教学，都不能放松对教学过程的管理。

总结我国成人高等学历教育办学过程管理的实践，借鉴世界各国成人高等教育教学管理的经验，我们认为我国普通高校成人高等学历教育教学过程管理的基本原则是：统筹原则、“质量第一”的原则、教育性原则、系统性原则、规范性原则、开放性原则、激励性原则。

(一)统筹原则

统筹原则主要是指普通高校要处理好“两条腿走路”办学的关系，合理利用教育资源。具体包括“发展规模、专业设置、机构编制、基建项目”等的统筹。

(二)“质量第一”的原则

成人高等学历教育教学过程管理的出发点和归宿，是为了保证教学质量和提高教学质量，确保培养规格，实现培养目标。为此，教学过程管理必须贯彻“质量第一”的原则。当前，我国正处在经济体制变革的时期，即由计划经济向市场经济变革的时期。成人高等学历教育要贯彻“质量第一”的原则，主要解决好三个问题：要树立科学的质量观，要增强市场意识，要正确处理社会效益与经济效益的关系。

1. 关于科学的质量观

科学的质量观包括两层意思：

(1)明确质量标准。《中共中央关于教育体制改革的决定》规定我国高等学校总的目标是培养“有理想、有道德、有文化、有纪律、热爱社会主义祖国和社会主义事业、具有为国家富强和人民富裕而艰苦奋斗的献身精神”的各方面的高级专门人才。所有这些人才，“都应该不断追求新知，具有实事求是、独立思考、勇于创造的科学精神”。中共十五大报告不但提出了“积极发展各种形式的职业教育和成人教育”，而且还要求“合理配置教育资源，提高教学质量和办学效益”。上述规定既适合普通高等教育，也是对成人高等教育的要求。1956 年，当时的高等教育部明确规定各专业的函授生的培养目标与正规高等教育相应专业的学生相同。同年，高等教育部关于在高等工业学校中试办函授教育的有关文件规定：“高等工业学校函授部的函授专业，其培养目标与业务范围与正规高等工业学校四年制毕业生同等的质量。”1969 年 1 月 19 日，中华人民共和国教育部在《关于加强全日制高等学校和中等专业学校函授、夜校教育工作的通知》(草案)中又规定：“高等和中等专业学校函授、夜校的教学内容，应当分别具有高等和中等专业教育的知识水平，务必做到名实相符。”1980 年，《教育部关于大力发展高等学校函授教育和夜大学的意见》中又明确规定：高等学校举办的函授、夜大学教育，要参照全日制高等学校相关的教学计划和教学大纲进行教学，“保证毕业生达到相当于全日制高等学校同类专业的水平”，在工作使用、评定职称和进行套改等问题上，应与全日制高等学校同类专业毕业生同等对待。1981 年 2 月 20 日，中共中央、国务院《关于加强职工教育工作的决定》明确规定，职工学完高等学校的课程，“按规定考试及格者，应承认其学历，并与全日制学校同类专业的毕业生享受同等的工资待遇”。1983 年国务院办公厅国办发(1983)7 号文件规定：职工大学、职工业余大学以及普通高等学校举办的函授部和夜大学毕业生的学历、使用和工资待遇问题，经商得劳动人事部的同意，这些学校的毕业生必须达到全日制高等学校同类毕业生水平，才能够享受同等待遇。

上述各种规定的共同之处是强调成人高等教育与普通高等教育毕业生的水平要“相同”或“相当”。

(2)要体现成人教育的特点。我们认为，“水平相当”是指由若干不同知识模块构成的“综合质量水平”相当，而不是指人才素质构成模式完全相同。模块知识结构一般包括4个部分：①必修的基础知识模块；②必修的专业知识模块；③科学技术或理论前沿知识模块；④拓宽知识面、文理渗透的交叉性知识模块。所谓“水平相当”是指上述四个部分综合的整体水平要和全日制同专业、同层次的合格水平相当(或相同)。

全日制普通高等教育与成人高等教育有共性，既也有个性，要处理好共性与个性的关系；否则便违反辩证法，违背教育的“主体性”原理。

2. 要增强市场意识，尤其是人才市场意识

一般学者公认，教育是信息产业或知识产业中一个具有战略地位的特殊分支产业，人们通称为教育产业。把教育视为产业，源于美国经济学家舒尔茨的《人力资本论》。他认为人的劳动是教育装备的结果，劳动的教育装备高，劳动生产率也就高，在一定条件下，教育投资可以转化为经济收入。教育产业化必然要引入市场机制，即充分利用市场经济的积极作用(正面效应)，如合理配置教育资源，由人才市场引导教育结构的调整，强化教育领域的竞争意识、质量意识、法规意识等。市场经济越发展，人才市场越完善，对人才的质量要求也就越高。因此，教育的发展必然是越来越重视质量。

3. 正确处理社会效益与经济效益的关系

要坚持社会效益放在第一位，经济效益放在第二位。社会效益又包括规模效益和质量效益，这两者又以质量效益为第一位。我们不能以损害质量来追求过大的规模。“经济效益”是指成本之外的营利，教育法规定“办教育不能以营利为目的”，但不等于不可以有营利。只是营利不能作为办学的唯一目的。办学的目的是贯彻党

的教育方针，为国家为社会培养各种人才，为国家的“两个文明”建设服务。教育是公益性事业，绝对不能以营利为目的。

(三)教育性原则

教育是传递社会生活经验并培养人的社会活动。通常认为：广义的教育，泛指影响人们知识、技能、身心健康、思想品德形成和发展的各种活动。狭义的教育，主要指学校教育，即根据一定的社会要求和受教育者的发展需要，有目的、有计划、有组织地对受教育者施加影响，以培养一定社会(或阶级)所需要的人的活动。特指义的教育，是指有计划地形成学生一定的思想政治观点和道德品质的活动，与德育同义，如“教学的教育性”及此处的教学过程管理的“教育性原则”，其“教育”的含义是指后者，也就是我们通常所说的“管理育人”“服务育人”。

教学过程管理贯彻“教育性原则”，首先是教学活动中的各项管理工作要着眼于“育人”。管理是手段，“育人”才是目的。例如考风、学风的建设和管理就应该考虑有利于学员思想品德素质的提高。其次是管理人员要注意自身的修养，各种管理行为以及言行举止都足以为人师表。最后要讲究管理的艺术，使管理工作收到最佳的效果，包括“教育”的效果。

(四)系统性的原则

系统性原则也可称为整体性原则。成人高等学历教育的教学过程是一个系统，是由各个教学环节构成的有机整体。与之相应的管理过程也是一个系统、一个整体。教学过程管理贯彻“系统性原则”，就是要求按照系统的观点，把教学过程的管理活动看成一个不可分割的整体。

我们学校的思想政治工作管理、教学管理、科研管理、后勤管理等构成第一个层次的管理系统。教学过程管理则属于第二层次的管理系统。这个管理系统的基本要素是：教师、学员、教材及其他教学设备和教学活动。上述 4 个基本要素(也有人说三个：教师、学生、教材)互相依存、互相影响、互相制约、互相促进。在整个运作中，起主导作用的是教师，起主体作用的是学生，起保证作用的是教材及其他教学设备。而教学过程管理正是对上述四个要素进行全面管理，使之有机结合，形成教学过程，以达到建立正常的教学秩序、保证教学质量的目的。

我们还可以将“教学活动的管理”看成第三个层次的管理系统，它由各个环节构成。

“系统性原则”要求教学过程管理要有整体性、联系性和协调性。这一原则同前苏联教育学家巴班斯基提出的“教学过程最优化理论”是一致的。

(1)教学过程管理的整体性。教学过程既然是一个系统、一个整体，教学管理人员，尤其是院(处)主要负责人及分管教学的负责人要有整体观念，要从教学全过程着眼来统筹安排各环节的工作。要处理好整体(系统，即全过程)和局部(教学环节)的关系。局部工作要放在整体工作中作恰当的安排，要在全局的制约下，发挥局部的作用，不能不顾全局而强调局部的作用。

(2)教学过程管理的联系性。教学过程各环节的工作是相互影响、相互作用的，甚至有因果联系，不管是哪一级机构管，不管是谁管，都要瞻前顾后。尽管各环节的管理工作有明确的分工，各环节的管理工作都要注意同其他环节管理工作的联系，使各环节的管理形成一个整体。例如：课堂教学管理、考试管理、成绩管理、学籍管理等就有内在联系。

(3)教学过程管理的协调性。协调各环节的管理，使教学过程管理形成整体优势，并充分发挥整体的功能，这是院(处)级领导最重要的职能。办法是实行岗位责任职，并实行程序化管理。

(五)规范性原则

规范是指人们经过长期实践，依据对规律的认识而确定的、在一定条件下保持相对稳定的常规。教学过程管理的规范化，是学校管理工作规范化的核心内容。普通高校举办的成人高等学历教育由于容易受到其他因素的冲击，更有必要强调规范化的管理。

贯彻“规范性原则”，实行规范化管理，包括两个方面的内容：

一是要明确管理工作的要求，包括管理工作的量、质和时限等方面的要求(即管理目标)；二是要有实现上述要求的具体措施。上述两方面的要求要有相应的规章制度或工作计划来加以明确。管理工作的规范化只有通过法制化、制度化才能实现。因此，规范化的管理必须重视规章制度的建设。例如湖北有一所高校的《管理规章制度汇编》共有 40 项规章制度，包括教育行政、思想政治工作、教学过程、函授站、后勤服务等管理工作的有关规章制度，其中教学过程的管理制度就有 15 项，分别对主讲教师、辅导教师、管理人员的教学与管理工作提出了要求，重点是保证各个教学环节的全面落实。

(六)开放性原则

如果说贯彻“规范性原则”是教学过程相对静态管理所必需的，那么，贯彻“开放性原则”是为了适应发展着的社会现实而不断推进教学改革的需要实行动态管理所必需的。推进教学及其管理制度的改革，是教学管理的重要内容。

成人高等学历教育教学过程管理贯彻“开放性原则”，就是要破除传统的划一性、僵硬性的教学模式，包括课堂教学制度、考核制度等。为此，要做好两方面的工作：一是实行学分制的教学管理制度(在后面还要讲到)；二是要不断总结教学工作。例如函授教学的主要环节是：自学、面授、作业、辅导、实验、实习、考试、考查、毕业设计或毕业论文答辩。各教学环节的活动都应当进行总结，以利于对教学系统中各要素(环节)的调控，这种调控主要靠各环节教学效果的反馈信息，一般是通过总结后一环节教学效果的反馈信息，调控前一环节的教学，按照教学过程的一定程序，由前一环节推向后一环节，直到教学过程终结。利用教学反馈信息来调控教学系统中的各要素，既是教师的职责，也是教学管理人员强化教学过程管理的需要。

(七)激励原则

激励本来是心理学的概念，就其本质来讲，它是表示某种行为动机产生的原因。把激励这个概念引进到教学过程管理中来，就赋予了新的含义，即激励是一种激发教师教和学生学的积极性的精神力量。贯彻"激励原则"是为了引导教师、教学管理人员与学生为达到教学目的、实现培养目标而努力奋斗。心理学家研究的结果表明：一个人没有受到激励仅能发挥其能力的20%~30%，如受到正确而充分的激励就能发挥80%~90%的能力，甚至更高。

激励理论是现代管理学中的重要内容。由于激励的对象(即管理对象)是人，又由于管理学家们对人的认识和对"人性"的理解不同，便提出了各种不同的激励理论。例如，从"科学管理"到后来的"管理科学"，都将人看作是"经济人"(又称为"理性——经济人"或"实利人")的X理论，其代表人物是美国管理学家麦格雷戈，他认为人的一切行为是为了最大限度地满足自己的利益，工作动机是为了获得经济报酬。基于这种理论引出的管理方式是，管理组织应以经济报酬来使人们服从和作出绩效，其管理特点是采取"胡萝卜加大棒"政策(即奖励与惩罚相结合的经济手段)。还有管理学家将人看成是"社会人"。美国行为科学家乔治·埃尔顿·梅约于1924—1932年进行的有名的霍桑试验，证明人是"社会人"，而不是单纯追求金钱收入的"经济人"。对这种人来说，工作就像娱乐、休息一样自然。他们具有远大的发展潜力，对组织的目标富有献身精神。他们乐意承担责任，主动寻求责任。他们并不是只关心自己，在适当的条件下，他们可以把个人目标与组织目标融为一体，在工作中自己管理自己。因此，在管理中，管理者要创造各种机会，把人们的个人目标与组织目标结合起来，充分发挥他们的聪明才智。这种理论与"X理论"完全不同，被称为"Y理论"。这种理论的出现，不但开辟了管理和管理理论的新领域，而且为以后的行为科学的发展奠定了基础。美国另一位管理学家、心理学家马斯洛则认为人是"自我实现的人"。所谓"自我实现"，指的是人需要发挥自己的潜力，以表现自己的才能，只有人的潜力充分发挥出来，人的才能充分表现出来，人才会感到最大的满足。这就是说，人们除了上述的社会需求之外，还有一种想充分运用自己的各种能力，发挥自身潜力的欲望。这就要求管理者知人善任，将组织的利益与被管理者的“自我实现”结合起来，使人们的潜能得到充分发挥。除了上述三种对于人的认识之外，还有人认为人是“复杂人”，认为人是复杂的。他们认为以上三种理论都有其合理性，但不能适应于一切人。人的需求会随着各种变化而改变，一个人在不同的年龄、地点、时期也会有不同的表现。于是又出现了“超 Y 理论”“权变理论”等。这些理论主张管理人员根据具体的人的不同，灵活地采取不同的管理措施。

我们常常把激励等同奖励，又把奖励等同奖金，这是很片面的。根据以上管理学家们对人的认识以及提出的相应的激励理论，激励的方法应当是多样化的。一般应当包括：

(1)思想政治工作。这是最重要的激励措施，它对提高人们的觉悟，加强组织性纪律性，激发教师、学生及管理人员的敬业精神，有着十分重要的意义。通过深入细致的思想政治工作，使人们认识到自己的利益是可以与组织的利益取得一致的。当两者利益不一致时，则要求每个成员能以集体的、组织的利益为重，顾全大局。进行思想政治工作，还必须与其他激励方式结合起来。

(2)坚持物质利益原则，即贯彻“按劳分配”的原则。给劳动者以物质利益，是社会主义基本经济规律所决定的。列宁曾经指出：建设社会主义经济“不能直接凭热情，而要借助于伟大革命所产生的热情，靠个人利益，靠同个人利益的结合，靠经济核算……否则你们就不能达到共产主义，否则你们就不能把千百万人引导到共产主义”①。这里虽然讲的是经济管理，对教育管理也完全适用。坚持物质利益原则，就要处理好国家、集体、个人三者的利益关系，实行按劳分配，激励管理干部认真搞好教学管理。党的十五大政治报告提出“坚持按劳分配为主体、多种分配方式并存的制度。把按劳分配和按生产要素分配结合起来”。在教育领域一般是实行“按劳分配”的制度，但要真正做到这一点，也不是一件容易的事。

(3)实行目标管理。要合理设置管理目标，要从目标设置上给人以期望，给人以鼓舞，同时设置目标又不能脱离特定的环境。由

① 列宁全集(第 42 卷)[M]. 北京：人民出版社，1987：176.

此可以激发其内在动机，调动其积极性。实行目标管理就要制订好规划、实施计划、年度、季度(或按月)工作要点等，并及时进行检查、小结、总结，实行目标管理要抓住最基本的目标。举一个例子：1996年7月9日，美籍华人田长霖在加州大学伯克利分校校友会上宣布：在1997年6月30日，当他担任校长满7年之际，将交出学校的“指挥棒”，回到机械工程系继续当教授。于是众多的信件、电话、电传从学校各系和全美各地飞向校长室，最普遍的感觉是：“悲伤”“遗憾”。该校教育学院教授詹姆斯·史东说，他在学校40年，经历过第一任校长以来的7任校长，“从没见一位校长像你那样能在校园引起如此大的影响”。这是因为：田长霖在就职演讲时提出了四个目标：①卓越的学术成就，主要是为学术水平的提高筹集经费。②提升大学部教育，付出极大心血，解决大学部服务工作中排长队的现象。他认为“让学生排‘长队’是不对的”。③卓越与多元。卓越，保证办学的高水平；多元，实行多层次办学。④建立一个“伯克利大家庭”。主要指深入学生，可以说是融入学生之中，包括加强同校友的联系。有的教授(如副校长兼教务长)原以为定四个目标是不是太少了。7年后，当他回顾田校长的辉煌业绩时，他敬佩地表示：“我从中学到了作为一个优秀的领导人物，应该如何抓住最基本的目标。”①这些目标的实现，使伯克利昂首跨入全美最佳研究型大学行列，成为最具吸引力的学校之一。

(4)要有奖惩制度。对于管理绩效突出的要给予奖励；在工作中有明显失误、造成损失或不良影响的，应给予相应的惩罚。这叫强化动机。奖励是正强化，惩罚是负强化。

(5)要善于使用干部。要对干部的素质、情趣及本单位教学管理的各个工作岗位进行分析，按照扬长避短的原则安排使用教学管理干部，使其各得其所。

1998年8月

---

① 参见《海外文摘》1997年第10期。

关于高等函授教育质量问题的思考

近几年来，社会上对高等函授教育的议论颇多，或褒或贬，集中在办学质量上。围绕质量问题的众多议论和不同意见，说明了人们对高等函授教育的质量标准不很明确或看法不一致，也说明了目前我国高等函授教育的办学质量是很不平衡的。高等函授教育的质量标准是什么？究竟如何看待当前我国高等函授教育的质量？这是本文试图回答的问题，

一、牢固树立“质量第一”的观点

“函授教育的生命在于质量”，从战略意义上讲无疑是正确的，这是人们的共识，几乎无人提出异议。然而，函授教育的实践说明，人们的办学指导思想不同、质量观不同，尤其是在与产品经济相适应的教育体制尚未做到与市场经济相适应的教育体制之前，即在函授教育领域尚未引进竞争机制、实行优胜劣汰之前，“质量”对“函授教育的生命”来说未必具有决定性的意义。1958 年“大跃进”时期的函授教育和“文革”后期一些高校恢复的函授教育，国家不承认学历，根本谈不上质量，20 世纪 80 年代是我国函授教育发展的最好时期，但近几年来，有的高校办函授重视规模，不顾质量，且各校的函授教育不管质量好坏，都可以继续办下去。办学质量不好的学校并没有什么压力。可见树立“质量第一”的观点，并不像人们想象的那样简单，首先需要端正办学思想和明确质量标准，同时还要克服现行函授教育体制的弊端，解决深层次的问题。

从办学指导思想来看，1985 年即国家允许高等学校开展有偿服务，挖掘高等学校为社会服务的潜力，开辟高等学校办学经费的补充渠道，“有偿服务”主要靠科技开发，靠办教育及其他服务，

无论是科技开发也好，教育开发也好，“服务”是第一位的。有的学校过去不重视函授教育，自提倡“有偿服务”之后，才把办函授视为生财之道，重视创收经济效益，忽视教育的社会效益。这种不顾质量的乱办学，严重损害了函授教育的声誉。办教育不能违背教育规律。“教育会生产劳动能力”①，具有生产力属性，尤其是成人教育能“使劳动能力具有专门性”②，提高劳动者的素质。教育同时又具有上层建筑属性，是为一定的社会制度和经济基础服务的，但教育不等于生产力，也不等于上层建筑，它有其自身的规律和独特的价值。对我们社会主义国家来说，教育也是一种公益性事业。我们不能在教育活动中贯彻“等价交换”的原则，社会主义商品经济的发展，一方面增强了人们的竞争意识，激发起人们进取和拼搏的精神；另一方面，人们的价值观念又容易朝“自我”倾斜，其极端表现是“一切向钱看”的拜金主义。后者是商品经济发展带来的负效应。在社会主义商品经济发展的新形势下，必须把握住教育的本质及其自身规律，抑制因商品经济的发展带来的人们的价值观念变化中的某些负效应，在高等函授教育中树立“质量第一”的观点。实际情况表明，在当前的教育内部和外部环境里，不少举办高等函授教育的学校坚持“质量第一”，注重社会效益。而对有些单位来说，端正办学指导思想已成为亟待解决的问题。

二、关于培养目标与质量标准问题

根据国家的教育方针确立的高等学校的培养目标，是高等学校一切工作，包括函授教育工作的总纲。我国高等学校总的目标是培养“有理想、有道德、有文化、有纪律，热爱社会主义祖国和社会主义事业，具有为国家富强和人民富裕而艰苦奋斗的献身精神”的各方面的高级专门人才。这些人才都应该不断追求新知，具有实事求是、独立思考、勇于创造的科学精神。根据这个总的目标，不同类型的高等学校、不同的专业以及不同的办学层次，都要分别确定

① 马克思恩格斯全集(第33卷)[M]．北京：人民出版社，2004：249.
② 马克思恩格斯全集(第33卷)[M]．北京：人民出版社，2004：153.

具有特殊要求的专业培养目标和规格。高等函授教育也要有相应的培养目标。早在1956年，当时的高教部就明确规定“各专业的函授生的培养目标与正规高等教育相应专业的学生相同”①。1980年教育部《关于大力发展高等学校函授教育和夜大学的意见》中，明确规定高等学校举办的函授教育，要参照全日制高等学校相关的教学计划和教学大纲进行教学，保证毕业生达到相当于全日制高等学校同类专业的水平。对毕业生的使用和待遇，也“应与全日制高等学校同类专业毕业生同等对待”，可见国家对高等函授教育毕业生的培养目标、质量规格和使用与全日制普通高校毕业生是一致的。高等函授教育与全日制普通高等教育只是办学形式的不同，殊途同归，二者的培养目标与质量规格要求是相同的。

函授教育的对象是在职的，教学过程又是以分散、业余为主，集中面授时间只及全日制普通高校的30%。函授教育工作者非常重视函授教育特点的研究，但得出的结论有时是相悖的，大多数同志认为根据函授教育对象的特点，遵循函授教育的规律进行教育和教学，能够实现培养目标，使函授毕业生达到全日制普通高校毕业生的水平。也有一种误解，即认为以分散自学为主的函授生肩上有工作、学习与家务三副担子压着，对他们可以降低要求，甚至认为函授毕业生不可能达到全日制毕业生的水平，因此也就不必或不敢按照全日制毕业生的水平来要求函授毕业生，后一种看法显然是不正确的。

国家要求高等函授教育的培养目标与质量规格与全日制普通高校毕业生相当，是指综合质量水平相当。

我国高等学校的各专业开设的课程，一般包括公共基础课、专业基础课、专业课(含专业实习)和选修课四个部分，也可以说是四个知识模块。随着高等学校教学改革的深入，各校在保证培养规格的前提下，普遍实行弹性化教学计划，包括模块化的知识结构和柔性要求的课程设置，各专业的知识模块一般包括，本专业必修的

---

① 《中华人民共和国高等教育部关于综合大学开办函授教育的通知》，1956年5月31日。

基础知识模块，形成一定专业特色的、包括必修的专业课和精选的指定选修课构成的知识模块，科学技术或理论前沿知识模块，拓宽知识面、向其他学科渗透(如文理交叉课程)的知识模块等。毕业生的质量规格是由上述知识模块构成的，具体到每一个毕业生，各个知识模块的宽广、深厚程度不可能也没有必要完全一致，但综合质量水平都应该达到培养规格的要求。

高等函授教育培养出来的毕业生的知识结构同上述全日制普通高校毕业生一样，也是由若干知识模块建构成的。与全日制学生不同的是：函授生的部分公共课如政治理论课未列入教学计划，主要靠参加任职单位的政治学习或自修提高；函授生已有一定的实践经验，专业性生产实习可酌情适当精简或免修。这样就可以保证主干课程的自学与面授时间，博与精专协调发展。尽管函授生受学习时间和图书资料所限，某些方面的知识量可能不及全日制学生，但也有可能某些项目质量评价指标超过全日制学生，这也说明组成函授生与全日制学生知识结构的各个知识模块的宽广、深厚程度可能不同，而综合质量水平可以保证不低于全日制学生。如果只看到函授生的某个知识模块不及全日制学生(在全日制学生内部也是存在这种差别)，就断定函授生的质量不及全日制学生，或函授教育的培养规格应低于全日制教育的培养规格，由个别性的前提得出普遍性的结论，显然是不科学的。

三、对当前我国高等函授教育质量的基本估计

我国实行改革开放以来，高等函授教育有了很大的发展。截至1989年年底，全国有700多所普通高等学校举办函授、夜大学教育。1989年全国成人高校录取新生53.63万人，其中普通高等学校举办函授，夜大新生占42.6%，全国普通高校在籍函授生数与全日制学生之比由1980年的17%上升到1989年的23%，我国高等教育的发展为填补十年动乱造成的人才断层，为培养新时期急需的各种建设人才作出了重要贡献。

我们考察高等函授教育的办学效益，既要看发展规模，更要看办学质量，如何评价高等函授教育的办学效益和教育质量，是函授

教育发展中的一个重大理论课题和实际问题。从教育经济学量化角度看，这个问题还需要深入探讨和研究。但从各地反映的情况来看，应当肯定，我国高等函授教育的发展主流是好的。1986年国家教委召开的全国高等函授教育工作会议上，肯定了我国高等函授教育是有历史传统的，确实涌现出许多举办函授教育比较好的、质量有保证的高等学校和热心函授教育事业的同志。这些学校、这些同志在比较困难的条件下坚持正规办学，为发展我国函授教育事业作出了贡献。我们应当充分肯定我国高等函授教育为国家培养各种专门人才作出的贡献。

但是，我们又要清醒地认识到当前高等函授教育存在着一些不容忽视、亟待解决的问题。

首先，有些主办学校或业务部门，违背国家的有关规定，乱办学，严重影响了函授教育的质量和声誉。国家教委关于普通高等学校函授教育暂行工作条例以及其他一系列关于函授教育的法规性文件，是总结了我国高等学校函授教育的历史经验并针对新情况制定的，全面贯彻国家教委的有关文件精神，就能保证我国高等函授教育沿着社会主义方向稳步发展，切实保证函授教育质量。可是有些单位，不具备办学条件，不经教育行政部门批准擅自招生办学；有的单位获准办学后，只挂名招生，办学资格有偿转让他人；有的单位在办学过程中“偷工减料”，教学过程不完整，不按教育规律办学。所有这些违背国家有关规定的办学，都是无法保证质量的。

其次，高等函授教育要保证质量，必须坚持“专业对口，学用一致”的原则。这一原则国家教委在历年的招生文件中都是强调的。但是，有些单位，包括举办学校和一些业务部门(即考生的任职单位)在招生过程中未坚持这一原则，迁就了一些考生不顾工作需要单纯追求文凭的错误思想。专业不对口，学用脱节，函授生具有一定的实践经验和某些知识模块的优势就没有了，综合质量就很难达到培养规格的要求。

高等函授教育属于远距离的教育，科学而严格的管理尤为重要。但是，有些单位不重视函授教育的管理工作，管理机构和管理制度不健全，管理人员素质不高，不熟悉国家关于高等函授教育的有关法规，不懂得教育规律，管理工作效率低，有的管理很混乱。有的学校函授教育的管理只有集中面授的管理，教学全过程的常规管理不落实。管理工作中的这些问题，严重影响了高等函授教育的质量。

当前我国高等函授教育存在的上述问题，必须引起高度的重视，并且要通过深化改革来解决。一方面，国家教委要进一步完善法规，加强宏观管理；另一方面要有组织、有领导地开展高等函授教育工作的检查评估，激励先进，鞭策后进，使我国的高等函授教育按照效益、质量与活力相统一的原则，持续、协调地发展。

［本文原载《华中师范大学学报(哲学社会科学版)》，1992 年专辑］

论“科教兴鄂”中湖北成人教育的改革与发展

近年来，终身教育思想的传播在我国越来越广，而终身教育的实践是一个渐进的、相当长的历史过程。自20世纪60年代系统提出终身教育思想以来，这一人类教育的美好前景，至今还没有哪一个国家得到圆满实现。但是，当代社会的发展和综合国力的竞争，要求我们抓住机遇，逐步建立和完善终身教育制度，以满足所有公民终身学习的需要。一个国家如此，一个省一个地区也莫不如此。因此，对“科教兴鄂”中成人教育发展及其意义的认识与实践，必须置于湖北省的可持续发展战略的整体实施之中，置于构建终身教育体系这一教育发展的战略目标之中。

成人教育是终身教育体系中成人阶段各级各类教育的统称。按教育功能划分，可以分为两大类：一类是成人职业教育，包括职业技术教育、职业性继续教育、技术等级培训、岗位培训等；另一类是成人非职业教育，包括普通学历教育和社会政治、经济、法律、文化及生活教育等。从教育的对象与功能来看，成人教育无疑是终身教育体系的主体。再从认识论的角度来看二者的关系，成人教育是终身教育思想产生的实践基础，终身教育思想一经形成，又成了成人教育实践的理论基础。在当代，没有成人教育就没有终身教育；而没有终身教育，就不会有社会与经济的可持续发展。因此，成人教育绝对只能加强，而不能削弱。

《中华人民共和国国民经济和社会发展第十个五年计划纲要》提出的我国教育发展的总体思路是：教育是提高全民素质、培养人才的基础，要面向现代化、面向世界、面向未来，适度超前发展，走改革创新之路。这一教育发展思路当然包括成人教育。实施“科教兴鄂”战略，就是要依靠教育造就“四有”公民，提高公民素质；造就具有现代意识、现代智能和现代行为方式的现代人。而现代人的素质发展必须与时俱进，这不是传统的一次性的学校教育所能完成的，必须深入改革和大力发展成人教育。针对湖北省成人教育发展还不能完全适应经济和社会进一步发要求的情况，笔者认为需要从以下几个方面，进一步改革和发展湖北的成人教育。

一、进一步解放思想，更新教育观与人才观

首先，需要对成人教育作用和地位问题求得进一步的、广泛的共识。1997 年第五届世界成人教育大会《成人教育汉堡宣言》明确指出：“成人教育不仅仅是一种权利，它是通往 21 世纪的关键。”“是一种强大的动力”，“对培养有知识的和胸襟开阔的公民、对促进经济和社会发展、促进扫盲、消除贫困和保护环境都可以作出巨大的贡献”；“在帮助人们积极地迎接不断变化的世界和在提供承认成人和社区的权利与责任的学习方面，起着重要而独特的作用”。早在 1987 年《国家教委关于改革和发展成人教育的决定》也明确指出：“大力发展成人教育，不断提高亿万劳动者的思想道德素质和科学文化素质，使经济和社会的发展具有更加坚实可靠的人才基础，这对于把我国建设成为高度民主、高度文明的社会主义现代化国家具有重要的战略意义。”上述关于成人教育地位与作用的阐述十分清楚而透彻。然而，受传统教育思想中某些封闭和保守的思想影响，对成人教育仍然存在着偏见，忽视、轻视甚至歧视成人教育的现象仍然存在。因此，必须从观念上认识教育绝不仅仅是普通学校教育，成人教育是我国教育的一个重要组成部分，甚至可以说是终身教育体系中的主体部分，并已日益成为人们确保自身生存和发展权益的一种追求。

改革和发展成人教育，是教育领域的制度性变革。任何一种制度性变革都是以观念上的变革为先导的。成人教育作为我国的基本教育制度之一，除了必须坚持邓小平的“三个面向”和终身教育思想为其指导思想和理论基础之外，还需要进一步确立成人教育为当地经济发展和社会进步服务的思想，克服不同程度存在的成人教育

与社会经济发展实际需要相脱节的现象；要着眼于从业人员素质的提高，正确处理专才教育与通才教育的关系，克服重理论轻实践(主要是普通成人学历教育)或重实践轻理论(主要是成人职业性教育)这两种片面性；成人教育工作要十分关注人才市场与人才素质需求及其变化，从市场经济中获得正确的人才观，并正确处理教育观与人才观的关系，摒弃就教育论教育、无视受教育者主体地位的陈旧的教育观念。

二、进一步改革和发展成人教育需要加强法规建设、制度建设与政策支撑

我国的教育法规正在逐步完善。我们已经有了《中华人民共和国教育法》、《中华人民共和国高等教育法》和《中华人民共和国职业教育法》等16项全国性教育行政法规，地方性法规已出台138项。世界各国都十分重视成人教育(或职工教育、终身教育等)的法规建设，我国的“成人教育法”(或“终身教育促进法”)已酝酿多年，至今未出台，影响了成人教育的健康发展。成人教育是最为开放的教育，国家只进行宏观指导与监督，主要靠地方各级政府和各行业部门管理，包括制定地方性或行业性的成人教育管理条例、制度和政策措施。

湖北省政府及教育行政部门通过加强地方性教育法规建设，促进了全省成人教育的发展，尤其是在规范社会力量办学、自考助学以及促进农村成人教育发展方面成效显著。然而，在新的形势下，进一步改革和发展全省成人教育，还需要加大法规建设与制度建设的力度。例如，成人高等教育与普通高等教育的协调发展以及二者之间的沟通、学校与社区的沟通、教育世界与劳动世界的沟通等都是必要的，也都是发展趋势，但又必须通过制定和实施相应的法规、制度才能实现。广泛开展就业、转业、转岗培训，就要制定和实施劳动预备制度；成人教育机构的评价尺度也越来越依赖市场，这就需要建立和制定与市场机制相适应的评价制度和评价标准；发展扫盲后的继续教育必须同普及与提高农民的文化与农业技术相结合，而最有效的办法是推广“绿色证书制度”；发展大学后的继续

教育有赖于教师、科技人员与公务员培训的法律化和制度化。加强成人教育的法规、制度建设，其目的是为了规范成人教育活动，促进成人教育的健康发展，进而促进湖北的经济发展与社会进步。

三、以提高质量为重点，继续改革和发展成人高等教育

目前我国同龄人接受高等学历教育的仅为10%，属于“精英”教育。据预测，2010年，我国共有8661万18~21岁的人口，按照15%的比例计算，则当年应招收大学新生1299余万名，这表明未来10年内，我国高等学校招生数量要增加1~2倍。要使我国的高等教育由精英教育向大众化教育推进，仅仅依靠普通高校扩招是不够的，必须坚持“两条腿走路”的方针，同时发展成人高等教育。

成人高等教育要以质量促发展，实现规模、质量与效益的统一。讲质量又必须由传统的“知识仓库型”人才质量观转变为开拓创新型、劳动创业型的人才质量观。特别是对朝着国际性大都市发展的武汉而言，还必须大力培养国际型人才。

成人高等教育发展目标和人才培养目标的实现途径只能是改革，通过改革促发展、促质量提高。

(1)成人高校实行门户开放制度。包括“宽进严出”的招生、毕业制度，各成人高校之间相互沟通的制度，成人高等教育与普通中等、高等职业教育沟通的制度，成人高等教育与普通高等教育沟通的制度等。

(2)积极推行校企合作制度，即成人高校与企业合作办学，实现“育人和用人一体化”；合作开展科学研究和科技成果的转化工作。

(3)加速推广现代远程教育。继续完善广播电视教育传输网络，重点发展网络教育，建设远程教育资源库，大力开发优秀的教育教学软件，建立软件开发生产基地。

(4)抓好重点专业和特色专业的建设。普通高校主办的成人教育要共享重点专业、特色专业的建设成果；独立设置的成人高校也要选择和建设重点专业和特色专业。

(5)改革人才培养模式。过去的成人高等教育强调专业对口，

是与僵化的计划经济模式相适应的，在市场经济条件下，产业结构与人才需求结构的变化是经常性的。因此，新的人才培养模式，应强化基本素质的培养，加强基础，适当拓宽专业口径，多培养复合型人才。

四、按照建设现代化农村与农业的要求，大力发展农村成人教育

农业现代化是用现代化机械设备和现代科学技术来装备农业，用现代经济管理方法管理农业，从而使传统农业转变为现代农业的历史过程。在这一过程中，既要解决生态、环境、资源等一系列战略问题，又要涉及农村科技、教育、农业经济管理、农村社会建设等各方面的问题。其中教育，尤其农村成人教育是起主导作用的要素。

湖北是一个农业大省。改革开放以来，全省农业和农村经济发展迅速。随着社会主义市场经济体制的确立，全省农业和农村经济正在经历一场重大的历史变革，基本实现了由传统的计划农业向富有活力的市场农业的转变。但从总体来看，我们的农村和农业经济还比较落后，农业科技成果转化率仅为30%左右。农村和农业现代化建设任务十分艰巨。尤其是在我国加入 WTO 之后，我国农业面临严峻挑战，必须加快现代化建设步伐。为此，普及与提高农村教育水准，大力发展成人教育，促进我国农村与农业经济朝着现代化目标实现跨越式发展，是一项十分紧迫的任务。

要巩固扫盲教育成果，大力发展各种形式的扫盲后继续教育，重点办好成人文化技术学校。湖北省政府计划通过 5 年的努力，建成 100 所在校生规模 2000 人以上的县(市)中等职业学校，作为实施农科教、经科教结合的示范基地，以这些基地为龙头，带动全省约 1 万所乡镇成人文化技术学校，开展农民文化教育和农业技术培训。这无疑是一项宏伟的计划。但目前的发展不平衡，县(市)级成人中等职业学校发展较好，乡镇成人文化技术学校的发展相对较弱，主要是缺人才、资金和项目。其中关键是人才。因此，应尽快为农村文化技术学校培养一大批高质量的教师，这也是落实省政府

上述农村成人教育发展规划的关键。多渠道筹集经费要进一步落实。县(市)财政扫盲经费和职教成教经费要由教育部门掌握专款专用；乡、镇职教成教经费规定的教育附加费比例足额落实到乡镇成人文化技术学校。重点是以农业新技术成果转化为内在动力，推广“学校+公司+农户”的办学模式，充分发挥学校教育、文化、经济功能，在有关政策的支持下，运用市场机制来求得自身的发展。要从本地实际出发，或自立项目，或引进项目，做好项目规划，不断为农村成人教育的发展和农业经济的发展注入新的活力。

湖北省农村成人教育的改革与发展，从领导层面讲，就是要站在农村与农业现代化的战略高度，切实做好成教、职教和普教“三教统筹”的工作。长期以来，各级政府和教育部门将基础教育作为重中之重来抓，这是完全必要的，而在基本普及义务教育之后，在继续抓好基础教育的同时，要突出抓好职教与成教。这种教育上的战略调适，是我国农村教育发展与时俱进的必然要求。

五、积极推进企业教育、社区教育与市民教育的发展

国务院 1999 年 1 月 13 日批转的教育部《面向 21 世纪教育振兴行动计划》要求依据教育法和职业教育法，努力建立符合我国国情特点的职前与职后教育培训相互沟通的体系，使初等、中等和高等职业教育与培训相互衔接，并与普通教育、成人教育相互沟通，协调发展。这里提出了发展我国职业教育的整体思路。湖北省的职业教育应当结合本省的实际，沿着这一思路发展。职业教育包括农业教育，这在前面已经说过了，这里主要讲职工教育即职后的职工教育与培训，也就是通常说的企业教育。现代企业教育是现代企业制度的重要组成部分，其任务就是通过各种教育培训活动，提高本企业或本系统企业员工的整体素质，以满足企业生产、经营和发展的需要。

湖北省是我国内地工业比较发达的省，一些大型企业历来重视企业教育，但在我国加入 WTO 和经济全球化的新形势下，迫切需要通过改革，建立融于现代企业制度框架内的企业教育制度。葛洲坝水电工程集团公司，按照“教企分离、法人治理、自主办学、独

立核算”的构想，成立了具有独立事业法人资格的中国葛洲坝水利水电工程集团公司教育事业集团，在总公司的领导下，面向企业，面向社会，依法筹办各级各类教育和提供教育服务。该集团既充分依托企业，又独立于企业，主动服务企业和社会，是与现代企业相适应的企业教育组织形式，这种组织形式体现了企业学习化、教育企业化、企业教育社会化的特点，可在大中企业或行业部门推广。比起国有大型企业来，众多的中小企业与民营企业的员工培训还未引起应有的重视。这类企业的员工培训有赖于充分发挥行业协会或业务部门的作用。

发展企业教育需要建立和完善职业资格证书制度和资格鉴定制度。教育与培训机构务必满足资格证书对岗位规范的要求，企业要逐步将职业资格证书作为录用员工的必要条件，从而形成培训与用人一体化的运行机制。在职工教育中，对失业工人转业、再就业培训，可基本实行福利化的培训制度。

积极发展社区教育和市民教育。我国的社区教育处于起步阶段，湖北更不例外，需要大力推进。其主要途径是通过创办社区学院(校)，实现成人教育与社会与社区的沟通，发挥成人教育为社区服务的作用。包括为社区成员举办学历教育和非学历教育，根据不同的教学内容与培训要求，颁发相应的学历证书或资格证书；与此同时，向社区居民开放教育资源，如图书馆、文化馆、科技馆、体育馆、博物馆、实验室、微机室等，为社区成员的学习提供方便。

建设现代化的国家，城市化的程度越来越高，提高市民的素质越来越重要。湖北省的大中城市，尤其是像武汉这样的大城市，应当将构筑“市民素质教育工程”提上议事日程，并逐步实施。发展终身教育，迈向学习化社会，首先要建设学习化的城市，而学习化城市的形成又必须以学习化社区为基础。因此，大力发展社区教育，是构筑市民素质教育工程、提高市民素质的主要途径。

六、加强领导，促进各类成人教育的协调发展

成人教育是一个综合性很强的概念。改革和发展成人教育不仅

仅是教育部门的事，还涉及劳动、人事及其他业务部门。在机构改革中，将成人教育管理职能分解之后，协调与管理的工作削弱了。因此，有必要恢复或新设领导与协调机构，加强对全省成人教育的统筹、协调与指导，使改革与发展湖北成人教育的各项工作落到实处，为“科教兴鄂”多作贡献。

（本文原载《湖北大学成人教育学院学报》2002 年第 1 期）

漫议教育督导与评估制度建设

1993年2月13日，中共中央、国务院印发的《中国教育改革和发展纲要》，要求“各地教育部门要把检查评估学校教育质量作为一项经常性的任务”。同年1月7日，国务院办公厅转发国家教委《关于进一步改革和发展成人高等教育的意见》提出：“建立办学方向、办学水平和教学质量评估制度。”教育评估制度已在《中华人民共和国教育法》中作为我国教育基本制度之一予以确认。

教育监督，首先要有监督制度和相应的系统。世界各国的教育都有监督和检查评估制度，例如英国的中央教育咨询委员会的职责是，通过对教育状况所进行的实际调查，就咨询委员会认为合适的有关教育理论和实践的问题，对教育部长（现称教育与科学大臣）提出建议，以及对教育部长提交咨询委员的问题提出意见和建议。法国在教育部设总督察处，在教育部长的直接领导之下，对全国的学校教育工作和行政管理进行视察，及时提供信息、分析评议和咨询。总督察处包括教学总督察处、管理总督察处、学校组织总督察处和学校工作督察处等，全面负责学校各项工作的检查、视察和督导。美国实行“学校视导员”制度，学校视导员由州教育委员会或学区教育委员会委派，有的是由州或学区教育委员会成员兼任。其基本职责是，根据州的教育法规与学区的教育政策，对本州或本学区的学校教育工作进行视察与督导，并负责向州或学区教育委员会汇报视导情况和结果，提出改进学校教育工作的建议。日本文部省初等与中等教育局和高等教育局设有视学官，其主要职责是，按照文部大臣等教育行政长官的命令，分别对初等教育和中等教育以及高等教育进行巡视和指导，并提出具体的建议。

中国古代的教育有严格的监察制度。例如唐代实行的科举制度，把读书、应考、做官三件事紧紧地联系在一起，形成三位一体。这一创造，充分调动了地主阶级，尤其是寒门、庶族地主阶级子弟求学的积极性。但因权势者控制考试，虽有严格的监察，舞弊之风，尤其是高级舞弊蔓延。唐玄宗时，宰相杨国忠之子参试，成绩考得不好，礼部准备行使监察职能，让他落第，结果被杨国忠大骂一通，终于取在高第，反映了封建科举制度，包括监察制度的阶级局限性。明代的监察机构是都察院，主要是监督百官的。明代的百官管理，机构健全，制度完善严密，定期对教育行政官吏进行考核，不定期地进行监察，并制定相应的考核标准，对他们进行考核和监察。但是，明朝政府给地方教育行政官员及学校教官薪俸过薄，不利于刺激他们的教育管理和办学的积极性。清代设提督学政，又叫督学使者。清中叶以后，派往各省，按时到新属府厅考试童生及生员。辛亥革命后，学政制度废除。国民党统治时期，各级教育行政机关皆置督学，以视察所属教育行政机构及学校的工作。

当代中国的教育监督系统是比较完善的。其任务有两个方面：一是保证教育系统沿着现代化建设需要的方向运行；二是保证教育系统沿着社会主义的政治方向运行。总的说来，就是确保教育的方向性和教育的质量。中国的学校教育监督系统有自己的特点：一般由教育行政部门党组、督导机构或学校党组织及其纪律检查委员会(办公室、组)、校务委员会、工会、专门监察机构监察处、审计处等机构负责。1986 年 9 月，国家教委建立了督导司，各省市随后相继建立了督导机构，监察和审计部门是专门的检查、监督的机构。中国成人教育的监督系统同此。

世界各国的教育监督系统，因政治、经济和社会制度及文化背景不同而存在差异，但有一点是共同的，即权威性和周严性。也就是要具备行使监督职能所必需的权威，要能够对所属特定管理系统各子系统进行认真、严密的监督。

教育评估制度是当今世界各国普遍采用的检查、督导和调控的手段。它是通过系统地收集信息，对教育目标及实现目标的教育活动进行优缺点和价值判断的过程。评估过程通常分为三个阶段：确定评估目的、对象、范围；收集和分析各种有关的信息；得出结论并将结果反馈给被评对象。评估涉及成人教育领域的一切内容。在成人学校教育中，主要的评估对象是学生、教师和管理人员、课程、教材、教学程序、规划和机构。除成人学校教育外，评估对象还可以是成人教育制度和教育目标等。成人教育评估按评估主体不同可分为：自我评估、行政评估、社会评估、同行评估等。按评估的目的可分为：诊断性评估、形成性评估、总结性评估等。

教育评价的理论和方法最早形成于美国。1933—1940 年，美国进步主义教育联盟在 7 所大学、30 多所中学进行了课程改革试验，并首次将评价运用于课程改革之中，以检验试验的功效。即以测验为手段，衡量实际活动达到教育目标的程度，从而为教育决策提供科学的依据。这次提出的系统的、完整的评价原则和方法是其评价理论和方法的开端，并在此后相当一段时期内在评价领域居主导地位。随着其理论和方法不断趋于成熟，许多新的评价模式不断涌现，高校出现大量的教育评价专业点，各种研究教育评价的研究中心、杂志、专著问世。世界上许多国家开展了教育评价活动，尤其在美国、加拿大、德国、英国、日本等国更为普遍。1983 年，中国加入了国际教育成就评价协会(简称 IEA)，在普通教育、专业教育和成人教育领域逐步开展了教育评价活动，对我国教育事业的发展起到了良好的促进作用。

1996 年 3 月

我国成人教育管理亟待纳入法制轨道

《中共中央关于教育体制改革的决定》指出，为了加强党和政府对教育工作的领导，在“简政放权的同时必须加强教育立法工作”。国家教委《关于进一步改革和发展成人高等教育的意见》也提出“国家教委要健全法规”。

建立健全法规，是实现成人教育宏观管理的最重要的措施和最根本的保障，同时又是成人教育体制改革的基本保证。没有健全的法规，成人教育往往会出现“人在政举，人去政息”的现象，改革再好也会因人因势不同而变样，甚至前功尽弃。

我国由全国人民代表大会讨论通过的教育法规有教育法、义务教育法、教师法、职业教育法，待讨论通过的还有高等教育法和成人教育法。以宪法为依据制定的上述各种教育法规是宏观管理我国教育事业的法律文件。

我国宪法规定：“国家发展社会主义教育事业，提高全国人民的科学文化水平。”“国家举办各种学校，普及初等义务教育，发展中等教育、职业教育和高等教育，并且发展学前教育。”“国家发展各种教育设施，扫除文盲，对工人、农民、国家工作人员和其他劳动者进行政治、文化、科学、技术、业务的教育，鼓励自学成才。”（宪法第 19 条第 1、2、3 款）。宪法的上述规定是制定各种教育法规的依据，而且上述规定直接涉及成人教育。

《中华人民共和国教育法》是教育领域的基本法，共 10 章 84 条。第 2 条明确规定：“在中华人民共和国内的各级各类教育，适用本法。”“各级各类教育”自然也包括成人教育。成人教育也要贯彻教育法，尤其是总则及其他有关条款，如第 9 条规定：“公民不分民族、种族、性别、职业、财产状况、宗教信仰等，依法享有平等的受教育机会。”这里讲的“公民”主体是成人。第11条规定：“国家适应社会主义市场经济发展和社会进步的需要，推进教育改革，促进各级各类教育协调发展，建立和完善终身教育体系。”落实这一条，成人教育负有特殊的使命。第19条明确规定，“国家实行职业教育制度和成人教育制度”。“国家鼓励发展多种形式的成人教育，使公民接受适当形式的政治、经济、文化、科学、技术、业务教育和终身教育。”教育法第2章是讲“基本教育制度”，共有9种，“职业教育和成人教育”作为基本教育制度的法律地位得以确立。第20条规定，“国家实行国家教育考试制度”，主要指成人教育；第23条规定，“各级人民政府基层群众性自治组织和企业事业组织应当采取各种措施，开展扫除文盲的教育工作”。“九五”期间我国成人教育工作的重点是扫盲工作。第40条规定“从业人员有依法接受职业培训和继续教育的权利和义务”，“国家机关、企业事业组织和其他社会组织，应当为本单位职工的学习和培训提供条件和便利”。这一条指的是成人教育，包括成人职业教育。第41条规定，“国家鼓励学校及其他教育机构、社会组织采取措施，为公民接受终身教育创造条件”。第66条规定，“县级以上人民政府应当发展卫星电视教育和其他现代化教学手段，有关部门应当优先安排，给予支持”。这些规定都主要指成人教育。教育法中有关成人教育的规定共9条，包括确认为教育基本制度，受教育者的权利和义务以及办学条件保障等。

《中华人民共和国教师法》也是“适应于在各级各类学校和其他教育机构中专门从事教育教学工作的教师”。第11条关于“取得教师资格应具备的相应学历”，对成人教育教师资格的规定是：“取得成人教育教师资格，应当按照成人教育的层次、类别，分别具备高等、中等学校毕业及其以上学历。”

《中华人民共和国职业教育法》与成人教育关系更为密切。职后的从业人员的职业教育属于成人教育。

另外，国务院及国家教育行政部门还颁布了一系列法规性文件。1988年原国家教委高教三司编辑的《普通高等学校函授夜大学文件资料汇编》，共收入历年来中央、国务院及国家教育行政部门下发的文件(包括决定、意见、指示、通知、办法、规定、条例等)73个，1991年又编辑了续集，共收入文件21个。以上均不包括一部分领导讲话和统计资料等其他资料。下面就一些重要文件作一些介绍。

1954年11月6日，中华人民共和国教育部关于“视察东北师范大学函授教育报告”的通报，是教育部派出的视察小组对东北师大一年来的函授教育情况进行调查的报告，肯定了东北师大的经验：

(1)领导思想重视，包括东北教育局和东北师大领导重视。

(2)规定了比较切合实际的方针任务，即“使函授生进修师范专科的主要专业课程达到基本上胜任初中教学工作”。

(3)编写出了函授教材，这被认为是“进行函授教育的关键问题”。

(4)教学原则和教学方法是行之有效的。如自学为主(提倡集中自学)，重点讲授与辅导是辅助自学的主要方式，辅导分口头与书面两种，期末总复习进行系统辅导等。

1955年5月4日，教育部下达了《中华人民共和国教育部关于在北京师范大学办理高等师范函授部的指示》，决定在北师大成立函授部，开办五年制本科函授，并对招生对象、招生范围、学制、教学大纲与教材(原则上与本科相同)、教学形式(自学为主，面授为辅)、管理机构等都有明确的指示。

1956年5月31日，教育部下达了《关于综合大学开办函授教育的通知》，通知当年开办函授的综合大学有：复旦大学(数学)、东北人民大学(物理)、北京大学(动物学、植物学、图书馆学)、中国人民大学(法律)、厦门大学(数学、物理、化学)共5所。并规定“培养目标与正规高等教育相应专业的学生相同”，学习年限理科本科6年、文科5年，均应达到全日制四年制教学计划的标准；规定了招生对象及招生办法(规定厦门大学应以招收南洋各地华侨中学教师为主)；教学计划由各主办学校自己拟订，报教育部批准；函授生所使用的教学大纲、教科书与全日制学校同，还要有学习方法指导书，便于指导学生自学；按照教育部颁发的高等学校教师教学工作量和工作日试行办法计算函授教学人员的工作量等。

1957年3月7日，教育部下达了《关于修订业余高等工业学校教学计划的通知》，并附有7个专业的教学计划。“业余高等工业学校”主要指夜大学。通知规定“一般的基础课及基础技术课的学时数应不低于日校各相应课程的学时数，主要专业课则应比日校教学计划草案规定的时数适当减少，辅助性的专业课或现场中可以学到的知识的有关课程可合并，甚至可以取消某些课程，将其重要内容在其他有关课程中扼要讲解”。同时规定：“函授专业一般地应按照周学时为9学时、总时数为2160学时的夜校教学计划的要求，修订各有关专业的教学计划。”

1963年10月28日，教育部下发了《关于全日制高等学校举办的函授部和夜大学人员编制暂行规定(试行草案)》的通知，该规定确定的函授部和夜大学人员配备原则是：“函授部和夜大学应该有单独的人员编制，不挤占日校的编制。函授部、夜大学的教师和干部，分为专职和兼职两种。具有一定规模的函授部和夜大学应当配备一定数量的专职教师和专职干部。大学应当配备一定数量的专职教师和专职干部。专职人员和兼职人员配备多少，由学校根据实际情况，自行安排。”对编制的定额也有具体的规定。

1985年7月31日，国家教委下达《普通高等学校人员编制的试行办法》，规定普通高等学校举办的夜大学专职的教职工和学生的比例，可根据是否需要辅导、做实验、批改作业等情况，在1 : 15到1 : 20的幅度内安排。普通高等学校举办的函授部专职的教职工和学生的比例，可根据是否设有辅导站、定期辅导等情况，在1 : 20至1 : 50的幅度内安排。与1963年的规定相比，编比差不多，只是后者不因规模变化而变化编比，实则增加了编制。

1980年9月5日，国务院批转了教育部《关于大力发展高等学校函授教育和夜大学的意见》，这是80年代以来推动普通高校函授和夜大学教育的一个重要文件。其要点是：

(1)高等学校举办函授教育和夜大学的工作，应当采取积极恢复、大力发展的方针。规定到1985年全国高等学校举办的函授教育和夜大学本科、专科在校学生总数，要达到相当于全日制高等学校在校学生人数的三分之一。

(2)把函授教育和夜大学纳入高等教育事业计划，使之真正成为高等教育的组成部分。这是对函授教育和夜大学的“定位”。

(3)采取灵活多样的形式办学。可以办本科、专科，也可以开设若干单科，还可以开设一些新技术学科内容的课程。修学年限可长可短，可以实行学年制，也可以实行学分制。有些重点院校可以试行通过函授的方式培养研究生。

(4)注意提高函授教育和夜大学的教学质量。要参照全日制高等学校相关的教学计划和教学大纲进行教学，要建立严格的考试制度，保证毕业生达到相当于全日制高等学校同类专业的水平。要抓好教材建设、教师队伍建设和函授站建设。

(5)解决好人员编制和经费问题。规定要有“单独的人员编制”，干部队伍和教师队伍实行“专兼职结合”，并包括在学校总编制之中。办学经费纳入学校预算，统筹安排。函授站的人员编制和经费，由设站单位解决。

(6)毕业生的使用和待遇问题，规定在工作使用、评定职称和进行套改等问题上，应与全日制高等学校同类专业毕业生同等对待。这个文件第一次明确提出了与日校毕业生“同专业、同规格、同待遇”的问题。这个“三同”对后来的函授教育与夜大学的学历教育产生了深远的影响。

(7)切实加强对函授教育和夜大学的领导。分别对教育部门和业务部门、举办函授教育和夜大学的高等学校及其函授部、夜大学、学员所在单位加强领导提出了要求。

1983 年 6 月 30 日，教育部下发了《关于中学在职教师进修大学本科课程有关问题的意见》，对进修本科的中学教师的资格作了规定，即高中教师或初中骨干教师有 5 年以上教龄、专科毕业或同等学力、35 岁以下、经入学考试择优录取者，要参照全日制高等学校教学计划及教育部颁发的《中学教师进修高等师范本科教学计划》(试行草案)，制订由专科起点进修大学本科的教学计划。学习年限一般为脱产进修两年，函授三年。

1987 年 2 月 2 日，国家教委印发了《普通高等学校函授教育暂行工作条例》(以下简称《条例》)，共九章36条，对函授教育的教学、科研、教师、函授生、函授辅导站、组织管理和经费等作了全面的规范。《条例》第一次明确提出“举办函授教育，是高等学校的基本任务之一”。规定了举办本、专科函授教育的基本条件及报批程序。第一次明确规定“本、专科函授教育招生必须纳入国家高等教育招生计划。规定了主要的教学环节、面授及教师指导的实验、实习应占高等学校同层次同专业授课总学时的30%左右”。重视函授教育的科学研究，规定“函授教育的科学研究应纳入学校的科研规划”。规定函授教师“应由热爱函授教育、具有教学经验和较高业务水平的专、兼职教师组成”。规定对在职学习的函授生学习成绩优异，并能出色完成本职工作的，要给予表彰和奖励，要给函授生“学习公假”，集中面授时的往返交通费、住宿费，由函授生所在单位解决，函授生不得具有双重学籍。规定了函授站的三项职能(教学辅导、思想政治教育和行政管理)和设站的五个条件。明确了函授教育的管理体制和解决经费的三个渠道(政府拨款、函授生所在单位缴纳、函授生本人适当交费)；函授站的经费“由设站单位提供或筹集”。

《条例》是全面规范普通高校函授教育活动的重要文件，是建立函授教育评估指标体系的最重要的依据。

1987年6月23日，国务院批转了《国家教育委员会关于改革和发展成人教育的决定》(简称《决定》)，共6条：

(1)关于成人教育在“四化”建设中的地位和作用。《决定》要求“提高全社会对成人教育在社会主义现代化建设中的重要地位和作用的认识。”《决定》的开头就提出“成人教育是当代社会经济发展和科学技术进步的必要条件”。“必要条件”分量很重，换一种说法就是：没有成人教育，就不可能有“当代社会经济发展和科学技术进步”，这可以说是把成人教育的重要地位和作用说透了、说到顶了。《决定》规定的成人教育的主要任务有五项：

①对已经走上各种岗位，以及需要转换工作岗位的或重新就业的工人、农民、干部、专业技术人员和其他从业人员，进行相应的岗位培训，使他们在政治思想、职业道德、文化知识、专业技术和

实际能力等方面达到本岗位的规范要求。

②对已经走上岗位而没有受完初等、中等教育的劳动者，进行基础教育。

③对已经在职而又达不到岗位要求的中等或高等文化程度和专业水平的人员进行相应的文化和专业教育。

④适应社会的迅速发展和科学技术日新月异的进步，对受过高等教育的人进行继续教育。

⑤为建设文明健康科学的生活方式，满足人们日益增长的精神文化生活的需求，对成人开展丰富多彩的社会文化和生活的教育。

上述五项任务，既有学历教育，又有非学历教育。

(2)把开展岗位培训作为成人教育的重点。岗位培训包括岗前培训、转岗培训，还要根据生产和工作中提出的新要求，及时组织培训提高。要对各级各类干部，特别是县以上领导干部进行马克思主义理论、党的路线和方针政策、现代管理理论和方法以及必备专业知识的岗位培训。对工人、农民和专业技术人员的培训都提出了要求。对培训机构、培训计划、教材、大纲、考核与评估、培训形式都作了规定。

(3)改革成人学校教育，提高办学效益和质量。为此，要有“不同形式的横向联合”。《决定》还明确规定“有计划地在成人中开展与普通学校教育相应的学历教育是成人学校的一项基本任务”。要重视扫盲工作，“把扫盲与普及初级教育、普及科学技术知识结合起来”。《决定》规定对学员实行三种证书制度，即毕业证书、单科及格证书、专业证书。强调“成人学校要发挥多功能”作用，“要加强成人学校与普通学校之间，各类成人学校之间的横向联系和协作，发展多种形式的联合办学”。“应当鼓励社会力量办学”，但“对办学质量低劣，以办学为名，牟取私利的学校，要进行整顿，直至取缔”。

(4)积极开展大学后继续教育和专业培训、实践培训。《决定》规定“大学后继续教育的任务主要是，对具有大学专科以上学历和中级以上职称的专业技术人员和管理人员经常地进行扩展知识、提高技能的教育”；“对新毕业的大学生要根据工作岗位的需要，进行专业培训、实践培训”。有条件的高等学校要把继续教育作为一项重要任务。科研机构、大型企业事业单位和学术团体等也要开展继续教育。

(5)制定相应的政策措施，充分调动地方和企业事业单位举办成人教育的积极性。主要政策措施有：①扩大企业事业举办成人教育的自主权；②要制定和改革相应的劳动人事制度和政策；③改进和加强卫星广播电视教育，充分发挥其在继续教育与岗位培训中的作用；④从当年起“在国家预算收支科目中增列成人教育科目”，“并随着经济发展和财政经常性收入的增长而增长”；⑤要加强成人教育师资队伍建设。“成人教育的师资队伍应以专职教师为骨干，专职与兼职相结合”，“成人学校的专职教师在职务聘任、晋级、调升工资、分配住房、奖励和生活福利等方面，应与普通学校待遇相同”。

(6)加强宏观管理，积极为基层服务。《决定》确立了“分级负责”的管理体制。总的精神是“要把发展成人教育的责任和权力交给地方和基层单位，给予充分的主动权。要让地方和基层单位能够从各自的实际情况出发，实事求是地制定规划、确定目标、任务和实施步骤。中央各部门要加强宏观指导和必要的监督检查，克服政出多门、行政干预过多的弊端，积极扎实地为基层服务”。

1987 年 12 月 15 日，国家教委、国家科委、劳动人事部、财政部、中国科协发布了《关于开展大学后继续教育的暂行规定》，共 26 条。这个文件对开展大学后继续教育的有关问题作了明确的规定。

1988 年 3 月 3 日，国务院发布了《高等教育自学考试条例》，共 10 章 42 条，对自学考试的性质、任务、对象、质量、考试机构、开考专业的申报程序、条件、考试办法、考籍管理、社会助学、毕业人员的使用与待遇、考试经费、奖励与处罚等均有具体的规定。

性质：达标性质的国家考试。

对象：中华人民共和国公民。

质量：学历考试与普通高校同专业、同层次一致。

机构：国家、省(市)、地(市)考委及相应的办公室。

特点：个人自学，社会助学，国家考试。

毕业生的使用与待遇：根据所学调整工作；择优录用或聘用；工资待遇与普通高校毕业生同。

1991年8月31日，国家教委下发了《关于加强自学考试的意见》，共7条：

(1)提出了“八五”期间的工作方针是“改革、完善、提高、发展”。(2)改革某些应用学科开考专业的考试计划，加强对考生实践技能的培养与考核；建立自考与函授、广播电视教育成人教育形式协调发展的有效机制。(3)强调要“坚持标准，保证质量”，加强和完善三级命题工作体制，搞好题库建设工作。(4)进一步加强对社会助学的管理和指导。(5)充分发挥高等学校和中等专业学校的作用。(6)各级政府和教育行政部门应切实加强对中专自学考试的领导，实行必要的鼓励政策，积极扶持和大力开展这一工作。(7)加强自学考试机构和队伍建设。

1988年4月28日，国家教委、人事部印发了《关于成人高等教育试行(专业证书)制度的若干规定》，对专业证书的性质与作用作了明确规定，即对在岗人员进行培训，使其达到任职所要求的专业知识水平；它既不同于岗位培训合格证书，又不同于大学专科毕业证书。它是作为评定、聘任专业技术职务、管理职务和其他职务的任职资格的依据之一。这种证书仅应用于对口专业岗位。

此外，对学习对象、审批程序、管理及证书颁发等也作了规定。

1988年4月9日，国家教委印发了《成人高等学校设置的暂行规定》；1992年12月18日，国家教委又印发了《关于〈成人高等学校设置的暂行规定〉中有关问题的补充规定》。这两个文件对教育学院、管理干部学院、职工高等学校、农民高等学校及独立设置的业余大学、函授学院等的设置标准、审批验收、检查处理、专业设置、领导班子、教师队伍、教学设备、基建投资等都作了具体的规定。

1992年12月17日，国家教委印发了《成人高等专科教育制订教学计划的原则意见》，规范了成人专科教学计划。

1993年3月2日，国家教委印发了《函授教学过程实施要点（试行）》，规范了函授教育的教学过程及相应的检查、评估办法。

1993年7月16日，国家教委又印发了《普通高等学校函授教育辅导站暂行规程》，对函授站的性质、任务、管理体制、设置条件、人员编制、经费等，作了明确规定。

1993年12月30日，国家教委印发了《关于各类成人高等学校评估工作的意见》；同日，国家教委办公厅印发了《成人高等学校评估的基本内容和准则》和两个附件（函授与夜大评估指标体系）。全国范围的函授、夜大学评估于1995年8月启动。

以上介绍的国家级法规性文件，基本上涵盖了对各类成人教育的办学要求。各省还有地方性法规，用以规范本地区的成人教育活动，也是属于宏观管理的依据；各校制定的条例和其他一些文件，既有中观管理，也有微观管理，可见党和政府对成人教育的高度重视。同时，也可以看出：我国成人教育的发展和管理，特别需要法制化，即制定“成人教育法”“终身教育法”等，完善我国教育领域的法规制度，这是规范成人教育办学活动促进成人教育持续发展的迫切需要。

1996年5月

“教师教育特色”论

一

我们思考教育问题，不能脱离社会经济发展的大背景。党的十七大报告指出：中华人民共和国成立以来，特别是改革开放以来的不懈努力，我国取得了举世瞩目的发展成就，从生产力到生产关系、从经济基础到上层建筑都发生了意义深远的大变化。我国社会的这种革命性变革，迫切要求以培养和提高全体公民素质为根本目的的基础教育以及与之相关的教师教育从观念到实践进行相应的改革。社会现实既要求教师必须具备较高的专业知识与学术素养，又要求其必须具备较为广博的综合性知识，同时还必须具备相应的教育科学知识与技能。在这一背景下，国家鼓励综合性大学和非师范类高等学校承担培养和培训基础教育教师的工作。《教育部2003年工作要点》对师范教育的改革提出了如下的要求：“加快建立开放灵活的教师教育体系，提高办学层次，推进师范院校改革，鼓励综合性大学开展教师教育。”而一些传统的师范大学，尤其是一些重点师范大学，在保持传统师范教育专业的同时，大力发展非师范专业，朝着普通综合性大学的方向发展。这类大学在与普通综合性大学竞争中，教师教育是其优势。华中师范大学在21世纪初制定的中长期发展规划中提出的“教师教育特色鲜明的综合性研究型大学”的办学目标，已在师生员工中获得广泛的共识。上述发展目标中的“综合性研究型”是高水平大学的共性，而“教师教育特色鲜明”是其个性。共性是通过个性体现出来的。因此，探讨教师教育特色的问题，其意义是显而易见的。

二

什么是教师教育特色？又怎样才算教师教育特色鲜明？这是本文讨论的重点问题。

2001 年 6 月，全国基础教育工作会议通过的《国务院关于基础教育改革与发展的决定》，首次以“教师教育”取代“师范教育”这一概念，其内涵是将教师的职业发展视为一个有机的整体，整合了教师职前培养、入职培训等连续的可发展的一体化的教育过程。

一般说来，“教师教育特色”包含两层意思：一是相对于综合性大学和其他非师范类专业教育而言的，即指学校的特定任务是培养和培训中小学教师；二是相对于其他师范院校而言，在培养和培训中小学教师的工作中形成了自己的特色。“教师教育特色鲜明”显然是指的后者，主要表现在以下几个方面：

(一)教育信念过硬

马克思主义教育基本原理、毛泽东教育思想、邓小平教育理论以及科学发展观的教育思想的指导地位不能动摇，同时，要尽可能地吸收古今中外一切有用的和先进的教育思想，克服和抵制保守的和落后的教育思想，形成科学的教育观，并上升为一种信念。这样才能在改革开放的大环境中当各种教育思潮汹涌而至的时候，保持清醒的头脑，正确地判断是非与优劣，从而在教育实践中，始终能把握好教育的大方向。中华人民共和国成立以来，在正常的情况下，我们党的教育方针是正确的。但在实践中，并未全面贯彻党的教育方针，主要倾向是重智育、轻德育，不是以人为本；而是以书本知识为本，在教学论中形成了以书本知识为中心，以课堂为主和老师起主导作用的“三中心”的“传统教育”模式。而与之相悖的另一个“三中心”是以学生为中心，以个人经验为主和以活动教学为主。这两种教育流派一个世纪以来，一直在互相批评和责难、又互相吸收和渗透的复杂情况下向前发展着，直到今天，演变成了“轰轰烈烈搞素质教育，扎扎实实搞应试教育”。笔者认为这是当前我国教育面临的最大挑战。作为师范大学，应当并善于应对这种挑战，通过办好教师教育和开展教育科学研究，引领我国的教育，尤其是基础教育真正做到全面贯彻党的教育方针，朝着正确的方向改革和发展。这是教师教育特色鲜明的首要要求。

（二）“三基”教学过硬

重视基本理论、基本知识与基本技能的教学，是传统师范教育的一大特点和优势。师范大学的学科专业是为满足基础教育的需要对应中小学课程设置的，它以教师职业的知识范畴为导向，注重“广博”；而综合性大学专业大多以知识体系为原则进行设置，为满足科学研究和应用开发的需要，普遍注重“专深”。历史形成的上述不同特点有其合理性。但是，在我国的师范院校，尤其是一些老牌师范大学内部，围绕“师范性”与“学术性”问题争论不休，争论的焦点是强调一方对另一方的影响问题，即强调重视“三基”教学的师范性，就会影响“学术性”；反之，强调“学术性”就会削弱“师范性”。我们认为，不应将“师范性”与“学术性”完全对立起来，因为“师范性”对“学术性”同样有要求，尤其是在教育科学及学科教学论领域，对“学术性”的要求尤为突出。反过来，“学术性”也有赖于通过“三基”教学为其发展打好基础。同时又不可否认二者之间也确实存在着一定的矛盾，这正是师范大学的整体学术水平不及综合性大学的原因所在。正因为如此，一些学术潜力较大的师范大学，总想摘掉“师范”的帽子，朝综合性大学方向发展。现在有了鼓励综合性大学参与教师教育以及师范大学发展非师范专业、朝综合性大学发展的政策，这一因体制性缺陷造成的矛盾便迎刃而解了。现在的问题是综合性大学与师范大学举办教师教育都应结合自身特点，发挥各自的优势，办好各具特色的教育。作为老牌的师范大学，对“三基”教学的关注不但不能放松，而且要通过相应的改革，切实提高教学质量，使其落到实处，尤其要注意从培养高水平的中小学教师的需要出发，发挥师范专业与非师范专业优势的互补性，使学校的“三基”教学水平得到明显提高，教师教育的特色更为鲜明。

(三)师德教育过硬

教育事业是一个民族赖以生存和发展的最根本的事业。教育大计，教师为本。教师是一种负有特殊社会责任的职业，这就决定了教师职业道德教育的特殊重要性。

教师职业道德是指教师在教书育人过程中对调节教师与学生、学校、社会以及教师彼此之间相互关系所遵循的行为准则的理解与信念，并以此规范自己的行为进而养成良好的道德品质。所谓师德教育过硬，就是在教师教育过程中，务必要求师德教育落实，效果显著。这就首先要进行专业思想教育，使学生对教师职业有着正确深刻的理解，教师教育理念和乐于奉献的精神深入人心，达到敬业的境界。有了敬业的精神，就会有加强师德修养的高度自觉性。其次，必须让学生全面理解教师职业道德规范的内容。1997 年，国家教育委员会和全国教育工会联合颁发的《中小学教师职业道德规范》提出了教师应有的道德品质和职业行为的最基本的要求，应让学生了解和熟悉，并在教育实践中以此规范自己的行为。再次，为使师德教育真正落实，有必要开设教师伦理学课程，课时不宜多，但应设为必修课。

教师的职业道德修养程度如何，不是先天就有的，而是在学习和社会实践中形成的，与个人的主观努力和一般的社会公德修养水平高低有关。社会主义荣辱观的确立和践行，是教师职业道德修养的基础。因此，社会公德或社会主义荣辱观的教育在教师教育中有其特殊的重要性。

眼下受教育市场化思潮的负面影响，有些学校的教师将计划课程内的教学内容故意提前或延迟到假日授课，收取高额“培训费”，这是典型的师德缺失的表现。这种以“金钱为本”取代“以人为本”的所谓的“培训”，完全背离了国家的教育方针。解决这类问题，既要重视和加强师德教育，更要重视相关法规建设。

(四)教育科学研究成果突出

作为师范大学，不能只停留于传播教育科学知识与技能，还应为教育科学的发展和教育实践模型的创新作贡献。没有一流的教育科学研究，就不可能有一流的教育理念武装学生头脑，就谈不上培养和造就高水平的教师或教育家，也不可能凸显出教师教育特色。我国的社会科学研究领域在改革开放以来出现了前所未有的百花齐放的局面，却未出现百家争鸣的勃勃生机，教育科学研究领域也不例外。各种教育思潮的竞争，迫切需要广大教育工作者作出正确的判断，还需要有新的概念、理论来概括和阐释新的改革成果。教育理论的丰富与创新，重点师范大学理应走在前列。尤其要注意眼睛向下，重视对我国基础教育的调查与研究，为我国基础教育的健康发展和终身教育体系的构建鸣锣开道，提供强有力的理论支撑。

加强教育科学研究，大本营自然是在教科院和心理学院及相应的研究机构，学校应加大对这些院所支持的力度，鼓励这些院所出高水平的成果。但是光靠这些院所是不够的，学校所有师范专业的教师都应关注教育科学的发展和基础教育改革的进程，尤其要重视和加强学科教学论的研究。用“教师教育特色鲜明”这一尺度来衡量，一些重点师范大学的学科教学论的教学与研究长期被忽视而显得明显不足。需知，学科教学论是师范大学的教师教育与基础教育衔接的接口。不重视学科教学论的教学与研究，教师教育就会与基础教育脱节，前者为后者服务就要大打折扣，就会出现高师教师对基础教育毫无发言权的尴尬局面，及至教育实习中的“双导师制”无法落实。

上述三“过硬”一“突出”，是“教师教育特色鲜明”的基本要素。

三

在明确了“教师教育特色鲜明”的内涵之后，如何培养这种特色又是一个需要认真研究的问题。

教师教育办出“鲜明特色”是一项系统工程，涉及办学理念与办学指导思想、学科建设、专业与课程设置、人才培养模式的设计、师资队伍建设、科学研究以及校内实验室建设与校外实习基地建设等诸多方面的协调与配合。这些都非常重要，无需一一展开论述，下面有几点具体的设想：

(1)加大教育学、心理学、学科教学论等课程教学的改革力度。改革开放以来，一些老牌的师范院校纷纷向综合性大学靠拢，不重视教育学科的建设，学生的学习积极性也不高，原因是多方面的，其中重要的方面是教学内容滞后于教育实践，理论脱离实际，教学模式与方法也较单一。这些课程理论部分应在老师的指导下以自学为主，加强实践环节的教学与指导，但考试要从严。要采取切实可行的措施，保证学生学好教育类课程。

(2)要细化并精选各门基础课程“三基”教学的内容，制定相应的教学评价标准和学生学习成绩的评价标准。

(3)拓展师范专业，扩大为基础教育服务的范围。现在我国高中阶段的教育，普通高中与职业高中大体上是对半开，而我们的眼睛仅盯着普通高中。我们可以考虑在高等职业技术学院设置高等职业师范专业，为中等职业学校教师的培养作贡献。

(4)利用第二课堂引导师范生关注教育问题，将城乡中小学教育调查作为社会调查的重点，还可组建社团组织来自主探讨教育问题。

(5)良好的校风、班风、教风、学风等“软环境”的建设对师范生的培养有着现实的和深远的影响，应得到加强，并使其制度化。

(6)健康、活跃的校园文化对未来教师的基本素质与专业素质的提高都有着积极的作用。如各项体育竞赛活动、诗文创作与朗诵比赛、演讲比赛、文艺社团活动、书画评比展出等。师范毕业生在这些方面若有所长，会受到中、小学生的欢迎。

总之，要使我们的学校教师教育特色鲜明，不是靠“师范大学”这块牌子亮出来的，而是全校师生多方面创造性协调努力的结果。

四

实现学校的发展目标，离不开科学发展观的指导。科学发展观，第一要义是发展，核心是以人为本，基本要求是全面协调可持续，根本方法是统筹兼顾。这几句话，句句都很重要。单就全面发展而言，作为教师教育特色鲜明的师范大学，师范专业应当是全的，而非师范专业太多，我们只能根据社会人才市场的需求和自身现有的条件和潜在的优势稳步适度发展。本文的主题是“教师教育特色鲜明”这一话题，并非对非师范专业不重视；相反，笔者认为要实现“高水平综合性研究型大学”的办学目标，不但要有高水平的师范专业，还要有高水平的非师范专业。两类专业全面协调发展，不仅不矛盾，还可互相渗透，优势互补。辩证法教导我们，事物的发展不平衡是绝对的，平衡是相对的。我们在规划事业发展的过程中，要求各要素同步发展是不现实的。每个时期都必须分析发展过程中的主要矛盾，把解决主要矛盾作为发展的重点，同时又不能无视次要矛盾。这就叫“统筹兼顾”。我们学校各项事业的发展，尤其是各学科、各专业的发展都必须做到统筹兼顾，从而使学校的综合实力不断增强，办好人民满意的高水平大学。

2008 年 9 月

校友夏雨田成功的启示

2004年8月3日上午，我们作为留校工作的夏雨田同志大学时代的同学，在文学院领导的带领下，到汉口殡仪馆参加了雨田遗体的告别仪式。那天天气酷热，雨田生前的亲朋好友以及众多相识或不相识的社会各界人士与市民，纷纷来到汉口殡仪馆与雨田遗体告别。市领导对雨田的生平介绍给了他崇高的评价。全国众多媒体对这位人民艺术家、曲艺家的大量报道，说明他的一生是成功的。对人民、对社会的贡献是独特的。雨田的成功给了我们很多的启示。

启示之一：学习中的自主性。学习是成功的基础和起点。大学时代的雨田，既认真按照学校教学计划进行学习，又不拘泥于这种学习，学习中的自主意识强，自我导向的学习特点鲜明，主要表现在学习不局限于学校课堂，还重视面向社会大课堂学习；既重视理论知识学习，又对写作有着浓厚的兴趣，在大学时代就发表过诗歌、小说、散文、曲艺等作品，这为他后来的发展打下了坚实的基础。

启示之二：兴趣的广泛性。人们都十分了解雨田对曲艺创作与表演的执著追求，这自然是他的兴奋中心。然而，雨田的精神世界始终是开放的。在大学生活的四年里，他是德智体全面发展的典型。党的教育方针的核心是以人为本，倡导人的全面发展，这对雨田说来并非是一种外在要求，而是如鱼得水的一种内在的倾向。雨田在大学学的是汉语言文学专业，对古今中外的文学作品都有着浓厚的兴趣，而他尝试创作的文学体裁也是多样的。他热衷于校园文化活动，参加过话剧《家》的演出，快板、相声、小品的创作与表演更是经常性的，同时还对体育活动有着浓厚的兴趣，曾是全校乒乓球冠军，后来他还在北京挑战过世界女子乒乓球冠军郑敏之与林慧卿，不过他立了一条比赛规则，对方不准进攻，结果我们这位校级冠军还是败在世界冠军的手下。他曾在在同济医院的病房里收看世界杯足球赛，他自认自己是一个老球迷。广泛的兴趣决定了他创作题材的多样性，铺就了他走向成功的宽广道路。

启示之三：人格上的诚实性。人们都说雨田的人缘关系好，究其原因是其人格魅力所致。而“诚实”则是人格魅力的核心。雨田的“诚实”表现为：遇事总是自己思索、自己做主、不轻信、不盲从。大学毕业后，雨田很快成了一名优秀的教师，随后不久，武汉市说唱团需要他，家人及一些亲朋好友不同意他去，他经过自己的思考，作出了“赌注式”的决断。后来的实践说明这一步走对了，他成功了。他的“诚实”还表现在处理人际关系上，坚持平等和谐、互帮互进的原则。2004 年 7 月 1 日，雨田最后一次住进医院后，请了一位红安的护工照顾，细心的雨田得知护工的儿子今年考上了大学，家里东拼西凑，仍差 3000 元的学费。雨田当即说道：“这 3000 元，我给你垫上！”一个“垫”字，既表现了雨田的诚实，又反映了他对护工的尊重与关爱。这件事在雨田的一生中绝不是偶然的和孤立的，而是反映了他为人的一贯原则。雨田“诚实”的品格还反映在他的艺术实践中。他总是以积极、进取和乐观的态度面对复杂多变的现实生活，他的创作和表演以弘扬主旋律为己任，贴近实际，贴近生活，贴近大众。有一次，他到广州演出，上台前一天的晚上，就到一个朋友家里向其小孩学习广东话，第二天上台用蹩脚的广东话说了一个段子，效果极佳，获得了观众热烈的掌声。雨田就是这样虔诚地为大众服务的。

雨田无疑是先进文化的体现者和代表。我们今天讲素质教育，什么是素质教育？人们的认识与理解并不完全一致，而雨田大学时代的学习模式，他走过的道路，他的成功，则提供了很好的范例，无论是教育者还是受教育者，都可从中获得启迪与借鉴。

2004 年 9 月 14 日

桂子山

人民教师的楷模

——蒋鸿文先生其人其事

2008 年 9 月 30 日，是我的家乡湖南省安化县梅城镇中心学校 90 周年校庆。我和蒋鸿文老师同时应邀参加母校的庆典。蒋先生是中华人民共和国成立前夕乐德小学(现梅城镇中心学校的前身之一)的语文教师兼级任老师。毕业后，直到 1956 年，我在常德一中高中毕业前夕，蒋先生来到一中参加培训，见到他我非常高兴地向他问好，他谦虚地说"现在我跟你是同学不是老师"。这句话给我留下了深刻的印象。此后 52 年的漫长岁月里从未会面，当 2002 年安化一中校庆 100 周年时，有见面的机会，但因双方来去匆匆而未果。这次我很想见见他，于是在镇中心学校庆典的前一天，我特意打听到他是重点邀请的对象，当天下午即收到校方的短信，告知我他入住的宾馆。晚上 7 时，我与老伴去宾馆拜访，当时他不在宾馆，直到 9 时，我打电话到宾馆才联系上，并约定明天在会场见。第二天上午 9 时，庆典开始前在接待室终于见到了蒋先生，因为事先有约，我先认出并叫了声蒋老师，而他果然不出所料地问"你是谁?"当我报出我的名字时，我们拥抱在一起，半个多世纪的时间距离全都消失了。

蒋先生是安化教育界的功臣与名人。他先后任安化县一完小(紫云完小)校长 8 年，安化二中校长 5 年，在他的领导下，两所学校均开创了发展的新局面。他还曾担任安化县教育志的主编。从 20 世纪 50 年代初到 80 年代末，先后担任过 8 届县人大代表和两届省人大代表，期间提出提案 30 多件，为安化文化教育卫生事业的发展建言献策。鉴于他在教育教学研究与管理方面的突出贡献，湖南省老科学技术工作者协会确认蒋先生为研究员。蒋先生虽已

85岁高龄，而身心却很健康。对他的健康高寿我不仅感到十分高兴并为他祝福，而且我现在正在研究老龄问题，很想知道他的养生奥秘，可他一开口就是讲“教育”。庆典期间的短暂会面不可能深谈，他承诺有两本他的关于教育的著作寄给我，我也是一辈子从事教育工作，自然对“教育问题”也很感兴趣。

回到武汉不久，便收到了蒋先生的《求索与耕耘》(教育回忆录)、《补斋教育文存》两本探索教育问题的著作，同寄来的还有他的《补斋诗联》(一、二集)。读了他的著作，方知他堪称人民教师的楷模，其从教生涯令人钦佩，他的“思考教育问题”和“诗联创作”是其“补斋”书房生活的两大支柱。二者有着内在的联系。他对教育问题有很深入的思考，对所从事的教育事业充满诗意般的激情，而他的诗联作品又彰显出他的教育理念。情、忠、实、美是其著作的显著特点。

所谓“情”，包括亲情、爱情、友情与乡情。先生在父亲去世时“抢地哀号，千呼万唤”表现的是至孝之情。大哥去世他写了灵前哭兄，凸显出兄弟之间的手足之情。他在求学最困难的时候，嫂子送他白帐，伯母送他书箱，60多年来总记在心中，并以诗铭意：“送帐兄嫂意，腾箱伯母情。滴水如甘露，涓涓系我心。”先生与夫人李永廉老师之间的爱情与婚姻十分和美。女方在父母不理解、不支持的情况下却“慧眼识清贫”，自主追求自己的幸福生活，而男方则认为：“世人都嫌嫁妆少，我看只要感情好。夫妻恩爱水也甜，贫贱夫妻乐到老。”他们之间的爱情炽热而理智、高尚而美丽，婚姻和谐幸福。先生素来与人为善，平易近人，许多同学、同事都成了他的朋友，还有师友、诗友等众多朋友。先生既是教育家，又是诗人。他的《补斋诗联》中有大量的“题赠”“唱和”及“缅怀”的诗作，大多洋溢着真挚的友情。先生的《回忆录》中有一篇散文《官溪——我的摇篮》及诗作《怀乡十韵》，描绘了家乡美丽的风光，抒写了对家乡一草一木的“眷恋之情”。

评析上述四种情感，看似有些离题，实则不然，因为先生的“披心腹，见情愫”之作，所表现的“情”，正是作为优秀的人民教师最可宝贵的元素。

所谓“忠”，指忠于人民的教育事业。在市场经济发展及经济全球化的背景下，人们的思想大解放、观念大碰撞、文化大交融、价值观念多元化。在这种情况下，有的人认为“忠于人民的教育事业”的提法过时了。这完全是一种误解。当今世界各国政府将发展教育作为国家发展的战略举措。教育的普及与提高成了全人类的共同追求。你的职业选择可以不是教育，但你不能否认教育的发展与提高，需要大批终身从事教育工作的教师和教育家。更不可以冷漠的眼光看待“忠于人民的教育事业”的崇高选择。蒋先生在中华人民共和国成立前夕选择从教更是在国家贫穷、教师地位低的困境下的一种选择。而且一经选择，不管困难多大，始终坚持，数十年如一日。正如他自己所说的，“热爱教育工作，并愿终身从事这一工作而献出我的全部力量，这是我的理想，也是我坚定不移的信念”。他自称是“教育迷”，这种“迷”不是与生俱来的，是他出生在农村、渴望受教育的艰难的求学历程中的感悟与接受两级师范专业教育的结晶；是教育情缘与理智的统一，因而历久不衰。

蒋先生忠于人民的教育事业的另一个显著特点是忠实执行国家的教育方针。中华人民共和国成立以来，我国的教育方针在各个时期的表述受当时社会政治背景的影响而有所不同，尤其是受“左”的思想影响较大，但是一直起积极作用的教育方针，是1957年毛泽东在《关于正确处理人民内部矛盾的问题》中提到的“德智体全面发展”的方针。这一基于马克思主义的最高命题“人的全面发展”的思想而确定的教育方针，可以说已深入人心，在理论上毫无异议，但在实践中总是出现偏差。1958年“大跃进”时期的“教育革命”以及后来的“文化大革命”背离教育方针，违背教育规律，是不言而喻的。即使在现在，片面追求升学率，应试教育冲击素质教育，仍然是背离教育方针的。当强调教育要培养创造性人才时，又出现了一个种逻辑：创造需要个性的自由发展，个性的自由发展就不能要求全面发展。这种逻辑，完全误解了“全面发展”与“个性发展”以及二者之间的关系。德智体全面发展是个性发展的基础，个性发展又可带动或促进全面发展。二者的辩证统一，正是素质教育的真谛。蒋先生的可贵之处是在任何情况下拒绝应试教育的功利主义教育价值观，崇尚德智体全面发展的教育价值观，并将这一以马克思主义理论为指导的科学的教育价值观作为自己毫不动摇的信仰。他在20世纪60年代初写的《在全面发展的教育方针指引下改进教学提高质量》一文中，明确强调："所谓质量，当然包括德、智、体等几个方面，教学质量则是全部质量的主体。"在《深入教学的点滴体会》一文中，针对学校教育中存在的"重智育、轻德育、挤体育"的突出问题，明确提出要坚持全面发展的方针，正确处理德、智、体三者的关系。关于全面贯彻国家的教育方针，不知有多少人在写、在说，但在实践中，不少人或囿于习惯做法，或随某种风向跑，自觉或不自觉地偏离教育方针。蒋先生从教60余年，有众多经验可取，但最根本的一条是全面深刻理解并坚持忠实执行国家的教育方针。

所谓"实"，指在"求索"中求实，包括实际、实践、实效。

蒋先生早年就立志于从事乡村教育，为此，在师范学校求学时就很注意基础学科的学习和文史书籍的阅读，注意学习农村应用写作，积极主动地为未来的从教职业做准备。职业的选择和学习的内容都反映了先生的学习态度是非常认真和切合实际的。他在安化二中担任校长期间的1980年，该校高考成绩不够理想，分析其原因，众说纷纭，不知所措。于是学校领导班子用一种开放的心态，动员全体教师以提高教学质量为中心议题向学校领导提出批评和改进意见。全校教师连续用两个晚上的时间集中分析教学中存在的问题，向学校领导提出了60多条意见，归纳出一句话："领导忙来忙去，就是没有抓住教学这个中心。"有的还尖锐地批评领导不深入教学。学校领导班子虚心听取并采纳了教师的意见，随即制订了领导深入教学的具体措施，且立即落实到行动。1980年下学期，该校新招两个三年级班，入学时的中考成绩不相上下，经过一段学习之后，两个班的差距逐渐拉开，甲班成绩越来越好，乙班越来越差，分析原因，有的说是甲班的基础好于乙班，有的说是乙班的农村学生多于甲班，还有的说是乙班的体育专业学生多，拉了后腿。乙班究竟差在哪里，谁也说不清楚。学校领导带着这个问题，深入这两个班对期评成绩进行了统计比较，对分布在这两个班的农村学生数及期评成绩进了统计比较，还把乙班9个体专学生的成绩剔除开来看，结果发现这两个班教学质量相差的真正原因不是乙班的基础差，也不是因为农村学生和体专学生多的问题，而是学生的学习目的、态度、方法问题，是教师的教学问题。调查结果在年级教师会上公布，立即统一了认识，找到了提高教学质量的着眼点和正确途径。先生求实的另一个特点就是重视实践。他回忆在家乡小学提篮走读阶段就受老师指派当“小先生”，替老师担任音乐、体操课的教学和组织文体活动。他在安化简易师范读初师和省立五师读中师的阶段，不仅认真参加教育见习和实习，还主动利用暑假期间回到家乡从事短期的义务教育活动来锻炼自己。在后来的从教工作，包括教研活动和学校管理工作中，针对农村中学的特点，包括农村重点中学的特点，强调“既要为高一级学校输送合格新生，也要为四化建设输送优秀的劳动后备力量”，并据此对教学内容和教学活动进行了调整。先生的求实还表现在对他人、对自己及对他所从事的工作评价总是成绩讲够但绝不夸张，问题找准毫不护短，其坦诚的人格魅力十分可贵。他的求实最终是为了获得实效他的求真务实的精神成就了他的事业，如他团结同事将其任职的紫云完小和安化二中带进了重点学校的行列。

再说“美”的问题。人是按照美的规律创造世界的。先生一生追求的就是真、善、美。他在一首诗中赞其友人“道义才华系一身，平生不负赤诚心”。我认为这两句诗也正好是先生自身“人品”和“文品”的概括。这使我想起费尔巴哈说的“人是在对象上面意识到他自己的”。“人的本质是在对象上面向你显现出来的；对象是人的显示出来的本质，是人的真正的、客观的‘我’。”先生在“教育回忆录”中对家乡官溪自然风光的描写是一幅优美的诗画作品，家乡的山水草木成为作者的审美对象，是因“物中有我”，而“我”之所以能够欣赏这些物，是因为“我中有物”。如果作者没有一种奋进的精神，就不可能写出胡桃岭的雄姿；如果作者没有对和谐宁静的美好生活的向往，就不可能写出“不失古老庄园的风味”。他的“儿时琐忆”活生生地再现了儿时的生活。这种“再现”，正如马克思在谈到古希腊艺术和史诗时说的：“一个成人不能再变成儿童，否则就变得稚气了。但是，儿童的天真不使他感到愉快吗？他自己不该努力在一个更高的阶梯上把儿童的真实再现出来吗？每一个时代的固有的性格不是纯真地活跃在儿童的天性中吗？为什么历史上的人类童年时代，在它发展得最完美的地方，不该作为永不复返的阶段而显出永久的魅力呢？"①马克思之所以鼓励艺术家"把儿童的真实再现出来"，是因为这面镜子可以启迪人们从中发现人性的美，使人进而发扬这种人性美。蒋先生对童年生活的细致描写乃至整部"教育回忆录"以及他的许多诗联作品都贯穿着对人性美的追求，而这正是作为一个优秀的人民教师必须具备的人文素质。

2008 年 12 月 18 日

① 马克思恩格斯全集(第 46 卷)(上)[M]. 北京：人民出版社，1979：49.

试论高校老年社团在构建和谐校园中的作用

一、潜力巨大的积极力量

随着我国经济体制和政治体制改革的深入，全国各地的自治组织、行业组织、各种协会和其他社会中介组织，如雨后春笋般地得到了发展，有力地促进了我国社会的稳定，这是我国政治体制和社会改革取得的重要成果和重要标志之一。《中共中央关于加强党的执政能力建设的决定》明确要求："发挥城乡基层自治组织协调利益、化解矛盾、排忧解难的作用，发挥社团、行业组织和社会中介组织提供服务、反映诉求、规范行为的作用，形成社会管理和社会服务的合力。"老年人权益保障法第六条规定："国家机关、社会团体、企业、事业组织应当按各自职责，做好老年人权益保障工作。"2002 年 4 月 8 日，在西班牙马德里召开的第二届世界老龄大会确认："老年人的潜力是未来发展的强有力的基础。"上述重要文件、法规及国际会议精神，既指明了社团、行业等组织活动方向，又肯定了这类民间组织是"形成社会管理和社会服务的合力"的重要组成部分，是协调利益、化解矛盾、提供服务、促进社会和谐，且潜力巨大的积极力量，是新世纪新阶段我们党在构建社会主义和谐社会过程中需要高度关注的战略领域。

高等学校是传播人类文明、开拓创新科学技术、造就高素质国民的园地，在构建社会主义和谐社会的历史进程中，应占据前沿发挥引领作用。这首先要求各高校建设好和谐的校园。所谓"和谐校园"是一种以校园为纽带、和衷共济、内和外顺、各种教育要素全面、自由、协调、整体优化的育人环境。在学校内部理想的育人环境就是和谐校园。理想和现实总是有距离的。一所学校就是一个小社会，社会上的各种矛盾必然会反映到学校中来。各种矛盾反映了人们对事物的不同认识，但归根结底，其核心是利益冲突。这在师生关系、干群关系、教师与干部队伍中的代际关系、教学因素(以课堂为主渠道的诸因素)与非教学因素(如办学理念、校园环境、制度建设等)的关系、各学科之间的关系、在职人员与退(离)休人员的关系、党政公权力部门与社团组织的关系中，都有不同程度的反映。学校在改革与发展的过程中，出现各种矛盾并不奇怪，问题是要善于处理各种矛盾，协调好各种关系。我国传统文化中有“和而不同”的重要思想，其实质就是倡导不同事物之间的和谐。“和”与“不同”都是事物发展的重要因素和条件。“和”的主要精神就是协调“不同”，达到新的和谐统一，使各个不同部门、系统和不同事物都得到新的发展。构建和谐校园就是丰富和发展我国传统的“和合文化”，也是高校老年社团开展活动、有所作为的正确方向。

我国高等学校退(离)休教育工作者协会、老年人协会和老教授协会等老年社团是高智力的群体，继续发挥退(离)休教师和管理人员的作用，对构建和谐校园、推动我国高等教育的改革和发展，具有重要意义。

二、正确处理三种关系

高校老年社团为构建和谐校园作贡献，必须正确处理以下三个方面的关系：

(一)是党委领导与社团组织自治的关系

必须明确：老年社团组织是在学校党委领导下开展活动的，是依据党的老年工作方针政策和国家的涉老法规开展活动的。但是，老年社团组织又不同于体制内的其他机构，它是退(离)休人员自我结合、自我教育、自我管理、自我服务的群众组织，它还要依据老年社团的章程独立自主地开展工作，有很强的自治性。党委领导作用与社团自治作用的内在一致性，既能保证社团活动的正确方向，又能充分发挥社团组织的积极性。追求二者的“一致性”，也正是学校老龄工作部门的工作目标。因此老年社团组织应主动接受老龄工作部门的指导，配合老龄工作部门搞好学校的老龄工作。老龄工作部门也要主动关心和支持老年社团的活动，从而使党委对学校老龄工作的领导落到实处。

(二)是全局与局部的关系

全局是由局部构成的。在一般的情况下，全局和局部的利益是一致的。全局集中体现普遍或长远的利益，当然也就包括了局部乃至个体的利益。因此，局部应服从全局，这是过去我们一贯强调的价值观。现在我们建设和谐社会，仍然存在“局部服从全局”的问题，但不能搞绝对“服从”，绝对服从是不和谐的做法。我们只能协调好全局与局部的关系，既不能强调局部利益而损害全局利益，也不能强调全局利益而无视局部利益。学校的改革与发展是大局，学校各部门、各学科专业，包括老年社团在内的各种组织机构，都应顾全这一大局，这是毫无疑问的。大局或全局不是空架子，它是协调好上下以及各部门的关系使之良性互动的结果，本质上是协调好包括退(离)休人员在内的各个群体利益关系的结果。

(三)是权利与义务的关系

这里的权利包括两个方面：一是有反映老年人诉求的权利。这是《中华人民共和国老年人权益保障法》授予的权利。该法第六条规定“保障老年人合法权益是全社会的共同责任”。“国家机关、社会团体、企业事业组织应当按照各自职责，做好老年人权益保障工作。”二是根据社团组织章程规定的自治权利，包括自我教育、自我管理、自我服务和自主开展活动的权利。如果说上述“权利”侧重于对领导的要求，即领导要认同和尊重社团的合法权利；那么，义务主要是社团对自身的要求，即社团有责任团结退离休老同志为社会、为学校事业的发展作贡献。一般说来，权利与义务相对平衡，是实现社会和谐和校园和谐的重要因素之一，如果强调一方忽视另一方，都不利于和谐社会、和谐校园的建设。但是，我们不能将“权利”与“义务”的关系，庸俗地理解为“等价交换”的关系，你给我多少权利就尽多少义务，或者我给你多少权利，你就得尽多少义务。尤其是对老年人群体，他们的“老有所为”、参与社会发展、为社会尽义务、作贡献，还必须根据身体状况，坚持“自愿量力”的原则。

高校老年社团只有正确处理上述三个方面的关系，才能在构建和谐校园中更好地发挥作用。

三、充分发挥老年社团的作用

高校老年社团具体的活动和作用包括以下五个方面：

(一)学习功能

高校老年社团要在构建和谐校园中更好地发挥作用，首先要落实“老有所学”，学习党的方针政策，学习老龄工作的政策与法规，学习时事与政治，学习国家的教育方针与政策，了解我国高等教育改革的新形势和新问题等，最好将学习与研究结合起来，将社团建设成学习与研究型的组织，使社团组织的成员思想上与时俱进。例如当前的热门话题是构建和谐社会，我们就要通过学习，弄清楚什么是和谐社会，如何建设和谐社会，老年社团和老年人如何为构建和谐社会作贡献等，都要通过学习与思考来提高认识。活到老，学到老，学习是最好的防老养老。

(二)沟通功能

和谐校园必定是开放的校园。校内各部门、各系统、上下各层级的管理都应当是开放的，而不是封闭的，彼此封闭不可能有和谐的局面。因此，各方面的沟通是十分重要的。尤其是学校领导与老年社团、老年群体之间的沟通更需重视。因为老年社团和所有退(离)休人员均不在体制内，一般不再出席学校的有关会议，不再获知学校的有关文件，对学校的发展情况不甚了解。而广大退(离)休教师、干部，不仅有着丰富的教学和管理经验，而且非常热爱学校，他们对学校的改革与发展，对下一代的成长有许多宝贵的意见和建议，对学校的老年工作也有各种不同的看法。所有这些如不及时沟通，就会成为不和谐的因素。因此，学校老年社团在这方面应充当重要角色，在学校党政领导与退(离)休老年群体之间发挥桥梁纽带作用，做好沟通的工作，促进校园环境的和谐发展。

(三)监督功能

对国家公权力的监督，是国民的一项最重要的民主权利。国家公权力的膨胀和失控，是腐败现象得以产生的最重要的根源。在高等学校内部，党政领导也是行使公权力的，学校全体师生员工，既要服从学校党委和行政的领导，又要对学校党政公权力进行监督。学校的老年社团所体现的社会公权力，既要在党委领导下开展活动，又要对学校公权力，尤其是在涉老领域的公权力进行监督。服从与监督的依据是国家的法律与党的老龄工作与教育工作的方针和政策。服从与监督的统一，本质上是民主与法制的统一。但是，我们又必须指出，监督并非是单方面的。学校党政领导代表的公权力与社团组织所体现的社会公权力需要互相制约。为了防止学校公权力的失衡和社会公权力的滥用，这种相互监督是十分必要的。

(四)诉求功能

反映诉求，维护老年人的合法权益，是老年社团的一项重要工作。高校退(离)休教育工作者，虽然是一个高智力群体，但由于不在体制内及缺乏经济、政治和社会机会而在社会上同样处于不利地位，在校内属于弱势群体。对于老年人这一弱势群体，党中央和国务院是高度重视的，许多地方政府、部门、单位也重视老龄工作，但也不可否认，忽视老龄工作，歧视老年人甚至损害老年人利益的现象仍然存在。反映诉求，是所有公民的权利，由于弱势群体的“弱势”特点，反映诉求的事情会多于强势群体，也难于强势群体。高校退(离)休老人在正常情况下，生活是有保障的，但就生命、生活质量而言，其保障仍然是很脆弱的。例如，买不起房子和因病致贫的情况就很突出。因此，在住房制度改革、医疗制度改革及共享社会发展成果等涉及老年人切身利益上的诉求就比较多。在分配问题上，老年人普遍认同“效率原则”，同时又要求落实“公平原则”，这是完全合理的。党的十六届五中全会通过的“十一五规划”建议中，明确提出“着力提高低收入者收入水平，逐步扩大中等收入者比重，有效调节过高收入，规范个人收入分配秩序”，强调“注重社会公平，特别要关注就业机会和分配过程的公平，加大调节收入分配的力度，强化对分配结果的监管”。有人形象地说“社会组织是群众利益的‘高音喇叭’”，老年社团是老年人这个群体的“高音喇叭”。老年社团有责任向学校领导反映老年人的诉求，以求得妥善解决，这是校内建立和谐代际关系与和谐校园的一项十分重要的工作。

(五)服务功能

高校老年社团有两种服务功能，即为学校的改革发展服务，为老年群体服务。老年社团为学校的改革与发展服务，就是要动员和鼓励已退休的老同志，继续发挥自己的政治优势、智力和经验优势，为学校的教学、科研和管理工作建言献策，或直接参与教学、科研、管理、党建(如组织员等)、教学督导和关心下一代的工作等等。这些工作，或解学校燃眉之急，或为学校的发展锦上添花。华中师范大学老年人协会和老教授协会根据学校党政的工作安排和学校的发展情况，不定期地召开退(离)休教师、干部座谈会，广泛听取他们对学校的改革与发展的意见和建议，经集中整理之后呈报学校党政领导，供领导研究工作时的参考。又如该协会通过举办退(离)休教师科研成果展览、书法作品展览以及开展“老有所为”调查研究，召开“老有所为”座谈会等形式，既宣传了“老有所为”的业绩，对他们是一种鼓励，同时又对全校师生有一种激励作用。

老年社团直接为老同志服务，前面讲到的“反映诉求”和促进“老有所为”的活动，都是很重要的服务。除此之外，高校老年社团还可在党委领导下，为老同志实现“老有所为”建立老年人才库，搭建服务平台。华中师范大学的老年人协会经学校批准成立了“老龄问题研究中心”，主要组织老同志开展老龄问题研究，其研究成果有较好的社会影响。老年社团为老同志服务的另一项重要任务是依据普及与提高相结合以普及为重点的原则，开展老年文体活动以及医疗保健咨询活动，促进老年人的身心健康，丰富他们的文化生活。

总之，高校构建和谐校园必须由党政主导，全校师生员工参与，而老年社团不但理应有所作为，而且也是一股潜力巨大、可以大有作为的积极力量。

2006 年 10 月 25 日

漫议科学的家教方法

不能用“家暴”的方式教育孩子。孩子是父母的镜子，孩子是父母的“作品”。父母对孩子性格的形成起决定性作用。因此，大多数家长重视对孩子的教育与成长。但是，中华妇女联合会的一份调查资料表明，我国有接近 3/4 的家长教育方法不对，只有不过 1/4 的家庭教育比较科学。曾有一位重庆老人提菜刀威胁女儿：你“家暴”我外孙，我就“家暴”你。这个故事很有戏剧性。像是带有悲剧色彩的喜剧小品。它至少说明了两点：一是父女二人都是关注孩子的成长、重视教育孩子的，而且对孩子的道德教育特别重视，父亲反对女儿打孩子，不是容忍孩子的错误，而是主张采取说服方式，这是很对的。二是父女二人在冲动的情绪中采用“家暴”的方法教育孩子是不妥当的。关于用“家暴”、打孩子的方法教育孩子的问题，在世界范围内有不同的认识，世界各国对孩子犯错误都主张惩罚，少数国家还主张适度体罚。本来加拿大是一个不主张体罚孩子的国度，不过最新的加拿大法律对 2～12 岁的孩子可以适度体罚。但问题是什么叫“适度”，很难掌握，而在新西兰打孩子是一种违法行为。我国的教育法、未成年人保护法和各地的“教师管理条例”都有“教师必须为人师表，不得体罚和变相体罚学生；学生享有的人身权利不受侵害”等规定，这对家长也是一样的要求。“惩罚”与“体罚”是有区别的。“体罚”的主要方式是冲动型的“家暴”、打孩子。“惩罚”是惩戒的意思，也就是我们常说的“惩前毖后，治病救人”的意识，是一种讲道理、以理服人的方法。世界各国都是这样做的。

关于老年人能不能“过度参与”的问题，这取决于孩子的父母与祖父母在教育孩子的目标与方法上有没有科学的共识，如果有

“共识”就不存在“过度参与”的问题了。这里的“共识”就是指“科学教育孩子的方法”。家长要做到科学地教育引领孩子健康成长，首先要提高自身的修养和能力，要从真正理解我国的德、智、体全面发展的教育方针做起，也就是要明确孩子健康成长和发展的方向，这是一个带有根本性的问题，很有必要普及幼儿教育学或家庭教育学。因为家庭教育的方方面面对儿童的健康成长及人格的熏陶是特别重要的。家长自身要发挥榜样的作用，以特有的人格魅力走进孩子的心灵，用良好的教育方法引导他们，影响他们，调动他们内在的一切积极因素，把孩子培养成为心身协调、性格完善的人，这才是成功的家庭教育。重点要注意以下几点：

(1)注重孩子人格与品德的培养。着重培养孩子自立的精神。杨澜是一位成功的女性，她曾写过一篇文章，题目是《幸亏爸爸没有帮我》，她为自己的成功感到自慰。香港巨富李嘉诚的两个儿子李泽钜和李泽楷八九岁时，就让他们参加董事会，不仅让他们列席旁听，还可以让他们插话参政议政，主要是学习父亲以诚信取胜致富的学问，后来两个儿子都以优异成绩在美国斯坦福大学毕业了，他们想在父亲的公司里施展宏图，干一番事业，但李嘉诚果断地拒绝了，说是“我的公司不需要你们！还是你们自己去打江山，让实践证明是否合格到我公司来任职”。于是兄弟两人去了加拿大，一个搞地产开发，一个去银行投资，都克服了难以想象的困难，把公司和银行办得有声有色，成了出类拔萃的人物。

(2)坚持以正面教育为主，以鼓励为主，惩罚要讲究方法。要把它看成是潜移默化的教育。惩罚的方法很多：①规劝。先要了解孩子犯错的情况分清是非，教会孩子学会认错，说对不起。切忌当场大声训斥，避免伤害孩子的自尊心，切忌护短，增添孩子负能量。②冷漠、罚坐、罚站。这一做法特别对2~4岁的孩子有效。至于六七岁的孩子合群性强，他们常常在自己的小团队中进行各种活动，同时也会形成一种他们自己认同的规则，并努力遵守，如果谁违反了规则，他们会“群起而攻之”，破坏规则的儿童常常会被排除在外，这段时间，老师和家长就要适时引导，这对孩子改正错误会有好的效果，对孩子今后的集体意识培养是有益的。③罚其看书、写字、画画，但要有时间规定。这对教育贪玩的孩子很有效。④没收孩子心爱的东西，也有利于促进孩子改正错误。⑤用孩子的优点来激励他改正其缺点和错误。⑥孩子犯了错误又不接受批评，老师和家长可以利用互打电话作惩罚措施之一。⑦罚做家务，这有双重作用：既对不愿做家务的孩子有惩戒作用，又能培养他做家务的能力。⑧没收孩子心爱的东西。⑨禁止孩子某些权利要求。如禁止孩子吃他平常喜欢吃的东西，也有禁止吃一顿饭的例子。⑩象征性打手心、屁股，让他懂得是非、正确与错误即可，哪怕是打得发笑也有效果。

总之，家庭教育应以更新观念为先导，用法律来规范，用科学(懂得孩子成长的规律)来指导。为此，国家有必要为家庭教育立法，让每一位家长能有效地配合学校教育成功培养和教育好自己的孩子。

父母和祖父母如果在教育孩子问题上发生冲突，该怎么办？

(1)冷处理。不能以眼还眼、以牙还牙、以暴易暴。

(2)不能当着孩子的面表现出在家教上的分歧；否则孩子会不知所措，或误认为有错不怕，家里有人保护。

(3)在教育孩子的问题上家长一定要多交流、多沟通。要了解、理解和遵循有关的法律责任。我国的婚姻法规定：有负担能力的祖父母、外祖父母，对于父母已经死亡或父母无力抚养的未成年的孙子女、外孙子女，有抚养的义务。父母健在的，祖辈对孙辈没有抚养的法律责任，但伦理责任总是存在的。

2015 年 12 月

我在华中师范大学成教工作的那些事

1966—1976年持续十年的“文化大革命”内乱，积累下许多严重的政治和社会问题，其中教育领域是重灾区。十年内大批青少年失去了求学的机会。粉碎“四人帮”之后，邓小平主动要求抓教育，从此党和政府特别重视教育，不仅恢复和发展普通教育，还大力发展成人教育。在这一背景下，1985年10月21日，学校将我从中文系副主任岗位调任函授业余教育处处长。当时我并不想离开中文系，因为我在担任行政工作的同时，正在为开设中国现当代文学中的“台港文学”课程做准备，兴趣的重点在教学与科研工作。党委的调令下达之后，经过认真思考，一个月之后才到函授业余教育处赴任。在思考过程中，使我联想到两件事：一是1958年上半年，即大学二年级时，在学校北门外的广埠屯一处工地举办的职工夜校班教语文课，忙碌中的工地职工学习的热情留给了我深刻的印象。二是1965年大约是四、五月的时候，陶军副教务长带领一批教师到宜昌地区农村进行教育调查，我和物理系的李奎发老师则到大山区县秭归县进行调查。在该县高山上的磨坪有一所学校唯一的女教师只有小学四年级的学历。她教学的帮手就是一本《新华词典》，她备课时每周带着这本词典下山向一所中心学校的老师请教。上述城市职工和乡村教师对文化知识的要求如饥如渴，我作为一名教师，不可熟视无睹，况且我还是一名党员，应当服从党组织的安排。

我到函授业余教育处的第一天，就由处里的老领导周西林同志向我介绍了学校1955年创办高等函授教育，1957年开办夜大学以来的发展情况、取得的成绩、存在的问题以及今后发展的建议。老周是我校成教事业的具体创办者和管理者之一，对我校成教发展历史非常熟悉并有清醒的认识，他说的我校创办函授与夜大学教育虽然走过了一些曲折道路，但总的社会反响还不错，就是没有很好地研究和总结。这实际上对我今后的工作起到了数往知来的作用，激发了我的工作热情和兴趣。

我在成教部门工作的时间正是从中央到地方各级政府特别重视发展成人教育的时期。我上任做的第一项重点工作是筹办学校主办函授教育 30 周年庆祝活动暨函授工作会议。根据教育部的有关规定，在总结我校函授教育 30 年的基本经验与教训的基础上，学校于 1986 年 2 月以文字(86)31 号文发布《华中师范大学关于加强函授夜大学教育工作的决定》，内容包括：进一步端正办学指导思想，提高对发展成人教育事业的认识；明确函授与夜大学发展规模，采取多层次办学；加强领导，健全管理机构；加强教师队伍建设，深化教学改革，确保教学质量。为此还必须加强函授站建设，改善办学条件；首次提出开展成人高等教育研究，探索成人教育特点和规律等。1986 年 6 月，国家教委召开全国高等函授教育工作会议，1987 年又召开了全国成人教育会议。同年 6 月，国务院批转了《国家教育委员会关于改革和发展成人教育的决定》，以上重要会议和文件形成了加快学校成人教育发展的新的动力与机制。1985 年年底，我校在籍函授夜大学生共 5992 人，到 1990 年年底函授夜大学生达 8023 人，实现了“六五”规划的要求。从毕业生人数来看，函授、夜大学历教育在“文革”前十年共有本专科毕业人数 3600 人，每年平均毕业生 360 人，而 1986 年以来的近十年里毕业生 15501 人，平均每年毕业生为 1550 人。与此同时，我校还发展了高等教育自学考试助学班，1989 年年底，我校自修大学有 15 个专业的学生达 4660 人。可见我校成人教育得到了稳步的发展。

学校成教事业要保证持续稳步发展，就必须坚持科学的制度化管理，这是我来到成教管理岗位之后考虑最多的问题，也是我们成教管理部门领导班子的共识。所谓“科学的制度化管理”就是要做到“无为而治”这一法治的基本要求。无为而治并非无所作为，而是通过制定和践行法规制度来达到持续有效作为的目的，垂法而治是管理的根本方法。这使我深感制定和完善管理制度与章程的重要性。于是，我们于1985年11月编印了《函授夜大学教育管理工作手册》，包括各项规章制度。1987年2月7日，国家教委下发了(87)教高三字第002号文件《关于印发〈普通高等函授教育暂行工作条例〉》。1991年5月，我们又汇编了《成人教育管理制度》，条款达50项。制定、修订和完善管理制度的过程，也是总结教育教学管理工作、促进管理规范化的过程。1986年11月中旬，湖北省教委组织的全省高师函授大检查结果，认为我校的函授教育有三大特点印象最深：一是领导重视，办学思想明确，并落到实处；二是管理机构和管理制度健全，并在不断探索，不断深化；三是注重质量，从教师配备、教材和辅导资料以及管理等各个环节上，保证了函授教育的质量。检查组认为，我校函授教育在全省起了很好的示范作用，并希望进一步努力，推进全省高师函授教育进一步发展与提高。

办教育，必须以党和国家的教育方针为指引，质量是核心要求，管理体制与制度则是保障。这方面也有过教训。“文化大革命”结束之后的1977年年底，经整顿之后的函授教育采用“地办校助”的办学体制，即由地区教育部门直接主办，相关高校协办。经过两年的实践证明很难保证质量。1979年11月，经校党委常委会研究决定对函授教育进行全面整顿，重点是恢复“校办地助”的办学体制。这一体制的主要特点是由主办学校直接派教师主讲各专业的课程，由地方主管部门设立的各函授站配备相应的辅导教师，主办学校的主管部门对函授站的工作给予指导和监督。为了更好地发挥函授站的作用，1986年11月，成人教育学院院务会决定，并得到校领导的支持，对我校在各办学地区设立的函授站的工作进行评估，由我主持制定了评估标准，并采用评分办法进行，内容包括：①设站单位领导重视情况；②机构和人员的配备情况；③函授站的经费保障情况；④教学基地及其他教学条件；⑤辅导教师配备及其作用的发挥；⑥函授站的管理制度建设与执行情况。上述每项内容又分若干具体项目。评估工作于11月20日—12月8日分四个组进行，每组除函授处工作人员2人之外，还有各系函授教研究室，各函授站教师或干部参加，对16个函授站的工作进行检查评估。

此次评估涉及40个县级单位，各评估组召开函授学员座谈会37次，函授站辅导教师座谈会20次，有64人参加，访问了48位函授学员所在学校负责人。评估结束之后，12月24日学校召开第39次校长办公会议，听取了函授站工作评估情况的汇报，会议肯定并高度评价这次评估工作。会议同意1988年1月6—8日召开函授站评估总结大会。应邀出席会议的有湖北、湖南、河南、广西4省(区)16个地市及“二汽”的教委、部分教育学院和各函授站的负责同志共120多人，校领导戴绪恭、王庆生、邓宗琦出席会议并讲话。我在会上作了评估工作总结报告，10多个先进单位的代表和先进个人介绍了经验。荆州、许昌等9个函授站获奖，同时获奖的还有一部分支持函授教育的县(市)、学校以及自学小组、辅导教师等。在8日上午的总结大会上，湖北省教委副主任朱定昌到会并讲话，他说，华中师范大学函授不仅为我省培养了大批教师和管理干部，而且为我省发展函授教育事业提供了宝贵的经验，在教学领域内把好入学关、毕业关，在管理方面围绕着科学化、正规化、系统化、制度化做了大量工作，对我省高师函授教育起了示范作用。

我校开展的函授站工作评估在全国为首创。随后有部分高校采用我们的评估标准开展函授站评估。

这次评估给我的一个重要启示是：函授站的工作既然如此重要，我们对函授站工作意义的认识有待进一步的深化与提高。1987年11月18日，经学校领导批准在成人教育学院设“成人教育研究中心”，开展成人教育理论与实践的研究。1989年10月，我主编的《函授站建设概论》由华中师范大学出版社正式出版。据我所知，北京有一所举办函授教育历史悠久的高校也拟对函授站工作进行研究。见到我们的《函授站建设概论》之后，立马放弃了研究。这也显示了该校成教部门的同志对我们这一研究成果的肯定。

我们办教育总是以“质量”为导向的，而高师成人教育(包括函授与夜大学教育)都是为培养合格的高质量的中学教师。函授教育作为一种社会性的远距离教育，前面所说的函授站的基地作用对确保教育质量是很重要而又独特的。然而教育质量的基础或核心则是课程设计以及相应的教材建设与教学质量。为此，1985年11月1

日，由我校与华南师范大学联合发起的编写高师函授本科教材协作会在华南师范大学举行，参加会议的有哈尔滨师范大学、河北师范大学、湖南师范大学、四川师范大学、广西师范大学、河南大学、郑州大学共九所学校，我校陶军等六人出席会议，会上落实了各专业教材编写任务。

为了加强对普通高校成人教育的管理，1987 年 12 月 30 日国家教委以[87]教计字 247 号文件发出《关于同意华中师范大学等六所院校成立成人教育学院的复函》，同意我校成立成人教育学院。1988 年 4 月 7 日，学校任命王庆生副校长兼成人教育学院院长，李旭初、周西林、吴德容为副院长，下设院办公室，教学科、教务科、夜大管理科、教材科、职教科、自考办公室、编辑室(负责《高师函授学刊》的编辑工作)。随着学校成教规模的扩大，成教管理机构与人员也得到相应的加强。到 1993 年 6 月学校党委发文聘任我为成人教育学院院长。9 月，国家教委与人事部授予本人“全国优秀教育工作者”殊荣。我这一辈子得到的表彰确实不少，但我总认为“表彰”既是一种鼓励，更是一种“责任”的加重。

1985 年 12 月 16—18 日举行的函授教育 30 周年庆祝活动暨函授工作会议，认真总结了我校 30 年来举办函授、夜大学教育的经验与教训，明确了今后工作的重点是抓质量。

1985 年 10 月 23 日，邓小平同志会见美国时代公司组织的美国高级企业家代表团时说到“社会主义和市场经济不存在根本矛盾”的问题，并认定“把计划经济和市场经济结合起来，就更能解放生产力，加速经济发展”。随着市场经济的发展，公办教育增添了竞争意识，民办教育得到了空前的发展。但同时也出现了教育事业泛市场化现象。在这一背景下，在我的脑子里存在着一个重要而又十分敏感的话题：市场经济对高校成人教育影响的问题。后来我就写了一篇《论高师成人教育与市场经济》的文章，这篇论文后被收入由李桂一主编，武汉出版社出版的《湖北省高师成人教育实践与研究》的论文集中。该文表达了我当时纠心的问题：“我国高师成人教育的质量很不平衡”，主要问题是：有的办学单位，受市场经济的负面影响，不恰当地将商品交换的原则渗透到高师成人教育领域，主要表现在重经济效益，轻社会效益；主要教学环节和教学过程管理不落失；重发展规模，不重视质量；由于学员参与了“补偿性成本”的投入，价值观念向“自我”倾斜，模糊了学习的目的性，学员的社会责任感削弱了，学风、考风出现了滑坡。解决这些问题，重要的是全面贯彻教师法。因为提高教师的社会地位和经济待遇，提高教师的思想品德修养和文化业务素质，是教师法的出发点和归宿。市场经济是法制经济，教育人才市场的形成和发展，有赖于相应的法规配套保障。落实教师法，将师资培训工作纳入法制化的轨道，把强化政府行为与激励个人行为紧密结合起来，就能推动高师成人教育的发展。具体说来，政府要制定和落实师资培训规划；要以直接拨款为主，并制定相应的政策多渠道筹集资金来保证必要的投入；要通过指导与评估，奖优罚劣，形成质量管理的激励机制。主办学校要坚持为基础教育服务的办学方向，坚持质量第一，社会效益第一的办学指导思想；要加强管理，尤其要落实教学过程的管理；学风考风要常抓不懈。总之，主办学校要形成自我约束的机制。所谓“自我约束”，必须有相应的法规依据。我主编的《成人高教考试导论》是国家教委“七·五”期间资助项目之一，由华中师范大学出版社 1993 年 4 月出版。该书最后有一节专门谈考试(包括高教考试)立法问题。21 世纪初，教育部的有关领导表示要有统一的教育考试法规，很遗憾，直到现在还未见“考试法”问世。在没有国家统一的考试法规的情况下，全靠主办单位、主考部门自制“考试规则”之类的规章制度，且“制度”要规范，执行要严格。我在成教部门管理教学与考试时，特别重视相关制度的建立与执行。例如，分布在中南各省 16 个函授站的课程考试一律由成教学院派去的教师与干部主考，函授站的辅导教师与干部配合。课程考试时有学员作弊，一发现即停止其考试并宣布考试作废。我记得，大约是 1991 年，湖南省常德函授站有一个中文班有 32 名学员，集中面授时有一名学员请假。可是在考试前次面授的一门课程时，却有 32 份试卷。我们成教学院派去该站的干部向我报告这一情况之后，我立即叫他把这个班的那门课程考试试卷给我，我认定是有一名到考的学员为缺考的学员代考了。经我核查，找出了代考的学员，于是由院教务科立即通报函授站及代考与缺考的两名学员，并宣布两份试卷无效。我在成教部门管理其间，还在中文函授班主讲中国现当代文学中的“台港文学”，有一次我在荆州函授站潜江教学点上课，课后学员要求该门课开卷考试。我说可以，但有一个要求，不能照抄教材、辅导资料及我在课堂上讲过的内容，必须要有自己的分析与见解。考完后我在阅卷中发现有四人基本是照抄教材和资料，属不及格，需要补考。开卷考试不及格可能是罕见的。

我在成教部门工作到1996年退休，实际上是退而不休，因为我申报的全国教育科学“九·五”规划教育部重点课题“我国普通高校成人教育课程发展与教学改革研究”于1997年4月开题，直到1999年年底才结题。我在成教部门工作时间达14年。其间趁我校1985年12月16—18日举行我校函授教育30周年庆祝活动之际，与应邀到会的中南地区13所院校协商成立“中南地区普通高校成人教育研究会”，由我校分管成教的邓宗琦副校长任理事长，我任秘书长，借此促进了该地区的成教研究工作。我在成教学院倡导的“学、管、研”结合的办学理念是领导班子的共识。十余年里，我们的研究中心先后主持或参与教育部重点课题4项，公开出版的著作有《成人高教课程发展研究》《高等函授教育发展与管理研究》《成人高教考试导论》《函授站建设概论》《自学考试导航》等。本人发表论文36篇。我研究的重点是成人教育管理与成教课程建设问题。并因此，我先后被聘到受教育部委托的我校及中国人民大学、华东师范大学成教管理干部与函授站站长培训班授课，并被聘为华东师范大学成教学院院(处)长资格性岗位培训班兼职教授。我在成教部门工作的十余年里，在学校及各院系党政领导的重视与支持下，在成教部门工作班子的共同努力下，可以说是学校的成教事业日益月滋，受到了社会的认可，我的同事周西林副研究员于1989年8月，被评为全国教育系统先进工作者；我本人于1993年9月被评为“全国优秀教育工作者”。这不是对我和老周，而是对我校的成教工作的肯定。正因如此，国家教委于1989年3月29—31日，介绍坦桑尼亚达累斯萨拉姆成人教育学院创办人科恩玛思·哈马雷博士和国家电台计划部和节目部主任苏雷门·黑戈作为高级访问学者到我校参观访问。王庆生副校长、我与吴德容副院长接待并与他们进行了交流，客人对我校成人教育给予了高度评价。由香港大学出版印务公司出版的《亚洲风物》1990 年 12 期发表了我写的题为《不断发展的华中师范大学成人教育》一文，还配有两个版面的图片，介绍了我校成人教育发展情况。

1992 年 8 月 11 日，国家教委成教(1992)8 号文件《关于表彰全国成人高等、中等专业学校和全国普通高校成人高等教育先进单位的决定》，共表彰全国 40 所成人高校、40 所普通高校成人教育先进单位。我校成人教育学院被评为“全国普通高等学校成人高教先进单位”。1995 年 2 月 18 日的《人民日报》报道：华中师范大学成人教育 40 年来，以高质量办学赢得社会声誉，被国家教委命名为全国普通高校成人教育先进单位。我在成教学院即将退休前的 1995 年下半年要完成的两项重要工作是：根据国家教委与学校党政领导的要求做好函授夜大教育的评估工作和庆祝学校成教四十周年的筹备工作。关于评估工作，既要履行湖北省教委专家组组长的职责，又要为本校迎评工作做准备。主要工作是做好函授夜大办学成就展览，在成教学院的一次现场校长办公会议上，路刚副校长发言认为这次的迎评准备工作是最为规范的。而 40 周年的庆祝活动的筹备工作，我的主要任务是总结 40 年来学校的函授与夜大教育工作。题为《遵循教育规律，总结经验，开拓未来》的总结报告近两万字，对我校 40 年来举办成教的历史回顾、基本经验、问题与对策等作了全面的总结和论述。1995—1997 年国家教委组织专家组对全国普通高校函授与夜大学进行评估，我院周西林副院长被聘为国家教委专家组成员，参与对各省和各部委属高校函授与夜大学评估的监督与检查。我本人被省教委聘为省评估专家组的组长，专家组成员共 15 人，分三个小组对全省普通高校(包括在鄂的委属高校)进行评估。各省都是采用分组评估，对全国 800 余所普通高校的函授、夜大学进行评估，评选出先进单位 40 所，其中教委直属高校有三所评为函授、夜大学先进单位，我校是其中之一。

我们学校的成人教育事业在我任职期间，多次受到表彰，是国家教育部门、学校党政领导及参与成人教育工作的教师、干部及地方教育部门的高度重视与密切配合的结果。至于我本人也确实实现了由被动履职到心开目明地热爱成人教育工作，乃至我在退休之后致力于老龄问题的研究，使我深深地感到一个人一生的兴趣不是从娘肚子里带来的，而是在以需求为导向的社会实践中历练出来的。人的一生其特有的兴趣满足社会某种特有的需求，当然是很幸运的。而社会需求有了变化，新的需求又可带动一个人新的兴趣，这是开放的社会常有的事，也是社会发展对其成员随机应变灵活机敏的生存能力的需求。

老年人大多喜欢回忆往事，尤其是当代的老年人一般都是送故迎新者。令我十分高兴的是，我们学校的成教事业，不仅延续了传统有效的办学模式，更是利用现代网络技术在全国各地得到了空前的发展。作为一名老成教工作者，这是最令我欣慰的事。

2017 年 6 月 25 日

《人生》访谈节目主持人采访报道

访谈嘉宾：李旭初教授
访谈主持人：付荣荣
访谈时间：2015 年 5 月底
访谈主题：忆往昔，看今朝

主持人：观众朋友们大家好，欢迎收看本期《人生》。我是主持人荣荣。不知道大家觉得怎样的人生才算没有白活啊，是轰轰烈烈的活过、爱过？还是在自己热爱的事业上兢兢业业奉献过？我经历过的人生不多，但我们今天邀请到的这位教授可是在时代的洪流里一路披荆斩棘才取得了如今的成就，在这近 80 年的岁月里，教授又有着怎样的故事呢？

主持人和工作人员是在一个早晨去拜访李旭初教授的。李教授和夫人热情地接待了我们。这次拜访的第一项内容是李教授让我们写下各自的姓名专业和籍贯，很快，李教授就与我们聊到了一起。虽说李教授年近 80，但仍然精神矍铄，这大概是因为他奋斗了一生早已习惯了吧。

李旭初教授，1936 年 1 月出生于湖南省安化县。1956 年 9 月考入华中师范学院中文系深造，1960 年 7 月毕业后，留校任教，从事中国现当代文学的教学与研究工作。之后因学校安排，工作重心转向成人教育方面，并于 1993 年荣获“全国优秀教育工作者”称号。1996 年李教授退休后，仍然从事继续教育和学校老年组织的工作与研究工作，曾担任校老年协会会长、老教授协会副会长、老龄问题研究中心主任等职务。李教授大学毕业后的半个多世纪以来的工作敢于尝试、多次跨界，但不变的是他对每一份工作的热情和认真。

一、忆往昔，峥嵘岁月稠

主持人：李教授您真是赶上了中国的大变革时期啊，我听奶奶讲中华人民共和国成立前的旧社会是一个贫穷落后的国家，人们的生活很困难，更别提不能教育了。然而我了解到您却从未放弃过受教育，是什么让您从小就这么执著地追求教育呢？

李旭初：有两个原因：一是我的祖父与外祖父都是有一定文化的人，他们比较重视对后代的教育。我在6岁的时候，开始在村里的小学接受启蒙教育。读了三年之后，当时有两个教师争夺唯一的教师岗位打起官司来了，学校停办，临近村里的外祖父把我接到他家去继续读到初小毕业。1948年又把我送到距家30里路的县城的重点小学乐德小学读完高小。那所学校是免费寄读，生活完全自理。一直读到1949年年底，我们安化县和平解放了，我同时又高小毕业了。所以，我是在中华人民共和国成立时读完的小学。二是共产党非常重视教育，1950年春，我又响应政府的召唤，继续升学到当时的安化县简易师范学校附设初中班读初中。读了一年之后，家里的生活遇到了一些困难，还休学了半年，随后，学校老师劝我回学校继续学习。当时，我的祖母表示，要将留下的一亩田送给我读书。亲人支持我读书，共产党和人民政府高度重视教育，使我很受感动，我自己也喜欢读书，也觉得责任大，所以我读书一直是很努力很认真的，并在1952年初中二年级时就加入了新民主主义青年团。1956年考上了当时湖南省重点高中常德市第一中学。高中阶段主要靠政府的助学金支持我的学习。当时的常德市一中的教风、学风都很好。毕业前夕，学校的教导主任深入到毕业班(共十二个班)动员报考师范专业，因为国家急需培养教师，发展教育事业。当时考入华中师范学院的就有46人。我认为教育可以改变一个国家、一个人的命运是有科学道理的。

主持人：您觉得现在的孩子们在求学路上缺点什么？

李旭初：现在的孩子们在求学路上遇到的问题可能不是孩子们本身的问题，而是社会性问题，说到底是培养什么人的问题，是将孩子造就成为一台考试机器，还是一个德、智、体全面发展有创造能力、实践能力强的一代新人的问题。现在大家都知道西方一些发达国家教育很发达，科技也很发达。他们的中小学生学得很轻松，很活泼，但大学生，尤其是像哈佛等名牌大学的学生学习是很艰苦的，不容易拿到毕业文凭，可以延迟毕业，但不可以放松毕业要求，他们的教育理念和实践都值得我们借鉴。而我国现在的家庭教育是分数、名次和升学率，给孩子们的压力很大，缺少自觉、自主、自强以及“挫折”教育，“以人为本”的国家的教育方针，并未落实。一些发达国家的好的经验也未引起重视。

主持人：您是华中师范大学的老人了，您觉得学校这些年最大的变化是什么？

李旭初：我在华中师范大学学习、工作和生活半个多世纪了，我早已白发苍苍，而我们的学校似乎越来越年轻，桂子山越来越美丽。记得1956年刚来桂子山时，是楼栋间见树林，那时的教学楼与宿舍都不高。有一年山上的松树遭松毛虫袭击，我们伸手就可以灭虫。而现在有了高楼大厦，一眼望去，却是树林中见楼。1971年首届“工农兵学员”进校后，我们带着学生在电影场北坡上种植的樟树，已成参天大树。每次经过这片树林时，都会引起我美好的回忆。如今的桂子山，一年四季都有鸟语花香，是闻名遐迩的美丽的校园。我对桂子山的一草一木都充满了感情。我们的桂子山，既有外在的美，更有内在的美。内在的美集中体现在“忠诚博雅、朴实刚毅”的“华师精神”中。这种精神植根于深厚而又优秀的传统文化之中，同时又着眼于学识渊博雅正的不懈追求。我们的学校发展到今天，内驱力有了突破性的提高，如教育教学改革不断深化，不断推进“本科教学工程”，我们学校有7项教学成果喜获国家级教学成果奖。学校高度重视教育信息化，这方面的改革走在全国前列。学校空前地重视创新创业的培养，成为“湖北省大学生创业示范基地”，深入开展学生生涯教育和就业指导服务，多年来，我们学校毕业生一次性就业率都在90%以上。学校的科研能力可以说有了跨越式的发展。2014年完成科研计划经费2.74亿元，国家社科基金项目62项，其中年度项目和青年项目立项382项，立项数高居全国高校第四，首次位列湖北高校第一；教育部年度立项30

项，总数排名全国第一。在高校，人才培养模式的创新与人才培养质量的提高、科研能力与水平的提高是最令人兴奋的。

主持人：李教授，我觉得大学真是人生最美好的一段时光啊，您当时最难忘的回忆可以和我们分享吗？

李旭初：在大学一年级时，我们的主要专业课程都是由经验丰富的教授或副教授承担的，这些老师不仅重视课堂讲授，还亲自参与定时的课外辅导和主持课堂讨论。课外辅导还深入教室甚至学生宿舍。可见他们对教学工作的高度重视。当时，我们一个年级有320人，分甲、乙两个大班上课，由主讲教师与辅导教师分班承担。著名语言学家高庆赐教授给我所在的大班(甲班)主讲现代汉语课，同时又负责我所在的小班三班的辅导课。当时大多数授课老师家住武昌城内华中村，来桂子山上课有班车接送。高先生对小班的辅导也从不缺席。我们中文系男生住西区学生宿舍3栋，离食堂很近，有一次，在当时的一教工食堂门口碰见了高先生，我便跟随他进了教工食堂聊了起来，得知他不是乘班车来到桂子山上课或下班辅导的，而是步行过来的(近5公里)。可见先生非常重视健身活动。且课外辅导也从不缺席，这使我很钦佩。当时，他正在进早餐，吃的是稀饭、馒头配青方(腐乳)。他告诉我，一块腐乳的营养相当于一个鸡蛋。受这一说法的影响，我至今还喜欢馒头夹着腐乳吃。我当时还向高先生提了一个问题，有人说中文系的古汉语是“苦汉语”，古汉语真不好学吗？他告诉我，这种说法不妥，因为古今汉语的异同都是相对的，二者存在继承和发展的关系，所以现在学好现代汉语，对学习古汉语大有帮助。高先生是当时中文系精通古今汉语的专家，后来他还主讲古代汉语，他编了一套古汉语教材，不仅在校内本科生使用，在夜大和函授中也使用这套教材，很受学员及广大中学语文教师的欢迎。当年给我们大学一年级新生上课的还有杨潜斋、谢善继、石声淮、周学根、熊庚甫等教授，他们严谨治学与高度重视教学的可贵精神，营造了良好的学风和校风。校园里教职工与学生的工作、学习与生活非常有序，借用《周易》中的一句话，叫“动静有常”，其原意是指天动地静的自然规律是永不变的。这里说的是校园里师生员工的工作、学习与生活是非常有序、有规律。“静”主要指教师专心教学，同学们集中精力学习。那时的图书馆座位很少，自学、做作业主要在寝室，尤其是到了夜晚，桂子山上灯火辉煌，确又“静如处子”；而到文体活动时，则又“动若脱兔”。记得上世纪60年代初，当时教务处的副处长邹达成先生到上海华东师范大学考察后回来说过：该校校园到了夜晚“一根针掉到地上都可听出声音来”。虽然是夸张的说法，但也确实反映了当时一些高校的良好的校风与学风。“动”主要指文化娱乐与体育活动十分活跃，当时中文系是大系，又是文化体育强系，尤其是中文系的曲艺活动在全校影响大，我的老同学夏雨田、戴安康是其中的骨干，夏雨田后来还成了闻名全国的人民艺术家。这一切都使我难忘。

主持人：您大学毕业的时候正是三年困难时期，当时我们的学校是怎样的状态？您又在干什么呢？

李旭初：我们毕业时正逢三年困难时期。当时学校工作的重点是“生活保障”，其重要措施之一就是将学校食堂下放到各系管理，中文系就派了包括我在内的四名教师进食堂参与财会、保管与管理工作。我负责物质保管，既要保证物质的安全，又要同食堂的师傅搞好关系，为此，我同师傅们一道参与食堂的服务工作，例如汽车拖回的大米都是200斤一麻袋，我也跟师傅一样，将一袋袋大米从车上卸下扛进仓库。当时虽然生活很困难，但年轻干劲十足。

主持人：您在1981年担任中文系副系主任、1984年换届时，当时的党委书记高原教授和章开沅校长要求您留任，他二人的做法肯定让你很感动，所以才选择继续留任吧？

李旭初：1984年，中文系领导班子大换班，其他几位回教研室潜心于教书育人的工作，我当时也很想回到教研室从事教学与科研工作。当时的党委书记高原同志来到系里找我谈话，说是不能全换，干部轮换总得有一个承前启后的过程。当时，省里有关部门批评我们系里主办的《外国文学研究》杂志搞“精神污染”，我思想上想不通，也想借机退出系领导班子，高原同志明确表示校党委也是不同意对“杂志”的批评的。可见党委对中文系领导班子的工作是肯定的、信任的。后来，章开沅校长在行政楼前碰到我，给我打招呼说，“老李！我们再同甘共苦干一届吧！”面对两位领导的诚恳期盼，使我想到，我们的书记潜心于马克思主义研究的，校长是酷爱历史研究的，他们服从组织的安排，担任繁重的党政管理工作，我应该向他们学习，服从组织的安排。继续留在中文系管教学与行政工作。

主持人：您在中文系留任一年多后的1985年9月，学校领导又把您调任成教部门工作，担任函授业余教育处任处长，既从事成人教育管理工作，又研究成人教育。您在成人教育研究方面最大的收获可以跟我们讲一下吗？

李旭初：学校于1985年9月下文将我调任函授业余教育处任处长，我内心是舍不得离开中文系的，因为那毕竟是我的本行，并因此犹豫了个把月才到任新的工作岗位。在成教部门工作一段时间之后，了解到我校的成人教育始于上世纪50年代前期，已有40余年历史，有丰富的实践经验，却缺少理论研究与宣传工作。于是我们成教的领导班子统一认识之后，向学校提出成立成人教育研究中心，由我担任中心主任。当时既要全面负责学校函授与夜大的日常行政管理工作，还在函授与夜大的中文专业中开设台港文学课程。还要承担成教研究工作，工作任务繁重，可以说是一年四季昼夜在忙。但我觉得忙得很有意义。我干任何事情，一种责任心总是在驱使我把事情尽可能做好。办法就是把工作实践同相关的理论研究结合起来。我从事成教管理与研究工作有13年。除了搞好管理工作外，还坚持研究成人教育，先后发表论文30余篇，其中代表性的论文有《终身教育——21世纪的生存概念》《和谐社会的构建与成人教育的使命》《论成人教育与社会主义精神文明建设》《我国成人高等教育教学模式》的探讨等。主编出版的著作有《函授站建设概论》《成人高教考试导论》《成人高教课程发展研究》(教育部“九五”规划重点课题)。参与主编的著作有《高等函授教育发展与管理研究》(教育部“七五”规划重点课题成果)、《湖北省高师成人教育实践与研究》等。我对成人教育研究的收获包括实践与理论两个方面。实践方面主要是使我们学校的成人教育管理更加科学化、规范化，确保了人才培养质量。由于学校领导和各院系的高度重视，加上我们成教管理部门的工作班子对确保办学质量有高度共识，在1996年国家教委主持的全国普通高校成人高等教育评估中被评为先进。在理论方面，最大的收获是对“终身教育”理念做了比较深入的思考与探讨。《终身教育——21世纪的生存概念》于1998年华中师范大学(人文社会科学版)第6期发表之后，中国人民大学出版的社科学术资料全文转载，后又收入广东教育出版社出版的《面向21世纪我的教育观(成人教育卷)》、广西师范大学出版社21世纪园丁工程丛书之一的《教育基本理论与实践》、科学出版社2007年出版的《老年社会学》等著作中，对“终身教育”理念的探讨，对我本人教育思想的丰富与发展，对我后来从事的老龄问题的研究发挥了重要作用。

主持人：李教授您的一生过的真是精彩，关键是您面对任何困难，总是正面思维，坦然面对，这正是我们当代青年所欠缺的。希望朋友们能够从中受益。

二、看今朝，老骥伏当勉励

主持人：李教授，我们接下来，聊聊您退休后的故事。

李旭初：好的。

主持人：老龄问题是由个体老龄化和人口群体老龄化引起的个体问题与社会问题。我们了解到您在退休后一直在研究老龄问题，是什么契机让您对这个问题感兴趣的？

李旭初：我参加老龄问题的研究的时间节点很特殊：我主持的教育部“九五”规划重点课题“成人高等教育课程发展与改革研究”于1999年12月结题。1992年第47届联合国大会举行老龄问题特别全会，通过了《世界老龄问题宣言》，确定1999年为国际老人年。这是上世纪末一次世界性的重大活动。活动的主题是“建立不分年龄人人共享的社会”。恰好这一年年底，我国进入老龄化社会。党和政府及我们学校的党政领导越来越重视老龄工作，重视老年组织建设和老龄问题研究。学校早在1989年3月就成立了华中师范大学老年人协会，我所在的成人教育学院离退休老同志在1999年年底推选我担任老协分会会长。2000年的10月20日，在华中师范大学老年人协会第四次会员代表大会上当选校老协副会长，2004年开始又连任两届校老年协会会长。所以要讲“契机”，就是党政领导重视老龄工作和老年人的企盼与支持，使得我的角色转变又有新的内涵：既要当好学校党政领导抓好老龄工作的助手，又要当好老年民意代表。怎样扮演好这两种角色，还是想到研究的问题。我对工作的责任心，是促成我干什么就研究什么，尽量把工作干好。我们学校的老龄工作被省里评为老龄工作先进单位，校党委充分肯定了校老协发挥的作用。我们的“老龄问题研究中心”连续两次被中国老年学学会评为先进单位

主持人：您觉得老年人怎么样养生比较好。

李旭初：养生与养老是两个有关联又有区别的概念。我们通常说的养生，是指通过非药物的方法达到提高自我健康水平和防病康复的能力。这不单是老年人的问题，而是包括优生在内的人的一生。养老则是针对老年的特点，保障老年人的合法权益，从物质生活和精神文化生活、医疗保障等方方面面确保老年人延年益寿安度晚年的制度性举措。现在的人一般到了年老了才重视养生，这是很片面、很不科学的。

我们一定要懂得“三观”概念的逻辑关系：世界观决定人生观，人生观决定养生观。人生观，是人对于人生的价值、意义和个人立身处世的态度的一种看法或见解。只有科学健康的人生观(如乐观主义人生观、共产主义人生观等)指导下的养生观，才能真正达到最好的养生目的。马克思主义告诉我们，人的本质是社会性的，是社会的元素滋养着我们，我们就应该为社会作贡献。我们这一代老年人很熟悉奥斯特洛夫斯基的一段名言：人生最宝贵的是生命，生命属于我们每一个人只有一次。一个人的一生应当这样度过：当他回首往事的时候，不因虚度年华而悔恨，也不因碌碌无为而羞愧。这段话的主旨是“珍惜生命的价值”，实际上是一种信仰。有了信仰，才有充足的养生动力，才知道科学的养生之道。“珍惜生命的价值”，在实践上就要求每一个人“德、智、体”全面发展。这句话大家都很熟悉，但要深刻理解与坚持践行还不是容易的事情。现在的人才招聘市场上最多的一句话就是招聘“德才兼备”的人，德放

在前面，是“以德为先”的，道理很简单，缺德的人比断骨缺腿还可悲、可怕。有人说贪官是有才的人，这不准确，应该说是他的正才被歪才压倒了，才走上了可悲的道路。这不是养生之道，而是毁生之道。反过来，“以德为先”者，则为其求得才能的发展提供了精神保障，也会很自然地对自身、家庭和社会负责而寻求心身的健康和才智的提升。

我在学生时代爱好跑步、排球、棒球运动，体质确实锻炼得不错，人老了之后，饮食习惯也朝着有利于健康的方面有了大的改变，坚持以步行与家务劳动为主要的健身活动的同时，我特别认定“老有所学、老有所为”也是最重要的养生方法。

主持人：向您学习，我也要让自己年轻永驻，现在您每天怎么安排自己的生活呢？

李旭初：我现在生活很有规律。一般早晨六点前后起床，浇浇花、拖拖地板，准备早餐。拖地板可健身，我总记得陆游的《扫帚诗》：“一帚常在手，有暇即扫地。既省课童奴，亦已平血气。按摩与导引，虽善亦多事。不如扫地法，延年直差易。”我每天上午约三个小时，主要是科研写作或查找阅读资料的时间。下午主要阅读报刊，下午5—7时在网上走一走象棋。晚上一般看看新闻与电视剧或精彩球赛之类。晚上10时至10时30分，一定上床睡觉。这已经成了一种习惯。总之是读书学习、研究问题、家务劳动、健身活动都是我退休生活的内容，其特点是“闲不住”。

主持人：李教授，用“老骥伏枥，志在千里”形容您再合适不过了。感触良多啊。看来我以后要严格要求自己。您觉得这样的生活累吗？

李旭初：信仰与责任支撑着走过来的路不会感觉累的。尤其是退休之后，生活的自主权更多了，劳逸结合靠自己。不过我感到闲着是最难受的。

主持人：李教授您还是要注意身体，最后您有什么想对我们新一代华师人说的吗？

李旭初：人的一生会遇到许多的挑战，同时给你带来发展的机遇。我们不能把“挑战”与“机遇”的关系看成是并列和对等的。在促成事物发展的过程中，抓住机遇是最重要的。“机遇”起主导作用。要将面临的“挑战”视为发展的动力，而不要被挑战困住了。应把“挑战”视为发展的动力才是科学的发展观。最后，我要送给大家两句话：“一帆风顺是美丽的梦想，酸甜苦辣才是真实的人生。”

主持人：谢谢您对我们的企盼与鼓励，也谢谢您做客我们的节目！

参 考 文 献

贺雄飞，阿尔泰，刘新华. 世界教育大观透视教育第二只眼［M］. 呼和浩特：远方出版社，1996.

联合国教科文组织国际教育发展委员会. 学会生存——教育世界的今天和明天［M］. 华东师范大学比较教育研究所，译. 北京：教育科学出版社，1996.

李同时，刘晓娜. 社会主义市场经济条件下的高等教育［M］. 武汉：中国地质大学出版社，1996.

周嘉方. 成人教育管理［M］. 上海：上海科技教育出版社，1997.

赵秋成. 人力资源开发研究［M］. 哈尔滨：东北财经大学出版社，2001.

赖春明. 函授教育与管理［M］. 北京：解放军出版社，1989.

国家教育委员会高等教育司. 高等教育面向 21 世纪教育内容和课程体系改革经验汇编［M］. 北京：高等教育出版社，1997.

严学丰，夏健明. 新编管理学［M］. 北京：立信会计出版社，1995.

［美］乔治·A. 比彻姆. 课程理论［M］. 黄明皖，译. 北京：人民教育出版社，1989.

钟启泉. 现代课程论［M］. 上海：上海教育出版社，1989.

陈向明. 美国哈佛大学课程体系的四次改革浪潮［J］，比较教育研究，1997，(03).

黄健. 成人教育课程开发的理论与技术［M］. 上海：上海教育出版社，2002.

陈培瑞. 教育大视野——教育改革难点热点问题透析［M］. 青

岛：青岛海洋大学出版社，1999.

刘本固. 教育评价的理论与实践[M]. 杭州：浙江教育出版社，2000.

黄全愈. 素质教育在美国[M]. 广州：广东教育出版社，1999.

关世雄，张念宏. 世界各国成人教育现状[M]. 北京：北京出版社，1986.

后　　记

20世纪80年代前期，我在华中师大中文系任教并担任行政管理工作。1985年9月，学校将我调任函授业余教育处任处长。1988年成人教育学院成立之后，先后担任副院长、院长以及相继成立的成人教育研究中心主任。1966—1976年的“文化大革命”内乱，积累下来的诸多政治和社会方面的问题，其中教育领域是重灾区。粉碎“四人帮”之后，以邓小平同志为首的党中央特别重视改革和发展教育事业，包括重视发展高等函授教育与夜大学等多种形式的成人教育。改革开放的社会背景，激励着成教工作者以开放与进取的精神，开创成教事业发展的新局面。于是，我便全身心地投入成教管理、教学和理论与实践的研究。其研究成果除了已出版的《函授站建设概论》《成人高教考试导论》《成人高教课程发展研究》以外，这里汇编论文30篇，有的公开发表过，有的在有关学术研讨会上交流过。其中有对我国普通高校改革与发展问题的思考，重点是对我国普通高等学校函授教育发展与管理中的重要问题的探讨，至少给我国成人高等教育发展的某些方面留下了历史的印记。当否？恳请读者批评指正。

李旭初

2017年9月1日